闽南文化丛书

MINNAN
FANGYAN

总主编 陈支平 徐 泓

闽南方言

主 编 李如龙 姚荣松

海峡出版发行集团

福建人民出版社

图书在版编目（CIP）数据

闽南方言 / 李如龙，姚荣松主编. -- 2 版. -- 福州 ：
福建人民出版社，2023.9
（闽南文化丛书）
ISBN 978-7-211-08279-7

Ⅰ. ①闽… Ⅱ. ①李… ②姚… Ⅲ. ①闽南话—
方言研究 Ⅳ. ①H177.2

中国版本图书馆 CIP 数据核字（2019）第 287748 号

（闽南文化丛书）

闽南方言
MINNAN FANGYAN

作　　者：李如龙　姚荣松　主编
责任编辑：陈稚瑶
责任校对：林乔楠
出版发行　福建人民出版社　　　　电　　话：0591-87533169（发行部）
网　　址：http://www.fjpph.com　　电子邮箱：211@fjpph.com
地　　址：福州市东水路 76 号　　　邮政编码：350001
印　　刷：上海盛通时代印刷有限公司
地　　址：上海市金山区广业路 568 号　电　　话：021-37910000
开　　本：700mm×1000mm　1/16
印　　张：18.75
字　　数：242 千字
版　　次：2023 年 9 月第 2 版　　　2023 年 9 月第 1 次印刷
书　　号：ISBN 978-7-211-08279-7
定　　价：52.00 元

增订版说明

　　《闽南文化丛书》自出版以来，受到社会各界的普遍肯定；初版之书，也早就销售一空。许多读者通过不同的渠道，向我和其他作者，向出版社，征询购书途径，以及何时可以购得的问题，我们都愧无以应。

　　我认为，《闽南文化丛书》得到广大读者的接受和肯定，根本的原因，在于闽南历史文化自身无可替代的精神魅力。我们在丛书中多次指出：闽南文化是中华文化的一个重要组成部分，同时又是中华文化中的一个极具鲜明特色的地域文化。中华文化的核心价值促进了闽南文化的茁壮成长，而深具地域特色的闽南文化又使得中华文化显得更加丰富多彩。闽南文化是一种辐射型的区域文化，闽南文化既是地域性的，又带有一定的世界性。深具东南海洋地域特色的闽南文化，以其前瞻开放的世界性格局，在中华文化的对外传播乃至世界文明的发展史上，留下了不可磨灭的足迹。

　　当今世界，国际化的潮流滚滚向前。我们国家正顺应着这一世界潮流，大力推进"一带一路"建设的宏图。而作为中国海上丝绸之路核心区的福建特别是闽南区域，理应在国家推进"一带一路"建设的宏图中奋勇当先，追寻先祖们的足迹，不断开拓，不断创新。正因为如此，继承和弘扬闽南历史文化，同样也是我们今天工作事业中所不可忽视的一个重要组成部分。

从我们自身来说，虽然《闽南文化丛书》的问世受到社会各界的普遍肯定，深感欣慰，但是总是感到丛书还是存在不少有待修改提高的地方。出版社方面，也希望我们能够对丛书进行修订，以便重新印行出版。不过碍于种种的原因，或是各自的工作太忙，无法分身；或是年事已高，心有余而力不足，竟然一拖再拖，数年的时间，一晃而过。自 2016 年下半年时，我们终于下定决心，组织人员，原先各分册作者可以自己修订者，自行修订；原先作者无法修订者，另请其他人员修订增补。到了 2017 年 3 月，全部修订最终完成。

在这次修订中，由原先作者自行修订的分册有：《闽南宗族社会》、《闽南乡土民俗》、《闽南书院与教育》、《闽南民间信仰》、《闽南文学》。

其余分册，另请人员以增补章节的方式进行修订，各分册参加增补章节的人员及其增补章节分别是：

杨伟忠撰写《闽南方言》第四章《闽南方言的读书音与读书传统》；

庄琳璘撰写《闽南音乐与工艺美术》第七章《泉港北管》；

方圣华撰写《闽南戏剧》第二章《闽南戏曲主要剧种》；

林东杰撰写《闽南理学的源流与发展》第十二章《闽南理学家群体的多重面相》；

张清忠撰写《闽南建筑》第八章《金门的闽南传统建筑》。

此次修订，虽然增补了一些新的内容，但是我们内心还是感到离全面系统而又精致地表述闽南文化的方方面面，依然还有不少差距。这种缺憾，既是难以避免的，同时也为我们今后的研究工作留下了空间。我们希望与热爱闽南历史文化的社会各界同好们，共同努力，把继承和弘扬闽南历史文化的时代使命，担当起来，不断前进。

陈支平　徐　泓

2022 年 3 月 20 日

于厦门大学国学研究院

第一版总序

在社会各界的关心支持下，《闽南文化丛书》终于与读者见面了。我们之所以组织撰写这套丛书，主要基于以下的三点学术思考。

一，闽南文化是中华文化的一个重要组成部分，同时又是中华文化中的一个极具鲜明特色的地域文化。闽南文化的形成及发展，是漫长的历史演变与文化磨合以及东南沿海地带独特的地理环境等多种因素逐渐造就的。中华文化的核心价值培育了闽南文化，而深具地域特色的闽南文化又使得中华文化更加丰富多彩。当今，区域文化研究已经成为一个世界性的学术热点，从中华文化整体性的角度来考察区域文化，闽南文化的研究理应引起学术界的高度重视。

二，闽南文化是一种二元结构的文化结合体。这种二元文化结合体既向往、追寻中华核心主流文化，又在某种程度上顽固地保持边陲文化的变异形态；既依归中华民族大一统政治文化体制并积极为之做出贡献，又不时地超越传统与现实的规范与约束；既有步人之后的自卑心理，又有强烈的自我表现和自我欣赏的意识；既力图在边陲区域传承和固守中华文化早期的核心价值观念，却又在潜移默化之中造就了诸如乡族组织、帮派仁义式的社会结构。这种二元结构的文化结合体，可以把许多看似相互矛盾、相互排斥的人文因素，有机地磨合和交错在一起。也许正是这种二元文化结合体，在一定程度上滋生了闽南区域文化及其社会经济的持续生命力，从而使得闽南社会及其文化影响区域能够在坚守中华文化核心价值的同时，有所发扬，有所开拓。对闽南二元结构文化结合体的研究，应该有助于我们从宏观上审视中华文化演化史。

三，闽南文化是一种辐射型的区域文化。从地理概念上说，所谓闽南区域，指的是现在福建南部包括泉州、厦门、漳州所属的各个县市。然而从文化的角度说，闽南文化的概念远远超出了以上的区域。由于面临大海的自然特征与文化特征，闽南文化在长期的传承演变历程中，不断地向东南的海洋地带传播。不用说台湾以及浙江温州沿海、广东南部沿海、海南沿海，深深受到闽南文化的影响，形成了带有变异型的闽南方言社会与乡族社会，即使是在东南亚地区以及海外的许多地区，闽南文化的影响都是不可忽视的社会现实。因此，闽南文化既是地域性的，同时又是带有一定的世界性的。在当今世界一体化的趋势之下，研究闽南文化尤其深具意义。

闽南文化的内涵是极为丰富深刻的，其表现形式是多姿多彩的。为了把闽南文化的整体概貌比较完整地呈现给读者，我们把这套丛书分成十四个专题，独立成书。这十四本书，既是对闽南文化不同组成部分的深入剖析，同时又相互联系、有机地组成宏观的整体。我们希望通过这套丛书的出版，一方面有助于系统深入地推进闽南文化研究，另一方面则促进人们全面地了解和眷念闽南文化乃至中华文化，让我们的家园文化之情，心心相印。

最后，我们要再次对众多关心和支持本套丛书的写作和出版的社会各界人士，深致衷心的谢意！

陈支平　徐　泓

2007 年 10 月

目　录

绪　论

一、关于汉语方言与地域文化的关系的研究

海德格尔在《在通向语言的途中》的演讲中十分欣赏地援引了 100 多年前的威廉·冯·洪堡特的一段话：

> 如果在心灵中真正产生了这样一个感觉，即语言不只是用于相互理解的交流工具，而是一个真正的世界，这个世界必然是精神在自身与对象之间通过它的力量的内在活动而设定起来的，那么，语言就在真实的道路上，在语言中作愈来愈多的发现，把愈来愈多的东西置入语言中。[①]

这确是一段富于启迪性的真知灼见。洪堡特发现并加以反复论证，语言远远不仅是一种人们之间的交流工具，而是伟大的人类在理解客观外界的过程中构建起来的精神的世界，海德格尔把它称为"精神的家园"。数十年来，沿着这条思路，沿着语言的道路，一代代学者发现了许许多多隐含其中的多彩多姿的人类的精神文化。

透过语言去了解文化，透过文化去理解语言，确实是一个广阔无边的、永不枯竭而且是引人入胜的课题。

历史学家通过记录史实的语言去考求古代社会的情状，文学

---

① 海德格尔著，孙周兴译：《在通向语言的途中》，第 246 页，商务印书馆，2004 年。

家从语言构筑的作品去寻求艺术想象的途径及提炼的方法，民族学家借助地名考察历史上的民族征战和迁徙，人类学家从亲属称谓和社会称谓去研究原始人群的种种人际关系，哲学家则透过语词探知人类心智的发展规律。语言无处不在，文化无处不有，语言和文化是怎样相依存、相促进，是怎样共生共变、互制互动的，只有从多种视角，进行全方位、全过程的研究，才能够探知。这种研究既要有宏观的分析，也要有微观的论证，既要有静态的审视，也要有动态的考察，才能使我们的认识逐臻实际，乃至精致入微。不仅如此，这种研究还只能靠多种学科综合起来相互为用、取长补短，才能奏效。按照现代主义对单一的科学所进行的分割研究，是很难得到进展的。

20世纪中叶，美国人类语言学家萨丕尔和他的学生沃尔夫提出了萨丕尔—沃尔夫假说：一定文化团体常规习惯使用的特定语言的模式和结构所包含的特殊意义是有系统的，与使用这种语言的人们的世界观紧密相连的，因而，语言影响了族群成员对于周围世界的观点、分类和思考方法。后来，现代语言学家又论证了语言的特点是不同社团在不同场合的反复使用中形成的，语言的社会功能是语言特点形成的源泉。这样说来，人们使用语言决定了语言的模式和特点；语言的特点又反过来影响了人们的文化观念。正是人和语言之间、语言和文化之间的这种双向的制动，使得语言成为人类特有的资源。文化是生机无限的运动过程，它生成于人们之间的永未停息的言语交际；文化和语言有着千丝万缕的联系，语言既是文化的知识宝库，又是创造文化的工具。要充分地开发语言的资源，就必须通过语言来研究文化，也通过文化来研究语言。把语言和文化分割开来，永远也不能探知文化和语言的真谛，也是对语言资源的极大浪费。

对中国境内的语言和文化的关系的系统研究，在现代中国是由1950年出版的罗常培的《语言与文化》开创的。该书主要是从许多民族语言语词的涵义入手，说明特定的民族的文化心理、宗教信仰和婚姻制度，考察民族迁徙、文化接触，可以说，该书已经触及语言和文化关系的各个方面。后来，1986 年出版的周振鹤、游汝杰的《方言与中国文化》从汉语方言入手研究方言的形成和分布与历史上移民的关系，透过方言词语的分析考察该方言所处的地域的经济史和民族史；联系方言研究地方戏曲、小说和民歌及各种文化习俗；还结合语言接触研究不同民族之间的文化交流。该书所遵循的宗旨是：在中国文化背景中研究方言，把多种人文学科引进语言学，同时也把语言学引入别的人文学科。就全书的内容说，该书是运用方言材料来研究和说明文化的特征。

1997 年出版的李如龙的《福建方言》①　是就一个省内的多个方言区来研究方言与地域文化的专著。该书除了用史料和语料说明福建境内诸方言的形成、流播和变迁，以及其间所表现的语言与文化的交流，透过方言词语考察早期经济生活和传统观念，还比较了不同方言区的文化类型及其所反映的地域文化特征。这是就一个行政区划中的不同方言与地域文化所进行的比较研究。

在中国，方言的区域和行政区划是相关而不相同的，方言区和地域文化区域则往往是相适应的，互为表里的。诚然，因为是同一个民族语言中的方言，同一个民族所分布的不同地域，不同的方言之间在地域文化上必定有共同性的一面，然而也必定有不同的特征。研究方言与地域文化还可以就某个方言大区或小区去进行更加具体的考察。应该说，越小的范围，不论是方言或文化都可以研究得更加细微和深入。

由于汉语的历史悠久，使用人口多，国内外的民族接触频繁，方言分化和融合都经历过复杂的过程，分布在不同的地域又有不同的地理条件和历史因素的制约，不同的方言之间各具特

———————

① 李如龙：《福建方言》，福建人民出版社，1997 年。

色，所反映的地域文化也大多是判然有别的。因此，研究汉语方言和地域文化的关系，就有着广泛的地理空间、漫长的历史时间和多样的考察内容。可以说，这方面课题的发掘是经久不衰的，进一步坚持下去，在许多方面都必定会有越来越多的创获。

二、闽方言和闽文化的个性和共性

闽方言是学者们公认的汉语几个大类方言之一。对于其他大区方言来说，闽方言有自己的个性，对于各地闽方言来说，则有它的共性。和闽方言相应的是分布着闽方言的地域所表现的闽文化。作为闽文化，对于其他地域文化（如秦晋文化、齐鲁文化、吴越文化、岭南文化、客家文化、湘文化）来说自有它的个性，对于各个小区域的闽文化来说，又有他们之间的共性。这里先谈谈闽方言与闽文化的共性和个性。

第一，闽方言和其他大方言相比是远离通语、与通语相异最大的方言。

闽方言形成于福建。福建省的大部分地区是低山丘陵地，西北有武夷山脉，东北有鹫峰山脉，成了北部和西部的屏障，在陆路交通不便、海路尚未畅通之时，从北部和西部来的汉人，入闽后便难再回归，只能随遇而安。宋元之后，和吴、赣、湘等"近江方言"相比，北人入闽的少了，久而久之，闽方言就未能参与大江南北的汉语的演变，这就使得闽方言成为守旧的方言，成为和中原汉语（后来的官话方言）相异甚大的方言。难怪闽语在早期都被认为"南蛮鴃舌之音"，后来进行比较深入的研究之后又被喻为"古代汉语的活化石"。除了近江方言之外，和客家话、粤语相比，闽方言也未曾参与中古之后的演变，客方言、粤语则有许多宋元时期北音的影响。例如全浊声母清化，读为送气音（客方言）或按平仄分为送气不送气（粤语）；重唇音（p/ph）变为轻唇音（f）；又，唐宋打通了南岭通道之后，湘、赣、粤之间的交往也较之闽中与其他地区的联络交流更多。所以在东南部方言之中，还是闽方言保留着更多上古音和先秦词汇的成分。历来研究汉语史的学者总是到闽方言寻求上古汉语的痕迹，这是不无道理的。铁锅说"鼎"，人说"侬"，你、他说"汝、伊"，儿子说"囝"，稻谷说"粟"，叶子说"箬"，晒说"曝"，打说"拍"，开裂说"必"，解开说"敨"，冷说"凊"，味淡说"餐"，迟说"晏"，这些最核心的常用词都是闽方言直接从唐宋以前的汉语保存下来的，而在许多其他东南方言中已经失传了、被更替了。

第二，从历史上说，吴语、粤语地区在秦汉时期就有中原汉人入住，而闽方言所分布的地区则是六朝之后才有批量移民前来定居的。从史料和目前各地闽语的情况看，汉人入闽是多来源、多时段、多次叠加的。六朝之中，孙吴的垦发江南，晋代的"八王之乱"、"永嘉之乱"，南朝的割据等阶段，已有汉人多次入闽，其中有自西边楚地来的，也有从江东吴地来的，也有中原渡江辗转南下的。入唐之后，跟随初唐的陈政、陈元光和五代的王潮、王审知的批量征战者入主闽地，经营霸业，则是大宗汉人入闽的重要事实，并对闽方言的形成具有决定性的意义。从现有的方言情况说，上面所提到的自上古汉语发展为中古汉语的五六百年间的诸多不同的语音、词汇特征，都可以在现存的闽方言中找到证据。有时，同一个字在一地方言中就有多种读音，这些异读就反映了汉语语音史和词汇史中的几个不同的历史层次。例如"上"，建瓯音 ioŋ，福州音 suoŋ（上下）、tshuoŋ（上鞋），厦门音 sioŋ（上下）、tsiū（上山）、tshiū（上鞋）；"下"，建瓯音 a，福州音 xa（上下）、a（一下）、kia（下去），厦门音 ha（上下）、e（下面、一下）、ke（低下）、khe（放下）、he（下决心）。"上、下"这两个常用字，在各地闽语中竟有这么多的读音，这些不同的读音，不但反映了上古音、中古音、近代音的差异，也记录了闽语用不同的读音把不同的词义区别开来的情况。这都是研究汉语语音、词汇历史发展过程的学者经常引用的、也是十分有价值的材料。
再如，许多常用词有不同的说法，例如：看说"觑"（福州）、
"睇"（潮州），湿说"滥"（福州）、"澹"（厦门），瘦说"癀"（福
州）、"瘠"（厦门），粥稠说"洞"（福州）、"洘"（厦门）、"浓"
（建瓯），粥稀说"清"（福州）、"潐"（厦门）、"增"（建瓯），山
高说"悬"（福州、厦门）、"厚"（建瓯），地方说"位处"（福
州）、"所在"（厦门）、"停场"（永安）等等，也反映了不同时期
的汉语的说法，是词汇史研究的极好材料。总之，由于闽方言形
成和发展过程中层次多、变异大，不论是字音的"异读"或者词
语的"异说"，都特别复杂。这也是闽语和官话方言及其他东南
方言相区别的重要特征。

　　第三，由于上述的历史层次和变异多，也由于闽地多山少平
原，有大江小河，也有海湾岛屿，地形复杂，在长期的自然经济
条件下，多数地区商业不发达，地区之间交流不多，因而造成闽
方言内部的许多歧异。就福建境内的闽方言说，内部大片的差异
就有闽东、闽北、闽南三大片，它们之间的差异已经超过湘、
赣、客、粤等方言之间的不同。不仅如此，在三大片的交界处，
还有许多差异甚大的小方言。有时一个县内就有几种互不相通的
话，如尤溪、大田这样的山区。至于早先走出福建的闽人，在外
地所说的闽语，大多又和这些大片、小区的方言有较大的差异，
例如浙南、粤东和海南的闽语。最近的几百年之间，由于战乱和
异地垦发，不同方言区片的人移居外地，又形成了许多大大小小
的方言岛。这种现象在沿海和山区都有，也造成了省内外的闽方
言均很复杂的景观。

　　以上所述三个特点，对外而言可以理解为闽方言的个性，对
内而言又可以说是闽方言的共性。

　　与此相应，闽文化也有不同于外区的个性和区内都具有的共
性。对于其他方言区的地域文化而言，闽文化因为方言远异于通

语、地域远离中华文化的中心区，在文化上表现出未能完全纳入主流的闭塞性。在福建地区习闻常见的"燕山、陇西、颍川"等等"衍派"的堂号、"诗礼传家"的对联和"海滨邹鲁"、"文献名邦"的自诩，一般人总把它理解为忠于传统的文化心态，如果换一个角度去理解，这不正是为了脱去"化外之民"的破帽，想要挤入主流文化，让自己修成正果的一种努力吗？

和闽方言内部的歧异相类似的是闽文化内部的歧异。在闽文化之内明显地可以分为多个文化区，各个小区之间也是有着纷繁各异的文化特征的。李如龙在《福建方言》一书中把闽文化区分为闽北的青山文化、闽东的江城文化和闽南、莆仙的海洋文化，在客家方言区则是移垦文化。这些分析与方言分区相应，也能够反映社会历史和地理环境对不同地区的文化的制约。这种说法看来还是经得起考验的，逐渐被学界所认可。从最近50年间的社会发展状况看来，闽北人守住青山，安分守己，继续着缓慢的经营，闽东人守着省城和闽江之利，也有稳步的发展，闽南则继续加强同海外、境外的沟通和交流，图谋更大的发展，从这些事实，还是可以看到一些先前固有的文化取向的制约和驱使。

三、闽南方言与闽南文化的个性特征

在闽方言的各个区片中，闽南方言有哪些个性特征呢？以下试谈几点：

第一，闽方言中流播最远的是闽南话。这是宋元以来闽南人走向海洋、移居东南亚、开启中西文化交流的历史见证。

唐代泉漳二州的开发初成规模之后，闽南很快就显得人多地少了。南宋的史书《舆地纪胜》曾引用当时的惠安人谢履所作的《泉南歌》说："泉州人稠山谷瘠，虽欲就耕无地辟，州南有海浩无穷，每岁造舟通异域。"看来，泉州的造船业和航海业没多久就奇峰突起、远近闻名了。苏东坡曾在《论高丽进奉状》中写道："唯福建一路，多以海商为业。"在泉州任福建提举市舶司的赵汝适在《诸蕃志》则记载了当年泉州航船已经运用了指南针："渺茫无际，天水一色，舟舶往来惟以指南针为则，昼夜守视唯谨，毫厘之差，生死系焉。"在泉州出土的宋代古船上，还发现了"量天尺"。据韩振华研究，这是用来观察恒星出水高度以定船舶所在纬度的天文定位仪器。到了南宋时期，自泉州港出海的船舶，大的已经可以承载五六百人，中等的也可容二三百人。就《诸蕃志》所提到的，泉州港商船所通异国已有53个。正由于技术先进，经营规模不断扩大，泉州港的海外交通到了元代，就在国内诸港口中跃居首位。正如马可·波罗所描写的："船舶往来如梭"，"是世界上最大的港口之一，大批商人云集这里，货物堆积如山"。

由于南洋商路遥远，据《宋会要辑稿》所云，闽商已有在海外侨居不还的。例如在占城就有土生唐人从事招引外国商船的活动。汪大渊《岛夷志略·乌爹》就曾说，泉州商人在那里因获巨利，"故贩其地者，十去九不还也"。当时在占城、真腊、暹罗、三佛齐、单马令、爪哇等国都有闽商住在当地，从事商业活动。[①]

南洋的闽南话至今还称祖国故乡为"唐山"，称华裔同胞为"唐人"，这应是最早的宋代闽南移民留下的说法。从这些说法可以看出，刚刚过去的强盛的大唐帝国在他们的心目中还是留下了几分自豪的。

到了明代，郑和下西洋，不可能没有泉州人参与并留在南洋的一些重要的港口定居以便策应。后来，明朝实行海禁，不让海上通商，在九龙江口兴起的月港，论实力已经超过了宋元时代的泉州港，但是，就是找不到出路。漳州人迫不得已，走上"亦商亦盗"的道路，并逐渐移居南洋。史书上有关记载甚多，且举数

① 廖大珂：《福建海外交通史》，第83页，福建人民出版社，2002年。

条如下：

张燮《东西洋考·吕宋》："华人既多诣吕宋，往往久往不归，名为压冬。聚居涧内为生活，渐至数万。"

《明史·外国传·婆罗》："万历时，为王者闽人也。或言郑和使婆罗，有闽人从之，因留居其地，其后竟据其国而王之，邸旁有中国碑。"

《明史·外国传·三佛齐》："嘉靖末，广东大盗张琏作乱，官军已报克获。万历五年商人诣旧港者，见琏列肆为蕃舶长，漳、泉人附之，犹中国市舶官云。"

《明史·外国传·勃泥》："华人多流寓其地。嘉靖末，闽、粤海盗遗孽逋逃者至此，积二千余人。"

巩珍《西洋番国志·爪哇国》："杜板，番名赌班……约千余家，中国广东及漳州人多逃居于此……东行半日许至新村。番名革儿昔，此地原为枯滩，因中国人逃来，遂名新村……皆中国广东及福建漳、泉下海者逃居于此。"

可见，至少在 600 年前，在欧洲人"发现新大陆"之前，在菲律宾、新加坡、马来西亚、印度尼西亚等地，就已经有华人聚居的村落了。这些村落的居民有不少都是漳泉移居去的闽南人。这就是最早到东南亚去的中国人。西方人知道中国正是从东南亚开始的。英语把茶称为 tea 就是据闽南话的发音［te］翻译过去的。马来语称茶为 teh 也是借自闽南话。从 te 到 teh 再到 tea，明确地证实了中国的茶叶是早在欧洲人大规模来华之前从闽南经东南亚而后输出到欧洲的。再如，中国人种棉花是元代之后从中南半岛引进的，早期称棉花为吉贝，来自马来语 kapas，至今还有些地方闽南话称棉花为 kapua。正由于闽南人早已定居于东南亚，现今的闽南话和马来语之间有许多相互借用的常用词、核心词，①

---

① 李如龙：《闽南方言和印尼语的相互借词》，香港中文大学《中国语文研究》，1992 年第 10 期。

列数例如下。

马来语借用闽南话：

我 gua→gua

汝 lu→lu

船 tsun→jung

漆 tshat→cat

头家 thau ke→tauke

闽南话借用马来语：

实叻 sit lat←selat（本义海峡，泛指新加坡、马来西亚）

峇峇 ba ba←baba（华人与土著生养的后代）

雪文 sap bun← sabun（肥皂）

阿牙 a gaʔ←agak（估约）

浪邦 lɔŋ paŋ←num pang（寄食糊口）

马来语和闽南话双向同义借词：

食 tsiaʔ→ciak＝makan→马干（马来语借用闽南话的"食"，表示"吃"；闽南话借用马来语的 makan，也表示"吃"，以下均类似）

食力 tsiaʔlat→cialat＝celaka→之腊甲（表示遭殃、糟糕）

情理 tsiŋ li→cengli＝patut→巴突（表示规矩、情理）

这种核心词的借用和双向互借的现象在各种语言的借词中实属少见。应该说，闽南话和马来语之间是一种少有的深度的接触和交流，这也是闽南人和马来人之间长期友好相处、平等往来的历史见证。

可见，研究闽南话的海外分布与交流对于研究海外交通史及中外的经济、文化交流都有重要意义。

第二，闽方言各区之中海洋文化发展得最充分的是闽南方言。

由于长期以来闽南人和海洋打交道，外出之后又往返于故土

（侨乡）和住地（侨居地）之间，这就使固有的文化增加了海洋文化的浓厚色彩。这种海洋文化归纳起来有如下几个要点：

一是艰苦奋斗、顽强图存的精神。

在木帆船靠着季候风越洋航行的年代，到南洋去俗称"过乌水"，虽有指南针导航，触礁受风而船翻人亡的事还是无从计数的，如今还沉睡在海底的大量瓷器、铜钱就是这一历史过程的最忠实的、也是最悲惨的见证。东南亚地处热带，闽南人筚路蓝缕抵达之后，要在那里生存立足，本来就不容易，在和原住民磨合的过程中也充满着种种现代人难以设想的悲苦。后来，西方殖民者来了之后，又面临着残酷的压榨和杀戮，在菲律宾和印尼都曾经有过殖民者对华人进行大规模屠杀的记录。东南亚华侨史上的这些史料，真是催人泪下，令人不忍卒读。从数百年间流传下来的俗语，我们可以体会到，在那种艰难困苦的条件下他们是怎样生存下来，靠什么样的精神力量才得到了后来的发展的。像"一支草，一点露，壁边草，坦横雨"，"三分天注定，七分靠打拼，爱拼才会赢"，"有山就有路，有溪就有渡"，"行船走马三分命，船舵着把定"，"天无绝人之路"，"鸭仔落水身就浮"，"甘愿做牛马，免惊无犁拖"，都是闽南地区家喻户晓、耳熟能详的俗语。

二是团结互助、讲究江湖义气、随遇而安的风格。

走向海洋之后，想要在异国立足，只是不怕苦、不怕死还不够，至少还要做到两点：对内要团结互助，对外要随和包容。在闽南侨乡和闽南人的侨居地，处处可以见到这样的风格。初到南洋的人，全是靠的亲友、老乡在那里"浪邦"的，所谓"浪邦"就是依人糊口，协助干活不计报酬，甘苦与共，待到熟悉环境、找到生计后才离开客居人家而自立。在不同的国度和自然环境中，为了图生存，肩挑小贩、勤杂苦力、种植、采矿，这些初到的"新客"是什么都干过；和各种民族的原住民，他们都能友善相处，从学习当地语言入手，通婚通商，在反抗殖民主义的斗争中也是与当地人紧紧站在一起的。

在异国他乡，闽南人的大是大非是十分明确的。与平民百姓友好相处，对外来侵略则是抗争到底，宁死不屈。数百年过去了，闽南人所到之处，不论环境如何恶劣，他们都能渡过难关，站稳脚跟并且得到发展。据粗略估算，至 20 世纪 90 年代末，闽南人到东南亚去的后裔，与当时闽南本土的人口数相当，各有 1500 万之多。在各地的闽南人，至今还把自己的方言母语保存得相当完好。特别需要一提的是台湾的闽南人与祖国大陆虽长期隔离，但现今的台湾闽南话和本土闽南话还是几无二致。这种世界语言接触史上少见的奇迹，是十分引人深思的。

三是在矛盾中求统一。

海洋文化对于传统的中华文化来说，和中原平川、黄土高坡所孕育的文化是不同的。中华传统文化是以农立国的"地着文化"。明代初叶闽南海上贸易兴起时是被严令禁止的。不但宣布"片板不许入海"，而且三令五申"通番下海买卖劫掠有正犯处死，全家边卫充军之条"。为了生计，漳州的月港商船只好自己动手武装护航，集体走私贸易，当上"海寇"。更多的人则选择了外出，在异邦定居。明代中叶隆庆（1567 年）之后，政府开放海禁，随即海上动乱结束，商业往来继续发展。但是，由于官府的盘剥和西方殖民者的入侵与打击，入清之后，闽南地区的海上贸易便衰歇下来。由于中华文化浩瀚如大海，世代传袭后，在人们思想上已经根深蒂固，到了异邦之后，和当地文化又形成了巨大的反差。因此，出洋的闽南人无不对故土怀着深情。一旦立足定居，稍微有所作为，便急于回报家乡，除了养家糊口之外，还修桥造路、修祠堂、办学校，贡献乡梓。开拓和回归在这里达到了和谐的统一。而身居异乡的闽南人，不论身处何种环境，也都能保留自己的语言和文化，并且在当地华人中成为强势方言，大多只有同化别人而并不被别的语言所同化，这不正是他们的另一种忠诚吗？

第三，闽南方言和文化在闽方言和闽文化中是最具兼容性的。

闽南方言和闽南文化的兼容性是由两方面原因决定的。一是因为在早期历史上这里的居民是由百越族的原住民和来自中原、吴、楚的移民历次叠加磨合而融成的。在闽南方言之中，学者们已经找出了许多百越语的"底层"和古吴语和古楚语以及古代中原雅言的成分。唐宋之间闽南话形成之时，正是中古汉语形成并十分兴盛的年代。由于《广韵》系列的官音作为科举取士的语言标准，文教发达的闽南地区的士人学者便以此作为正音工具，于是形成了闽南方言的"文读音"，而底层语词及来自不同时代、不同方言区的语词则一概作为口语中的白读音而存在。这种一文多白的异读系统本身就是一种语言上的兼容融合的典型。在闽方言各区中只有闽南话存在着这种一文多白的异读音和异读词。试以数例说明：

伤重 　siɔŋ¹ tiɔŋ⁶：耗费太大 　　　siū¹ taŋ⁶：太重

行动 　hiŋ² tɔŋ⁶：行为动作 　　　kiã² taŋ⁶：走动

树林 　su⁶ lim²：以"树林"为人名时的读音

　　　tshiu⁶ nã²：口语，表树林

前方 　tsian² hɔŋ¹：与"后方"相对 　tsuĩ² paŋ¹：上次

以上各个词或词组写出来的字是相同的，但不同时代形成的语词读不同的音，表示不同的意义。这种不同语音历史层次和词汇历史层次的极其巧妙的结合，正是闽南话的语音和词汇的结构系统极具兼容性的最好证明。此外，闽南话在与客家话连界交往中也有一些相互的借用，在宋元以来近代通语的影响下，更有许多新的变化。仔细地研究闽南话的流变，对于了解汉语史以及多种方言的接触、多层通语的影响一定会有许多饶有兴味的发现。

在地域文化方面，历史上的不同积淀也造成了闽南文化的兼容性。闽南人的善于造船和航海可能是继承了早期百越人"水行而山处"善于造船驾舟的特长，而宋元之后，泉州地区之所以会迅速发展起商业经营，应该和许多阿拉伯商人在那里落户经商不无关系。蒲寿庚就是他们的代表，也是当年为官府所信任的主持泉州市舶司的官员。

在地方文艺方面，闽南话地区的戏曲、说唱的品种之多，内涵之丰富，艺术之精湛，不但是其他闽方言区所未有的，在全国各大方言区也是罕见的。单是在闽南话的形成定型地——泉州地区，就有梨园戏、高甲戏、南音清唱、布袋戏、傀儡（家礼）戏、讲古等形式，这些都是用泉州话进行艺术加工的戏曲、说唱的语言作品；后来到了漳州、台湾之后，又有芗剧（歌仔戏）、锦歌；进入潮、雷、琼之后又衍生出了潮剧、雷剧和琼剧。至今，在泉州古城、台南乡间，或新加坡的街头巷尾，还可以看到南音弦歌不断的情景，各种唱腔戏文、吹弹曲谱历经翻印，彼此之间交流频繁。说闽南方言构筑了一座富丽堂皇、丰富多彩的戏曲艺术宝库，是一点也不过分的。这些地方文艺的来源，远的可以追溯到唐宋（"梨园"即官方音乐机构之称），近的有明代杂剧，当然也有古闽越族的艺术特征的留存，这也是层次复杂、多方影响铸造的。

另一个决定闽南方言与文化的兼容性的原因，则是走向海洋之后带来的海洋文化的特征。大海汹涌波涛起伏不息，无边无际而又永不枯竭。其源盖出于它的有容乃大，不择细流，兼收并蓄。在语言方面，上文已经提到，闽南人出洋后，闽南方言有马来语的借词，在东南亚与来自客方言与粤方言区的华人杂处，三大方言之间也有许多接触和影响。在地域文化上，海洋生活也带来了不少崭新的习俗和观念。每年七月半，闽南地区祭祀孤魂野鬼的"普度"最为热火朝天。尤其在侨乡，每村轮流唱戏、烧香、设宴，亲友往来络绎不绝。这不就是对数百年间在远渡重洋时无数葬身海域的先人的一种缅怀吗？正是从闽南话地区出发，妈祖的崇拜是逢水设庙，香火不断的，这不正是数百年来与河川海洋打交道而积累下来祈求平安的愿望吗？在走向海洋的过程中，人力还未能战胜自然力的时候，对神的崇拜在闽南地区达到无以复加的地步。小到床有"床母"，井有"水井公"，屋檐下还有"檐垱妈"，山有山神，村社有土地爷，灶有"灶君公"，送别死人沿途翻山过桥都得一路撒下供给各种神明使用的纸钱。除了这种"自然崇拜"之外，还有能人、善人、贤人的神化崇拜。原来就属于闽南方言区的莆田湄州湾出生的妈祖，传说中是一个善水并乐于救人于溺的大姑娘；吴本（吴真人）本是厦门郊区的悬壶济世、救人于难的赤脚医生；郭圣王原是出生于南安山区的一个孝子牧童。"开漳圣王"陈元光和驱荷复台的国姓爷郑成功则是神化了的历史上的英雄人物。除此之外，各地还有许多有名无名的"王爷"，分别为大大小小的村落所崇拜。在闽南人的信仰世界中也是分等级、按法力大小而进行不同的祭祀活动的。自然，从中原带来的关公老爷、天老爷、海龙王爷，以及各地都有的城隍庙、佛教的寺、道教的观、近代西方传来的各类礼拜堂也是一应齐全的。四时节庆（元宵、清明、端午、七夕、中秋、冬至、春节等）当然也不可免，一年到头的节气和每月初一、十五、初二、十六还有祭拜、烧纸钱、上香的小仪式。正因为如此，闽南地区的宗教信仰和民俗活动是应有尽有、多种多样的了。

四、本书所述的"闽南方言"及本书的内容与方法

应该指出，本书所认定的"闽南方言"和一些学者和普通的社会上的人士的理解可能都有些差别，特说明如下。

第一，粤东地区的闽南话是宋代之后从闽南地区迁徙扩展过去的，由于与闽南本土的分离已经有数百年历史，粤东从一开始

设立州县就不属于福建省行政管辖（只有很短暂的数十年间有过属辖关系），历来虽然也和漳州属县有往来，但由于行政属辖的关系，也由于粤东的经济历来比闽南发展得更好，潮汕人还是和广东人交往多，在长期交往之中，潮汕话很自然受到了粤语的不少影响，实际语言结构（包括语音、词汇和语法）都发生了一些变异，当地人一般都自称为潮汕话（或潮州话），不称为闽南话。但其实，闽方言不止通行于福建省，闽南话也只是形成于闽南本土而不局限于闽南本土，这个称述方言的名称和行政区划用语并不相同。"闽"的概念本来就是历史上形成的。"七闽"的称谓始见于先秦的《周礼》、《国语》等典籍，从文化上说，"闽"的源流一直可以追溯到四千年前新石器时代的史前文明。到了唐代才有福州、建州之设置，唐代末期才有"福建道"之设。因此，不能把"闽"等同于"福建"。"闽方言"、"闽南话"只是一种方言或次方言的名称，不必因潮州不属于福建省而回避称其为闽方言之分支。

第二，雷州半岛和海南岛的方言也是宋代之后由闽南、粤东辗转播散过去的，人们到雷州、琼州之时，当地已有粤人及说着属于古壮侗语的临高人、黎人在那里定居，闽人长期和他们（主要是临高人）言语交流、血统融合，因此，语言结构上发生了更多的变化。从语言比较上看，放宽些说，由于其基本词汇和语法结构还是和其他闽南话有许多共同点，说它是闽南话里有较大变异的一种并无不可；从严些说，也许另立"雷琼闽语"，作为与闽东、闽南、闽北并立的闽方言的另一个区，也是可以接受的。在海南，本地人自称为"海南话"，学术界一般称为"海南闽语"。在全国各大区方言中，雷琼方言属于闽方言，一直是学术界的共识，并没有什么争议。本文把它归入闽南话的一区，主要是出于历史渊源上和文化类型上的考虑，从泉州、漳州到潮州、雷州、琼州，恰好是一个历史相承的过程，一个地理相连的系列，也是语言上逐渐变异的一个梯级结构。把这些方言放在一起来讨论他们之间的内部异同和文化特征，显然对于闽南方言的整体理解和历史考察是更加有利的。

第三，台湾省内的闽南话是明末清初之后从漳、泉二州几度集体移民和长时间的迁徙带过去的，台湾本来也是福建的一个下属行政区划。台湾的闽南话正是闽南话中的泉州腔和漳州腔的混合，俗称"漳泉滥"。由于迁徙的时间多数只有二三百年，和它共处的客家话等，不论是人数上或是文化上，和闽南话都不成比例，不可能形成明显的竞争，因此，台湾闽南话在语言结构上，其性质属于闽南话，从来也没有什么争议。许多台湾学者也一直用"闽南话"来称呼台湾岛上的这个主体方言的。后来有人改称"台语"，只是一种政治上的炒作而已，完全是不足取也不足论的。早在20世纪30年代，"台语"就被李方桂等国内外的权威学者用来称呼壮侗语族诸语言，如果现在再用"台语"来称呼"台湾闽南话"，只会徒然增加混乱。

第四，关于莆田、仙游一带的方言，早先称为"兴化话"，如今民间多称为"莆仙话"。20世纪60年代全国汉语方言普查后，参加福建省的方言普查工作的学者把这区方言认定为闽方言大区中的莆仙话区。从历史上说，直到北宋初年，那里还是泉州府下属的一个县，后来太平兴国四年（979年）升格为兴化军，元为兴化路，明清为兴化府。从语言情况说，莆仙话大的特点（语音结构、文白异读、基本词汇）也与闽南方言较为接近，只是因为地理位置和省城福州相近，社会生活中和闽东地区在经济文化各方面的交往越来越频繁，因而数百年间受到闽东方言（主要是福州话）的不少影响。从严区分，把它划为一个单独的小区或者作为闽东、闽南之间的过渡区都是可以的；从宽区分，认为它本来就是早期的闽南话，只是后来发生了一些变化，这些变化其实还没有像雷州、琼州的闽语变得那么厉害，把它作为闽南方言的一支来研究也无不可。

第五，闽西地区的龙岩、漳平一带的方言，通常认为是与客家话接触较多因而发生了一些变异的闽南方言。虽然，后来从漳州分出了"龙岩州"，但是在泉州不是也分出了"永春州"吗？应该说，龙岩话还是相当典型的闽南话。这是不必怀疑的。

方言之间的差异，本来就像是七色彩虹那样，是逐渐变化、积淡为浓的，用不同的标准完全可以对一个大区的方言做不同的分区。本书所述的闽南话把上述的潮州话、雷琼闽语、台湾闽南话和莆仙话、龙岩话都包括在内，主要是从历史渊源上、从文化类型上着眼。从历史上说，这些方言都是从形成于漳、泉二州的闽南地区的方言分化出来的；从文化类型上说，它们也都大体表现了海洋文化的特点。在新加坡、马来西亚一带的华人社会中，半个世纪前有福建帮、潮州帮、海南帮、兴化帮以及福州帮、客家帮、广府帮的称谓。所谓福建帮指的就是说闽南话的人。这说明潮汕人、海南人、莆仙人到东南亚谋生也都有悠久历史了。在语言结构系统方面，本书的第二章做了比较详细的分析，其中也用许多材料来说明它们之间所具备的共同特点。

本书是研究闽南方言与文化的专著。除了本章（绪论）的概述之外，还包括以下章节：

第一章　闽南方言的形成与发展

第二章　闽南方言的共同特点和内部差异

第三章　闽南方言与闽南文化

第四章　闽南方言的读书音与读书传统

第五章　闽南地方文艺与方言艺术

第六章　闽南方言的科学研究

第一章主要是用闽南地方史的材料说明闽南方言的形成过程及其形成之后的流播（包括在全国各省和境外的流播）。第二章是针对各种闽南方言所做的语言特点的比较和分析，先概括各个小区之间的共性，再分区列举其个性（着重于语音和词汇）。第三章从方言和文化的流播、扩散考察其海洋文化的特征，从整体结构上考察方言和文化的多元变异和整合，并透过方言事实（主要是方言词汇和谚语）说明闽南方言人的文化意识。第四章介绍闽南方言的丰富的文白异读情况，尤其重点讨论了闽南方言中的读书音及读书的传统。第五章介绍用闽南方言记录的各种歌谣、戏曲和曲艺，说明这些方言艺术的一些特点，第六章叙述历来关于闽南方言的研究情况，介绍一些典籍，说明其历史价值。本书的旨趣在于透过方言事实来理解闽南文化，又用历史文化的事实来说明方言特点。但是由于我们理解还不够深入、分析也不够透彻，关于方言和文化的互为表里的相关联，可能还没能深刻地揭示，有许多问题还有待于各个相关学科的学者专家们来共同发掘，本书就先作为一块引玉之砖奉献出来吧！

第一章

闽南方言的形成与发展

第一节　闽语的特点和研究闽语发展史的特殊性

一、闽语的特点及研究闽语史的相关注意项

1. 闽语的分布特点及研究闽语流播史相关注意项

闽语是分布于我国东南部沿海的重要方言，因为形成于福建并以福建为主要分布地域，因此习惯上称之为闽语。实际上，闽语不仅分布于福建，福建省内也不单单只有闽语一种方言。因为除了闽语之外，福建省西部还有一大片客方言，而西北部也有一些赣方言，甚至闽北浦城县还有吴方言的分布。因此，单从福建省本身来看，闽语的分布就不是孤立的，它和其他方言客观上有地缘接触关系。

大体说来，在福建沿海出口的江河流域都是闽语分布的地域，其中最大的流域是闽江流域。闽江的干流及所有的支流中，除了富屯溪上游的光泽、邵武、建宁、泰宁已经蜕变为赣方言，南浦溪上游已蜕变为吴方言之外，都是通行闽语的。闽南的九龙

江、晋江两流域，中部沿海的木兰溪流域，闽东的鳌江、霍童溪、长溪、杯溪等流域也是闽语的分布地。这些大小流域分布于约 60 个县市（区），总人口约 1800 多万，占整个福建省的四分之三。

至于省外的闽语的分布，也很有特点。由于历史移民的关系，福建人沿着海岸线向南向东向北三个方向迁徙，造成今天闽语的分布格局就是：从南边的海南岛、雷州半岛，到粤东潮汕地区、台湾岛、浙南温州地区，一直到靠近上海的舟山群岛，都有闽语的分布。这在汉语各大方言中是绝无仅有的。显然，没有历史移民运动，就不会有这样大范围、跨省际的方言分布格局。

具体来说，省外闽语在广东省主要分布在粤东的潮州、汕头、汕尾三个地区的 15 个县市，在粤西则是分布在雷州半岛的徐闻、雷州、遂溪、湛江等县市，总人口约 1500 多万。在海南省主要分布在岛的北部、东部、中部和南部、西部部分沿海县市，人口约 500 多万。在台湾省则除了西北部的新竹、苗栗二县通行客家话，中部山区杂有高山族语之外，各地通用的都是闽南方言，人口约 1800 多万。浙江省东南部的苍南县大部分乡镇讲的是闽南方言，而泰顺县的部分乡镇讲的则是闽东方言（当地称为"蛮话"）。

此外，还有一些闽方言岛分布在南方各省区，如广东的中山、电白、韶关、乐昌、乳源，广西的平南、玉林，浙江的玉环、洞头，江苏的宜兴，江西的上饶、赣州市郊和四川成都市市郊，甚至香港、澳门等地，都有不少聚居的说闽语的人。这些分散的闽方言岛总人口约 200 多万。[①]

唐宋之后，尤其是明清以来沿着海上丝绸之路闽南人还陆续、大批地移居东南亚各国，传承至今总人口也在千余万了。

---

① 以上数据参见侯精一主编《现代汉语方言概论·闽语》，上海教育出版社，2002 年。

闽语在国内外的分布有以下明显的三个特点：

第一，闽语沿海岸线分布。中国东南大陆的闽、粤、浙三省的海岸线，闽语区占据了近三分之二，加上海南、台湾两个大岛，闽语分布区几乎占据了全国海岸线的三分之一。这一特点反映了说闽语的先民历来就有向海洋谋生的传统，正如顾炎武《天下郡国利病书》所说的"闽人以海为田"，考察闽语的流播史时必须注意这一族群历史传统。

第二，闽语是东南诸方言中分布最广的方言之一，是闽、台、琼三省的主要方言，在广东省内闽语的使用人口也仅次于粤语的使用人口，是广东省的第二大方言。显然，这一特点反映了闽语本土人多地少的社会矛盾，因为这一主要矛盾，闽语本土老早就有不断向外移民的需要。有关闽语流播的研究不能忽略福建省这一固有的社会矛盾。

第三，闽语是海外流播的两大方言之一。虽然没有粤语走得远，但海外说闽语的人数比说粤语的多，并且集中在东南亚一带。这一特点反映了闽人老早就有开港造船、向外航运贸易以及海外移民的传统。这一经济活动特点对闽语的异域传播显然有重要的影响作用。①

需要说明的是，在大范围的跨省际闽语分布格局中，相关方言又跟闽语中的闽南方言关系最密切，有些甚至就是最近几百年直接从闽南本土迁移过去的，比如台湾闽南话。显然，我们在考察这些闽语的形成发展史时，闽南方言的相关人文历史，甚至经济活动背景，都是非常重要的研究切入点。

2. 闽语的语言特点及研究闽语发展史相关注意项

然而，就福建本土的闽语来看，按通用的次方言分区标准来

---

① 参见侯精一主编《现代汉语方言概论·闽语》，上海教育出版社，2002 年。

看，闽南方言只是五个次方言之一。除了它之外，还有闽北方言、闽东方言、闽中方言和莆仙方言。这些次方言在历史形成方面和闽南方言关系密切，因此我们在考察闽南方言的历史发展时，应该注意它与这些闽语次方言的关系。

具体来说，闽南方言和其他闽语次方言的密切关系主要体现在共同具有的语言特征上。这些共同的闽语的特征不单单是考量闽语作为一个大方言的分区标准问题，如果有历史材料参照，还可以是梳理闽语历史发展过程的重要依据。目前所知道的能揭示闽语发展过程的语言特点，主要体现在一些古老的词语和一系列语音特征上。比如有相当一些词语古代典籍注明是楚语或吴语，那么我们考察闽语发展史时就必须说明这些方言古代的关系以及后来的具体流传过程。又比如闽语的一系列语音特征，我们也必须根据历代韵书理清它们的历史演变关系。详述如下：

（1）闽语中的古楚语和古吴语

闽语中有一些常见的古楚语语词：

夥　《方言》卷一："凡物盛多谓之寇……齐宋之交楚魏之际曰夥。"郭注："音祸。"《广韵》果韵"祸"小目："夥，胡火切，楚人云多也。"今闽东闽南方言都有谓多为"夥"的。

拌　《方言》卷十："拌，弃也，楚凡挥弃物谓之拌。"郭注："音伴，又普槃反。"今闽东闽南方言抖动衣物或挥手力摐以弃尘土谓之"拌"，阳去或阳上调，为"伴"之音。

颔　《方言》卷十："颔，颐，领也。南楚谓之颔。"郭注："谓颔车也"，"（南楚谓之颔）亦今通语尔"。今闽南仍谓颈为"颔"，如厦门说"颔管"，泉州说"颔肌"。

蜀　《方言》卷十二："一，蜀也。南楚谓之独。"郭注："蜀犹独尔。"今闽东、闽南、闽北均谓"一"为"蜀"。

聿　《说文》聿部："聿，所以书也。楚谓之聿……余律切。"今闽南方言"聿"为动词，表示涂、搽、抹的意思，音

［ut］或［tsut］，阳入调。

箬　《说文》竹部："箬，楚谓竹皮曰箬。"徐注："而勺切。"《玉篇》竹部："箬，竹大叶。"今闽方言泛指一切植物的叶子。

柿　《说文》木部："柿，削木札朴也……陈楚谓櫼为柿。芳吠切。"《广韵》废韵："柿，斫木札也。"今闽方言多称削木所产生的木片为"柴柿"。

至于闽语中的古吴语语词，常用的也有好些。如：

侬　《玉篇》人部："侬，奴冬切，吴人称我是也。"今闽东闽南方言均称人为"侬"，也可称我为"侬"。

藻　《尔雅》释草："苹、萍。"郭注："水中浮萍，江东谓之藻。音瓢。"今闽方言都称浮萍为"藻"。

僆　《尔雅》释畜："未成鸡，僆。"郭注："江东呼鸡少者曰僆，音练也。"今闽南方言称小母鸡为"鸡僆"，音义均合。

鲑　《集韵》佳韵"膎"小目："鲑，吴人谓鱼菜总称。""膎，户佳切，《说文》脯也，一曰吴人谓腌鱼为［膎脼］。"今闽东闽南称盐渍的小杂鱼为［kie］，阳平调，和上面两字音义均合。厦门的"鲑"［kue］（阳平调）还可泛指一切荤菜，与素菜相对，如"无鲑无菜"、"好鲑好菜"。

櫼　《方言》卷五："蠡，陈楚宋魏之间或谓之箪，或谓之櫼……"郭注："今江东通呼勺为櫼，音羲。"今闽东闽南仍谓勺为"櫼"。①

显然，这些都是一些与日常生活紧密联系的基本词语，稳固性比较大。

此外，作为一支古老的汉语方言，闽方言中还有不少承自上古汉语的语词。比如称筷子为"箸"、锅为"鼎"、米汤为"饮"、

---

① 详细情况参见李如龙《方言与音韵论集》中《闽方言中的古楚语和古吴语》一文，香港中文大学中国文化研究所吴多泰中国语文研究中心，1996年。

米汁水为"潘"、泥土为"涂"、夜晚为"冥"、天色迟晚为"晏"、日晒为"暴（曝）"、浇灌为"沃"、咀嚼为"哺"，等等，都是别的方言口语不使用而上古汉语和今天闽语使用的语词。我们在梳理闽方言从古汉语分化的过程时，这些承自上古汉语的语词将提示我们一些比较明确的时间坐标，那就是闽语有相当一部分是在隋唐甚至更早以前从中原汉语分化出来的。

当然，作为一种南方汉语方言，闽语在形成的过程中也难免要融合当地民族的语言。比如闽南方言称"肉"为［baʔ³²］、要干什么的"要"为［beʔ³²］，都不能从汉语中找到来源，而有些却能从南方其他少数民族语言中找到对应词。如闽北地名中的"拿"与壮侗语"水田"义的 na 有对应关系，而闽南方言称"烂泥田"为"［lam²¹］塍"，其中的［lam²¹］也能从南方其他民族语言里找到对应词。显然，探讨闽语的历史不能忽略这一早先的语言背景。

（2）闽语的语音特点

语音特点可以从不同角度归纳概括出来，这里所说的闽语的语音特点主要是从历史语音演变角度概括出来的。主要有以下 5 点：

a. 古非、敷、奉、微声母字今闽语口语中一部分读为 p、ph、m、b 声母。如：

	分	斧	蜂	房	吠	网	问
福州	puoŋ¹	phuo³	phuŋ¹	pun²	puoi⁶	mɔyŋ⁶	muoŋ⁶
厦门	pun¹	phɔ³	phaŋ¹	paŋ²	pui⁶	baŋ⁶	bŋ⁶
建瓯	puiŋ²	pu⁶	phɔŋ¹	pɔŋ³	py⁶	mɔŋ⁸	mɔŋ⁶

b. 古知、彻、澄声母字今闽语口语中一部分读为 t、th 声母。如：

	中	竹	抽	拆	陈	直
福州	tyŋ¹／touŋ¹	tøyʔ⁷	thiu¹	thiɛ⁷	tiŋ²	tiʔ⁸
厦门	tiɔŋ¹／tan¹	tik⁷	thiu¹	thiaʔ⁷	tan²	tit⁸
建瓯	tœyŋ¹／tɔŋ⁵	ty⁷	thiu¹	thia⁷	teiŋ³	tɛ⁶

c. 古匣母字今闽语口语中一部分读为 k 声母，一部分读为零声母。如：

	猴	糊	厚	汗	鞋	话	红	学
福州	kau^2	ku^2	kau^6	kaŋ^6	ɛ^2	ua^6	øyŋ^2	oʔ^8
厦门	kau^2	kɔ^1	kau^6	kuã^6	ue^2	ue^6	aŋ^2	oʔ^6
建瓯	ke^3	ku^3	ke^8	kuiŋ^6	ai^3	ua^6	ɔŋ^3	ɔ^8

d. 古并、奉、定、从、澄、崇、群等全浊声母字今为塞音塞擦音时，不论平仄，多数读相对应的不送气清声母，少数读送气清声母。如：

	盘	步	肥	吠	同	定	槽
福州	puaŋ^2	puɔ^6	puei^2/phi^2	puoi^6	tøyŋ^6/tuŋ^2	tiaŋ^6/teiŋ^6	sɔ^2/tsɔ^2
厦门	puã^2/phuan^2	pɔ^6	pui^2	pui^6	taŋ^2/tɔŋ^2	tiã^6/tiŋ^6	tso^2
建瓯	puiŋ^5/phuiŋ^5	pu^6/piɔ^6	py^5	py^6	tɔŋ^3	thia^6/tiaŋ^6	tsau^5

	坐	迟	撞	锄	状	旗	跪
福州	sœy^6/tsɔ^6	ti^2	tauŋ^6	thy^2	tsauŋ^6	ki^2	khuei^3/kuei^6
厦门	tse^6/tsɔ^6	ti^2	tŋ^6/tɔŋ^6	ti^2/tsɔ^2	tsŋ^6/tsɔŋ^6	ki^2	kui^6
建瓯	tsɔ^6	ti^3	tɔŋ^3	thy^5	tsɔŋ^6/tsɔŋ^8	ki^3	ky^6

e. 古并、奉、定、从、澄、崇、群等全浊声母字今为塞音、塞擦音时，读清声母。例子见上面各字。

这 5 点在探讨闽语历史发展时各有不同的意义。对于 a、b 两点来说，它们反映的主要是汉语语音史中"古无轻唇音""古无舌上音"这两条规律。根据这两条语音规律，我们可以认定闽语早在隋唐以前就已经从中原汉语分化出来的事实。c 条匣母的读音情况，一方面可以和今吴语匣母读舌根浊塞音相对应，说明历史上吴语和闽语关系确实密切，但同时也可以看出闽语它本身又有自己独特的发展历程，会有不同的分化道路。而有关中古全浊声母今读塞音塞擦音的分化条件，闽语多数字不分平仄，读不送气音，少数读送气音。有学者根据这条语音规律，认为闽语历史上曾经接受过两股分别有不同方言背景的移民的影响，分别是司豫移民和青徐移民。① 我们认为这种认识有可取之处，在梳理闽语发展史时必须注意这一移民背景。最后一点有关古全浊声母今闽语读为清音的变化，告诉我们闽语历史上虽然早在隋唐以前就已经从中原汉语分化，但由于历史移民关系，它后来又接受了隋唐以后中原语音变化的影响，而不像今天的吴语和老湘语那样，继续保持中古汉语那种清浊的对立。这一点是可以通过唐五代的移民背景来理解的。

总之，闽语的来源不是单一的，闽语的形成也不是一时一地就完成的，只有立足一些基本的语言事实，并通过历史材料的辅助，才能让我们更加清楚地认识闽语的历史发展过程。

二、研究闽语发展史的特殊性和学术界一般的做法

与南方其他方言一样，历史上留下的闽方言材料不多，尤其是唐宋以前，各相关方言的语言材料都很少。在这种情况下要梳理方言的发展史有很多困难，因此从语言之外的其他文化要素去还原方言发展的具体过程，就成为语言学者的另一种选择。

关于方言形成的原因，大多数学者都把它归结到移民的作用和影响上面，如周振鹤、游汝杰就做过这样的表述：②

> 方言是语言逐渐分化的结果，而语言的分化往往是从移民开始的。方言的形成和移民有关者，至少有下述两种基本情况。一是讲同一种语言的人同时向不同地区迁徙，在不同的条件下经过发展演化，成为不同的方言；二是操甲地方言的部分居民在某一历史时期迁移到乙地，久而久之，同一种方言在甲、乙两地演变成两种不同

---

① 张光宇：《论闽方言的形成》，《中国语文》1996 年第 1 期。
② 周振鹤、游汝杰：《方言与中国文化》，第 12 页，上海人民出版社，2006 年。

的方言。

对于整个闽语来说，第一种情况能说明孙吴到南朝这段时间福建闽语的初步形成过程，因为这段时间是闽语三大行政区域短时集中建制时期，对北方中原移民来说，几乎就是同时向不同地区的迁徙。而有关闽南方言后来的发展流播，第二种移民情况无疑是最能说明其具体历史过程的，这已经得到不少材料的证明。

至于行政区划，以及山川地理等，那只不过是影响移民的另外一些因素。比如和平时期同一州治下面的县的增设，往往是该州内部继续移民开发的结果，州就成为制约移民范围的因素。而山川地理因素，往往是和方言区人们的生产能力、交通能力有关。对于缺少历史语言材料的闽语来说，这两点是我们梳理闽语史的主要立论依据。

移民是造成方言差异的主要原因之一，应该说，这大体上是正确的。然而，由于没有具体历史时代的限制，笼统的"移民"概念在拿来解释具体方言的形成过程时有时会得出一些似是而非的结论。我们认为使用没有时代限制的"移民"概念是不科学不妥当的，因为今天汉语各大方言的具体形成过程，实际上是对南方闽、越等族的汉化的过程，而这些民族要成为"少数"并且接受北方汉民族的汉化，其必须具备的前提就是要先有个数量上占优势的汉民族和先进的汉文化存在。从后代的民族融合史上看，这应该是很好理解的。而在史前的尧舜时代，我们很难说具有人口优势和文化优势的汉民族早已经存在，因为至少在商汤之前，殷人还过着"不常宁"、"不常厥邑"的游耕生活，而周在宗周以前也出于同样原因屡次举族迁移。[1]

基于以上认识，我们在探讨闽语发展史的时候，对福建汉以

---

① 详细论述参见陈支平、詹石窗主编《透视中国东南——文化经济的整合研究》第十一编第一章《东南方言发展史研究概述》，厦门大学出版社，2003 年。

前的中原移民及相关论述都秉持谨慎的态度，而认为闽语开始从中原汉语分化的时间是三国孙吴时期。这里面并不排除当时的闽越族人早已主动开始汉化的可能。

总之，立足闽语的基本语言事实，结合汉语史和福建移民史，多角度考察影响闽语发展流播的各种因素，是我们探讨闽语史包括闽南方言史努力的方向。只有这样，才能让我们认识整个闽语和闽南方言的具体发展过程。

第二节　福建的经略和闽南方言的形成

一、先秦两汉福建的经略与闽语中的古楚语、吴语和百越语底层

作为一支非常重要的汉语方言，今天的闽语主要分布在福建省、台湾省、广东潮汕、雷州半岛以及海南省的大部分地方。与其他方言相比，它分布的最大特点就是接着吴语沿着海岸线继续向南延伸。这实际上反映了吴闽两地人民历史上曾经存在过一些很密切的关系。那么，这些很密切的关系究竟是什么样的关系呢？历史上的吴语曾经对闽语的形成与发展起过怎样的作用呢？这里面涉及闽语中的古楚语、吴语和百越语的底层问题。

虽然秦灭六国统一全国后，曾在东南设立过一个闽中郡，但闽中郡的具体位置究竟在何方，史籍并未指明，后人也难查考。《史记·越王勾践世家》和《史记·东越列传》中对相关历史事实做了比较明确的勾勒。如《史记·越王勾践世家》对越国由盛到衰的过程记载说："（公元前473年勾践灭吴王夫差后）当楚威王之时，越北伐齐。齐威王使人说越王……于是越遂释齐而伐楚。楚威王兴兵而伐之，大败越，杀王无彊，尽取故吴地至浙江，北破齐于徐州。而越以此散，诸侯子争立，或为王，或为

君，滨于江南海上，服朝于楚。"楚败越杀越王无疆的时间为公元前334年，一百多年后，公元前223年秦又灭楚，而对早已经分裂成无数个小国的越族及他们的首领，《史记·东越列传》记载说："闽越王无诸及越东海王摇者，其先皆越王勾践之后也，姓驺氏。秦已并天下，皆废为君长，以其地为闽中郡。"这是福建一带由中原王朝设立地方行政单位的最早记载，结合相关历史地理背景，它基本上把先秦古楚语、吴语和百越语的关系勾勒清楚。

1. 先秦古楚语和吴语、百越语的融合关系

有关楚人和楚语，一般认为最初他们并不是华夏人，讲的也不是华夏语——汉语的前身。楚国一直到楚武王三十五年（公元前706年）时楚王还以蛮夷自居，但在以后的争霸战争中，楚国与中原诸夏交往密切。至楚庄王时（公元前613—公元前591年），向北已经扩展到今河南南部，战国时其疆域又有所扩大，东北甚至到达今山东南部。在这个扩张过程中，我们很难说楚语没有受到中原华夏语的影响。实际上，从屈原等文人的楚辞来看，至迟在战国后期，楚国士大夫所操的语言就已经与诸夏没有很大的差别了，据此而认为此时的楚语已经演变成为华夏语中的一支方言应该是可以接受的。①

至于先秦时的吴语和越语，《吕氏春秋·知化》说："吴王夫差将伐齐，子胥曰：'不可。夫齐之与吴也，习俗不同，言语不通，我得其地不能处，得其民不得使。夫吴之与越也，接土邻境，壤交通属，习俗同，言语通，我得其地能处之，得其民能使之。越于我亦然'。"这说明吴越相争之时，至少两国的普通老百姓所讲的话是不同于当时的华夏语的，但不排除上层统治阶级已

---

① 李新魁：《广东闽方言形成的历史过程》，《广东社会科学》1987年第3期。

经华夏化，会说华夏语的可能性。

那么吴越国通行的究竟是什么话呢？有两段文献材料可以帮助我们探讨这一问题，一是《越绝书·吴内传》所记录的勾践向越民发布的那则"维甲令"，二则是《说苑·善说篇》记载的那首"越人拥楫歌"。这里仅举"维甲令"为例说明。

"维甲令"全文如下（大号字为原文，小号字为注解）：

维甲_{维甲者,治甲系断}，修内［纳］矛_{"赤鸡稽繇"者也,越人谓"人［入］铩"也}。方舟航_{"买仪尘"者,越人往如江也}，治须虑_{~者,越人谓船为"须虑"}。呕怒纷纷_{~者,怒貌也,怒至,}士击高文_{~者,跃勇士也}。习之於夷_{"夷",海也}，宿之於莱_{"莱",野也}，致之於单_{"单"者,堵也}。

据郑张尚芳和潘悟云两先生的考释，其中的"习之於……"、"宿之於……"、"致之於……"、"治……"是华夏语，"夷、莱、单、须虑"是百越语，《越绝书》用"海、野、堵、船"对百越语加以解释。而"修内［纳］矛"是华夏语，"赤鸡稽繇"是百越语，意思是"将要修理刀矛"，估计是"维甲令"的原来注解。"维甲令"向越民发布，说了一句华夏语以后，怕一般的百越人听不懂，又用百越语说一次。"越人谓'人［入］铩'也"则是《越绝书》作者对它的注解。"方舟航"是华夏语，百越语就是"买仪尘"，意思是"扬眉吐气地航行前进"，《越绝书》用"往如江也"注解。"呕怒"是华夏语，"纷纷"是百越语，与泰语的fun（即怒气冲冲，怒火中烧）相对应。"士"是华夏语，"击高文"是百越语，意思是精神振奋，步伐坚定。①

通过对"维甲令"的解读，我们可以得到这样的结论：在勾践时代，越国说的还是百越语，但是在首都会稽，已经借入一些华夏语成分，特别是上层统治阶级，在他们的公文用语中已经开

---

① 参见潘悟云：《语言接触与汉语东南方言的形成》，2000 年 4 月香港"语言接触"国际圆桌学术会议论文。

始较多地使用华夏语，包括华夏语的语词和句式。由于"维甲令"是对越国百姓的动员令，为了能够让百姓听懂，因此发布者每说一句华夏语时都要加一句百越语解释。这是一个典型的混合语材料。不过在一般百越人的日常语言生活中，华夏语的成分可能就不那么多了。

显然，先秦时的吴越国主要通行的是百越语，但已经开始受到华夏语的影响。此时的吴语还只是吴越国里的一种语言混合状态，华夏语和百越语还分得很清楚。

先秦时楚语对吴越国语言的影响主要是通过征战来完成的。这可以从以下历史事实看出：

第一，战国时（公元前306年）楚怀王攻入越国，把越人挤到会稽一带的浙东地区，苏南与太湖流域从此被楚人占据。

第二，战国末年，楚国在秦军的进攻下，从长江中游一步步迁到淮河中游一带（今安徽寿县即楚国最后一个国都所在地），此后，楚人大量散居于江淮之间，与苏南太湖流域的楚人应该是连成一片的。从后来楚汉战争中这一带一直是项羽的根据地这一点来看，楚人在江东一带的势力是很大的，楚语有进一步同化百越语的能力。

如果说楚国攻占越国只是军事的占领，那么在秦国逼迫下的举国迁徙那就是大规模的语言板块运动了。需要说明的是，从福建闽侯庄边山战国墓地所表现出来的典型的楚文化性质来看，楚人和楚语有可能早在战国时期就已经在福建出现。①

2. 两汉时福建的经略与闽语中的百越语底层

两汉时，中原政权对福建的经略有过两次很大的变动。这两次变动对闽语的发展有一定的影响。

---

① 吴春明：《福建秦汉墓葬文化类型及其民族史意义》，《东南文化》1988年第Z1期。

秦虽然在福建一带设立了一个闽中郡，但秦祚促短，不久便爆发农民战争，闽中郡境内的越人不久也恢复自立，并起兵响应汉军。《史记·东越列传》记载说："及诸侯畔秦，无诸、摇率越……从诸侯灭秦……汉击项羽，无诸、摇率越人佐汉。汉五年，复立无诸为闽越王，王闽中故地，都东冶。孝惠三年，举高祖时越功，曰闽君摇功多，其民便附。乃立摇为东海王，都东瓯，世俗号为东瓯王。"

从高帝五年（公元前 202 年）立闽越首领无诸为闽越王在今福建建立闽越国算起，一直到后来闽越国兴兵作乱，于元封元年（公元前 110 年）被汉军平定为止，这将近一百年时间福建基本上属于百越语的天下。但正如当初越王勾践时代，上层人物继续受到中原汉语的影响。这也可以从以下两个史实中看出来。

一是汉武帝元鼎五年（公元前 112 年），南越反汉，闽越国东越王"余善上书请以卒八千从楼船击吕嘉等"（《汉书·西南夷两粤朝鲜传》）。这说明闽越国的统治者通汉语、懂汉字，与春秋时期的越国是一样的。

二是考古发现闽越国遗址中曾使用过不少汉字。如武夷山闽越国故城遗址、浦城临江锦城村闽越国宫殿遗址和福州浮村、屏山闽越国遗址等，都先后发现和出土了闽越国时期的文字资料。这些出土文字，除了弩机刻铭来自中原河内郡之外，绝大部分的陶文、瓦文都是在闽越国流行的文字，它们反映出当时闽越国的人名、职官、吉语、印章等等。显然，西汉时的闽越人已熟驭中原文字，除了上层统治者，一般工匠也能使用汉字。[①]

越国早在春秋时期就已经流行中原文字，这在文献记载和考古资料中已有大量的明确物证，已属定论。那么作为越国的后

---

① 参见徐晓望主编《福建通史》第一卷第三章第四节"闽越国文字、艺术、宗教及民俗"部分，福建人民出版社，2006 年。

裔，闽越国继续使用这些中原文字并不奇怪。这并不排除有中原汉人来到闽越国的可能，但通过闽越人助汉灭秦和以后近百年不断与中原的交往，闽越人自己接受汉语汉文化也是很明显的。也就是说，不一定通过北方汉族的移民，汉语也能通过闽越人自己而在福建流播。当然，闽越国的主体民族还是越人，通行的还是本民族语。至于这种民族语在西汉早期究竟已经汉化到什么程度，我们还不是很清楚，但其百越语本身作为今天闽语的底层和一个来源，却是基本可以肯定的。

然而，闽越国存在的时间仅仅92年，元鼎六年（公元前111年）秋，东越王余善得知汉楼船将军上书请击闽越，便公开发兵反汉，结果遭到汉武帝调遣的四路大军的围攻而于次年灭亡。元封元年（公元前110年），汉武帝以"东越狭多阻，闽越悍，数反覆"为由，"诏军吏皆将其民徙处江淮间。东越地遂虚"。（《史记·东越列传》）其后，闽中的人口及社会经济文化突然衰落，以后300年间，福建仅有一个冶县。南朝梁时撰写的《宋书·州郡志》说："建安太守，本闽越，秦立为闽中郡。汉武帝世，闽越反，灭之，徙其民于江、淮间，虚其地。后有遁逃山谷者颇出，立为冶县，属会稽。"

这里有两点需要说明一下。

一是北迁的闽越族人对后代吴语发展的影响。司马迁在《史记·货殖列传》中将彭城（今江苏徐州市）以西江淮之间地区划为南楚，说"其俗大类西楚"。但又说："郢之后徙寿春，亦一都会也。而合肥受南北潮，皮革、鲍、木输会也。与闽中、干越杂俗，故南楚好辞，巧说少信。"说的就是内迁的越人与早先迁到江淮之间的楚人又一次融合的史实。然而，尽管迁到江淮间的越人数量不少，但他们跟早已定居于此的楚人比起来毕竟还是属于少数，加上他们也同样从事农业生产，与当地的楚人差别不大，因此二者很容易就会融合到一起，从而出现新的民系。一百年后的《汉书·地理志》把江淮之间划为吴地，反映的便是楚人与内迁的越人融合后出现新的人文景观这一历史事实。我们认为，只有到这时，作为一个有明确分布地域的汉语方言吴语才算正式出现。它是吴越国百越语、楚语和中原汉语交融的结果，以后随着孙吴对福建的开发又再一次影响到福建，成为闽语一个非常重要的来源。

二是闽越国遗民与后代闽语的关系问题。这个问题不容易理清，所能说的，一是闽越国的遗民虽然数量少，但根据考古分析，在汉代依然散布在福建各地。而从闽北光泽及闽东福州、闽侯等地的东汉墓葬看来，虽然也反映了当时中原内地汉墓的变化，但是闽越土著的陶器群还较全面地延续，应是汉化中的闽越人墓葬。[1] 二是今天福建各地不管何种方言，都多多少少能找到一些无法说清汉语来源，但却跟南方其他少数民族语言有关系的语词。比如从邵武沿武夷山南下到闽西的永定、龙岩一带，不少地方都有称人为"侪"的。又比如福建各地常见的一些地名通名字，如闽北武夷山区的"拿"、漳州一带的"畲"、闽西一带的"排"等，都是一些同音近音字或方言俗字。这些字在汉语古籍中找不到出处，不能用汉语语词解释，但在壮侗语又正有音义相合和地名通名的用例，"显然是百越人留下的底层语言成分"。[2]我们认为，虽然汉代以后不断有北方汉人的移入，但地名的相对稳定性告诉我们，这些地方原先住的是百越民族，不排除他们就是闽越国遗民的可能性。

总之，我们认为百越语作为闽语的一个来源，它主要是在汉代形成的，形成的民族背景主要是遗留当地的闽越族人。但由于

————————

① 吴春明：《福建秦汉墓葬文化类型及其民族史意义》，《东南文化》1988 年第 Z1 期。

② 李如龙：《福建方言》第四章第一节"地名中的古越语留存"部分，福建人民出版社，1997 年。

军事政治的干预，先秦吴越两国的百越语和汉武帝时内迁的闽越语都融合到汉代及以后的吴语中，由于孙吴对福建的开发，不排除这些百越语回流的可能性。同时，有一点需要引起我们注意，那就是东南的百越民族从春秋吴越国以来，一直到西汉的闽越国乃至东汉，实际上都一直在华夏化或汉化。这种变化不一定是完全大批北方汉人移民造成的，它本身经过漫长的岁月，最后也能达到相当的程度。这或许能帮助我们理解为什么东南一带既是汉语方言同时又能处处找到一些并非汉语成分的语言现象。

二、三国吴至两晋南朝：早期闽语的形成及分布

东汉末年，社会矛盾的激化导致了波澜壮阔的黄巾军起义，以后在镇压农民起义军的过程中，各路军阀的力量迅速壮大，军阀的割据与混战将中国历史拖入了长达 400 年的分裂。其间虽有西晋短暂的统一，但随着中央集权的严重削弱，各种矛盾和离心力加剧，而社会矛盾导致的"中原板荡"和北方少数民族内迁，又直接推进了中原北方汉人向江南移民的高潮。这些移民随着南方历代政权对福建的经营管理而散布到各地，奠定了后代闽语的雏形。

1. 孙吴对福建的经略与早期闽北方言雏形的出现

从建安元年（196 年）孙策"引兵渡浙江，据会稽，屠东冶"（《三国志·吴书·孙策传》）算起，一直到咸宁六年（280 年）司马炎发兵江南，降服吴国为止，孙吴政权在福建地区总共经略了 84 年。这 80 多年中，吴国虽然在福建立郡增县，但由于时处三国纷争时期，而孙吴江东一带人口也还不多，因此，吴国在福建早期主要是让闽越人补充军队，以供对付魏、蜀战争之需，以后又把福建作为流放官员的地方。总的来看，孙吴早期对福建的开发及其对闽语的形成的作用还很有限。不过，有两点值得一提。

一是三国吴时，闽西北一带的越人经过 300 来年的发展，可能已经有相当的人口。建安八年（203 年），闽中的建安、汉兴、南平等地发生动乱，孙权派贺齐率军入闽平叛。《三国志·吴书·贺齐传》说："贼洪明、洪进、苑御、吴免、华当等五人，率各万户，连屯汉兴（浦城），吴五六千户别屯大潭（建阳），邹临六千户别屯盖竹（建阳、建瓯交界处），同出余汗。"这 6 万余户一般都认为是山越，是汉武帝北迁闽越人之后的自然增长。但由于吴国统治期间，"三军有无已之役，江境有不释之备，征赋调数，由来积纪，加以殃疫死丧之灾，郡县荒虚，田畴芜旷，听闻属城，民户浸寡"（《三国志·吴书·骆统传》）。而贺齐对闽西北山越的征服，更是直接导致当地人口的又一次锐减，所派出的 1 万多兵士，也跟着他征战别处。有学者认为这是闽越人的第二次北迁。[1] 从方言形成的角度来看，这次北迁又一次使闽西北一带陷入了空虚，为后来的北方移民南下留下了空间。类似的情况在孙吴统治期间曾多次发生，其对福建人口的影响是不言而喻的。

二是建安郡的建立可能使闽北方言的雏形初步形成。虽然郡县的建立不一定就导致某种方言的形成，但建立以后长期基本保持不变的郡县必定会影响人口的流动，使人群尽可能地在本郡县内活动。这对地域文化的形成和发展是有积极作用的。有关孙吴建安郡及其属县的情况，《古今图书集成·职方典》卷一〇五三《建宁府汇考·沿革考》说："吴景帝永安三年（260 年），以会稽南部为建安郡，领县十。是年析建安之桐乡，置建平县，改都尉曰太守，领建安（建瓯）、建平（建阳）、吴兴（浦城）、东平（松溪）、将乐、昭武（邵武）、绥安（泰宁）、南平、侯官、东安

---

① 参见徐晓望主编《福建通史》第一卷第六章第二节中"夷洲的经营"部分，福建人民出版社，2006 年。

（南安）十县，仍治建安。"① 可以看出，孙吴所设立的建安郡主要分布在闽北，所领属的县份长期基本不变。如果没有别的因素的影响，比如战乱、瘟疫等，我们说孙吴所建立的建安郡奠定了今天闽北方言分布的雏形应该是可以接受的。从今天闽北方言来母读 s，以及闽北的一些地方还有全浊声母 b、d、g 等来看，闽北方言的形成确实是比闽东、闽南方言更早，形成的时间可以追溯到三国吴这段历史时期。

2. 两晋南朝时期福建的经略与早期闽语的形成及分布

两晋南朝对福建的经略及其对闽语早期的形成与分布，主要体现在三大地域文化中心建制的完成、福建作为独立一州的出现，以及移民自北向南散播基本形成后代闽语分布格局这三点上面。

从公元 265 年司马炎登上皇位改国号为晋起，经过 10 多年的征战，于咸宁六年（280 年）发兵江南灭掉吴国，完成中国的统一，是为西晋。西晋王朝在孙吴对闽中经营的基础上，进一步加强了对闽中的统治，于太康三年（282 年），在闽中增设了一个晋安郡。据《晋书·地理志》记载，晋时的建安郡辖县七：建安、吴兴、东平、将乐、建阳、邵武和延平，而晋安郡则统县八：原丰（闽县）、新罗（一说即龙岩）、宛平（不明何地）、同安、侯官、罗江（一说为宁德）、晋安、温麻（霞浦）。两郡各有 4300户，人口都不多，跟当时的北方各地和邻近的岭南、江西比起来，要逊色得多。不过新设的晋安郡所辖八县，多在沿海，说明当时福建沿海已经开始有比较大的发展了，而晋安郡郡治原丰（闽县）一带也开始成为闽东地域文化的中心，是后来闽东方言形成的一个重要基础。

然而，西晋政权短命，太熙元年（290 年）晋武帝司马炎死

---

① 转引自朱维幹《福建史稿》（上），第 46 页，福建教育出版社，2008 年。

后，旋即产生了争权夺位的动乱，最后酿成长达 16 年内战的"八王之乱"，西晋统治势力消耗殆尽，北方少数民族乘机反晋，此后中国北方又进入两百多年的分裂动荡时期。而偏居江南一隅的司马睿东晋政权，其内部的贵族争斗也一直不断。这期间闽中作为一个十分落后的地方，常常被朝廷用以处置流放人员，客观上带来了一些北方移民。

从公元 420 年刘宋政权建立，迄至 589 年隋朝统一南方，闽中经历了宋、齐、梁、陈长达 169 年的统治，其间除了陈朝经历一些战乱之外，大体平静，经济文化也有所发展。在这样的背景下，南朝梁天监年间在闽南设立了南安郡，与闽北建安郡、闽东晋安郡鼎立，属东扬州，陈朝建立之初，又把这三郡合成闽州一州，不久闽州又改称丰州，州治设在晋安郡。至此，福建作为一个相对独立的行政单位，以及治下闽语三大地域文化中心开始形成，它们分别影响制约着以后闽北、闽东和闽南方言的发展过程。

不过，从三国孙吴在闽中增设郡县以来，经两晋，终南朝，福建一地的人口一直不多，直到隋代，史书记载也只有 12420 户人家，以致又把整个福建裁郡并县，最后只留下建安、闽县、南安和龙溪四个县，统归泉州（今福州）管辖。以后虽然大业三年（607 年）又废州改为建安郡，但领县不变。

有关这段历史时期福建地区的移民情况，据葛剑雄的分析，[①]汉武帝平闽越后，尽管越人内迁后遗留下来的人口数量有限，但经过三百余年的繁衍生息，会有很大的增长。尤其闽西北一带，留下的越人更多，而孙吴政权在置县之初不可能迁入大批人口，附近地区也没有新的移民来源，因此三国时闽西北一带的汉人主

---

① 参见葛剑雄《福建早期移民史实辨正》，《复旦学报》（社会科学版）1995 年第 3 期。

要还是钱塘江和衢江流域的人们向上游地区渐次开发的结果。不只三国时期如此，在以后的三百多年中，除了南朝梁侯景之乱时有较多的人迁闽之外，[①]福建的移民都只是邻近地区缓慢的推进，而没有出现移民热潮。在这种情况下，来自吴地的汉人自然会带来当地的早期吴语，这是在所难免的。后代闽语也就是在这段时间的吴语和百越语融合的基础上形成并发展起来的。在与吴地连界的闽东方言中有更多的吴语特征，和这个阶段的人口流动应有一定的关系。

需要补充一点的是南朝陈时，吴语极有可能已经远播潮汕平原，理由有二：一是潮汕一带早在东晋末年即已设置义安郡，从整个东晋南朝都以三吴地区为统治中心来看，不排除是吴人向南推进的结果；二是陈天嘉六年（565 年）朝廷下的一道有关流民的诏书称："侯景以来，遭乱移在建安、晋安、义安郡者，并许还本土，其被略为奴婢者，释为良民。"这清楚地表明，吴地百姓由于战乱已经远逃到潮汕一带，以后虽然官府允许他们还乡，但并非所有的人都愿意或者能够返乡。

总之，经孙吴两晋南朝 400 年时间，福建地区自闽北至闽东，又从闽东到闽南，基本完成了早期移民的分布格局，并在建安、晋安、南安三郡的基础上发展出后代的闽语三大次方言：闽北、闽东、闽南方言。这些方言流播之初，都跟当时的吴地方言有密切的关系，这便是今天闽语各地吴语底层的直接来源。

三、唐五代：闽南方言的早期发展与闽语内部的分化

唐朝取代隋朝之后，逐渐又恢复了福建旧有的州县。武德元年

---

① 《陈书》卷三十五《陈宝应传》记载梁末侯景之乱时说："是时东境饥馑，会稽尤甚，死者十七八，平民男女，并皆自卖，而晋安独丰沃。宝应自海道寇临安、永嘉及会稽、余姚、诸暨，又载米粟与之贸易，多致玉帛子女，其有能致身乘者，亦并奔归之，由是大致赀产，士众强盛。"

（618 年）把建安郡改为建州之后，武德四年又把建州州治迁回闽北建安，并于武德五年和六年分别在闽南闽东重设丰州（州治今南安）和泉州（今福州）。于是，又恢复了三州并立的局面。而原先隋朝被废之县，如侯官、温麻（今连江）、长溪（今宁德）、唐兴（今浦城）、建阳、将乐、沙村（今沙县）、绥城（今泰宁）、莆田等九县，也分别恢复建制。这说明，唐代的福建继续六朝以来的发展，并于以后陆续在沿海和内陆增设不少县，如闽东的新宁（今长乐）、福清、梅溪（今闽清），闽南的漳浦、清源（今仙游），都先后增设，甚至在流民散居避役的闽西和闽东山区腹地也开始设立宁化、尤溪、古田、永泰等县。这说明，唐代福建沿海一带开发得比较快，闽语也因此在福建境内更大范围地散播。

1. 漳州的设立与闽南方言的早期播迁

对闽语的发展来说，垂拱二年（686 年）陈元光开漳州是一件值得关注和讨论的大事。这里面主要涉及当时究竟是北方的移民还是福建当地的移民开发的问题。

有关陈元光入闽一事，福建方志记载不一，有不少人认为，陈元光于唐高宗时率领数千名固始人入闽开拓漳州。但从史料来看，漳州开辟后，其人口还相当稀少，即便盛唐的开元年间，漳州也才只有 1690 户。由此可知，陈元光入闽的传说可能有许多虚构的成分。据徐晓望的分析，[①] 陈元光的祖辈应是跟随李世民打天下的老兵，并随一支驻闽队伍来到福建，其家族实际上也早在唐初就已经定居于福建的仙游县。唐高宗时，南方发生叛乱，陈政、陈元光父子于是在泉州一带招募许多士兵南下作战，并最终开发了漳州（治所在漳浦县，今云霄境内）。在没有更有说服力的史料出现之前，漳州是泉州当地人继续南下开发的结论是很有

---

① 参见徐晓望《闽南史研究》第一编《闽南人起源研究》中的"开漳圣王陈元光家世考"部分，海风出版社，2004 年。

说服力的，与今天两地方言具有很大一致性相符合。《白石丁氏族谱·懿迹纪》就比较真实地记载了当时泉州一带的汉人逐步向南开发的过程："先是，泉潮之间，故绥安县地，负山阻海，林泽荒僻，为獠蛮之薮，互相引援，出没无常，岁为闽广患，且凶顽杂处，势最猖獗，守戍难之。自六朝以来，戍闽者屯兵于泉郡之西、九龙江之首，阻江为险恶，插柳为营。江当溪海之交，两山夹峙，波涛激涌，与贼势相持者久之。至是，府君首议与将军政阴谋遣人沿溪而北，就上流缓处结筏连渡，从间道袭击之。遂建寨柳营江之西，以为进取，恩威并著，土黎附焉。辖其地为唐化里，而龙江以东之民，陆续渡江田之。"

不过，当时漳州一带的"蛮獠"势力还很大，向南开发的汉人只取得了部分的成功，那就是在沿海一带设立了漳浦县和怀恩县（今诏安），建立了从泉州通往潮州的路上交通据点。开元二十九年（741年）把原属泉州的龙溪划入漳州后，漳州州治于贞元二年（786年）向北迁回龙溪县。以后漳州在这个基础上才慢慢向内陆山区发展，而闽南方言也随着移民的开发慢慢向山区散播。

2. 晚唐五代北方移民的剧增与闽语内部的分化

唐代中叶后爆发了安史之乱，此后便陷入了长期不断的战乱和藩镇的割据，一直到唐末爆发农民大起义。唐末这场农民起义不但动摇、瓦解了唐朝的统治基础，对福建来说，它还直接带来了大批的北方移民。这些移民不但建立了偏安一隅的闽国（909—945年），还直接促进了后来两宋时期福建社会的发展，一改福建长期以来人烟稀少、经济文化落后的面貌。

应该说，唐代中末叶中原移民的南下入闽，对于闽语的发展，是有很大的作用的。它促使了闽北、闽东和闽南方言的最后分化。比如闽北一带，《八闽通志》卷三《地理·风俗》称建宁府"备五方之俗"，并引《建安志》解释："自五代离乱，江北士大夫、豪商巨贾，多避乱于此。"闽北的建州的人口，在宋初也由唐元和年间的 15480 户增加到 195043 户（含邵武、南剑州），增长了 179563 户。可见北方移民人数之多、规模之大，其对闽北一带的方言和地域文化的影响也应该是很大的。

与闽北类似，宋初的闽东和闽南户数也都有大幅度的增长。如福州，元和年间户数为 19455 户，宋初为 94470 户；泉州，元和年间为 35571 户，宋初为 96561 户；漳州，元和年间为 1343 户，宋初则为 24007 户。这些人数众多的北方移民由于来源地不一，散布的地方也不一样，对各地闽语的影响也不大一样。不过，从闽语各地都存在的浊音清化现象来看，这场移民的作用是巨大的。它在原先六朝吴语和百越语融合的基础上，不但加入了中古汉语的文读层，同时还在闽语整个语音系统上消除了塞音、塞擦音的清浊对立，使得闽语最后有别于江东吴语而成为汉语的另一种大方言。也只有到了这个时候，闽南方言作为一种次方言才算最后形成。

有关各地闽语具体的发展过程，还是一个尚待深入研究的课题。这里仅能从移民开发史出发，联系闽方言的特点做一些推论，还很难说是精密的结论。

第三节　福建社会的变化与闽南方言的流播和发展

闽南方言通行于闽南地区，从早期的形成时期来说，这个说法并没有错，但由于闽南地区行政单位的历史变化以及历代移民的省内外运动，这里所说的闽南地区，主要指唐五代时泉州、漳州所辖，含今天的莆田、仙游和龙岩一带。这些地方经过唐代缓慢的发展后，唐末五代由于王潮、王审知治闽有方，又招徕大量北方人口，至北宋太平兴国三年（978 年）陈洪进献土时，户口已经上升到 151978 户，比唐元和年间的 36914 户净增三倍。① 靖康之乱时虽然又有一部分北方汉人来到闽南地区，但此时的泉州已经是人口较为密集的地区，而漳州一带虽然发展有限，其人口数到了宋徽宗时也已经有 100469 户，② 因此这一时期南下的人口对闽南地区影响不大。

限于当时生产力的水平，福建一带经北宋一百多年的发展后，已经成为人口密集而耕地却很有限的地方之一。到南宋时，福建已经从过去的移民迁入区变为移民输出地了。实际上，由于地理位置的接近以及本土人口的压力，北宋时就已经有闽南人远徙雷州半岛一带了。闽南方言也由于宋元之后的历代移民运动播迁到本省的内陆山区及省外。以下分别叙说。

一、宋元时期闽南地区的深入开发与本土闽南方言向内陆的发展

1. 唐末宋初闽南方言的分布及泉州闽南方言的流播

闽南地区的开发最早是在晋江流域。吴永安三年（260 年）就已经在今天的南安设立东安县，隶属建安郡。至西晋时，能肯定的又有同安县和新罗县（龙岩一带）的设立，时属晋安郡（今福州）。而在南朝梁时，由于人口的增加，又设立了一个南安郡，与闽北的建安郡、闽东的晋安郡三郡鼎立。至此，作为闽语内部三种主要方言之一的闽南方言，其通行地域也初步稳定下来了。

唐垂拱二年（686 年），虽然陈元光在泉州、潮州之间设立了漳州，但由于漳州人口太少，畲民还是压而不服，经常作乱，开元二十九年（741 年）把泉州所辖的龙溪县划入漳州，贞元二年

---

① 参见徐晓望《闽南史研究》第一编《闽南人起源研究》中的"北方移民与闽南人的形成"部分，海风出版社，2004 年。

② 同上书，第一编《闽南人起源研究》中的"闽南畲汉互动的历史"部分。

（786 年）漳州州治也迁入龙溪县。这就使得漳泉两地的关系更加密切。从地理分布位置上说，后来漳州的发展实际上就是泉州一带继续向南向西深入延伸的过程。由于有这样的历史地缘背景，今天的闽南方言只有差别不大的漳泉腔之分，而没有分化出两种差别更大的方言。

然而，由于开发较早，泉州一带在唐五代的时候就已经有了很大的发展，唐代后期，晋江一带就已经出现开塘灌田、围海造田的水利工程。实际上，查阅史册，今天晋江境内，以"埭（海堤）"为名的地方，不少就是唐宋时修筑的水利工程。[①] 这些水利工程一方面说明了唐宋时晋江流域开发的程度较高，但同时也告诉我们当时的晋江流域已经开始出现人口增多和耕地有限的矛盾。

这种人口增长的趋势，使得泉州一带先后增设县治。如后唐长兴四年（933 年）增设同安县、桃林县（即永春县）、德化县，南唐保大十三年（955 年）增设长泰县（太平兴国五年，即 980 年划归漳州）和清溪县（即安溪县），而惠安县则于北宋初年的太平兴国六年设立。这就是说，今天泉州所属各县，几乎是集中在唐宋之际建立的。这说明了经过唐代数百年的开发，至唐代末期，大批北方汉人再次陆续南迁，于是闽南地区进入了快速发展的时期。也就是在这样的背景下，泉州一带的闽南方言，到了宋代初年就已经定型并完成了它在今天泉州地区的散播，并影响到与其相邻的尤溪、大田一带。

2. 漳州的缓慢开发及漳州闽南方言的散播

如上所述，漳州于唐垂拱二年（686 年）设立，同时设立的还有漳州治下的漳浦县和怀恩县（今诏安境内）。怀恩县由于人

---

① 参见徐晓望《闽南史研究》第一编《闽南人起源研究》中的"北方移民与闽南人的形成"部分，海风出版社，2004 年。

口太少，不久撤销。开元二十九年（741年）泉州的龙溪县划归漳州，漳州州治也由漳浦移到龙溪。龙溪设立于南朝梁大同六年（540年），其时所辖地面包括今天的龙岩和漳平。唐初开元年间在龙岩地设立新罗县，隶属汀州。天宝年间改称龙岩，为居民不足3000户的中下县，因该县无水路通汀州，却能通过九龙江抵漳州，于大历年间改属漳州，以后一直到清初，龙岩一直属漳州所辖。计上后来也划属漳州管辖的长泰县，那么历史上漳州自北向南、从沿海到内陆山区的开发过程是很明显的。如上所说，这实际上就是泉州一带居民继续向南向西深入延伸的过程。

但是，漳州一带的闽南方言的扩散过程比较缓慢。其中有两个方面的原因，一是漳州内陆隋唐以来一直是畲族的分布区域，汉人要移民迁入不容易；另一个原因就是漳州内陆地属山区，垦种不易。因此明代以前，以平原稻作农业为生的闽南人，更愿意向南迁徙到邻近的潮汕平原（后来又沿着海岸逐渐地迁往粤西雷州半岛），而不大愿意进入内陆山区安家落户。这就是为何漳州属县有相当一部分到了明代中叶以后才陆陆续续设立的根本原因。

实际上，漳州及其属县的设立，从一开始就带着汉族和畲族争夺土地的色彩。这种汉畲争斗互动的历史一直延续到宋元时期。在这种民族互动过程中，畲族逐渐改变了自己的生活方式。至迟在元代，畲族就已经从游农生活方式过渡到定居的农业社会了，表现为元代时畲族在山区都有山寨的设立。[1] 由于有这样的历史背景，元至治元年（1321年）南胜县的增设（今南靖县）也多少带有一些民族争斗的色彩。据《八闽通志》卷第一《漳州府沿革》记载："（南靖县）本龙溪、漳浦、龙岩三县地，元至治

---

[1]　参见徐晓望《闽南史研究》第一编《闽南人起源研究》中的"闽南畲汉互动的历史"部分，海风出版社，2004年。

中，以其地险远，难于控驭，遂析置南胜县，在九围矾山之东。至元三年，畲寇李胜等作乱，杀长史晏只哥，时同知郑晟、府判喜春会万户张哇哇讨之，失利，邑人陈君用袭杀胜，遂徙治于小溪琯山之阳。至正十六年，县尹韩景晦以其地偏僻多瘴，又徙于双溪之北，改为南靖县。"当时山区环境的恶劣以及民族矛盾的激烈可以窥见一斑。

明代中叶以后，漳州一带先后于成化七年（1471 年）从龙岩县分出漳平县，正德十二年（1517 年）析南靖、漳浦县地置平和县，嘉靖九年（1530 年）析漳浦县南的南诏城别立诏安县，嘉靖四十五年年底（1567 年初）从龙溪分出海澄县，隆庆元年（1567年）把龙岩县集贤里的东西洋析为宁洋县（今属漳平）。据研究，这些县的设立都跟当地的动乱有关，而这种动乱其实又都与当地人口数量的增加和开发程度的提高有关。① 也就是说，漳州一直到明代中后期，北部和沿海的居民才慢慢完成向内陆山区的移民开发过程，本土闽南方言这时候才最后散播到原来畲族分布的地方。

3. 本土闽南方言的变化

由于畲族较早就受到客家人的影响，今天漳州虽然通行闽南话，但在边远的南靖、平和、诏安等地，一些地方的居民仍然说客家话。而龙岩一带则靠近汀州，尤其从清雍正十二年（1734年）设立龙岩州以来，龙岩及所属的漳平县与漳州联系就少了，同时接受汀州客家文化的影响多了。结果就是今天龙岩人讲的闽南话虽然能与漳州、泉州人通话，但已经有不少困难了。

正由于龙岩一带闽南方言的变化只是明代以后才发生的变化，加上漳州地区的经济、文化一直比龙岩地区强势，这种新的

---

① 参见徐晓望《闽南史研究》，第一编《闽南人起源研究》中的"郡县设置与闽南区域的开发"部分，海风出版社，2004 年。

变化还不至于影响龙岩人与漳泉人的沟通。对比莆仙方言就更明显了，宋初太平兴国四年（979 年）莆田和仙游从泉州析出成为太平军（后改兴化军），由于长期独立为一个行政单位（明代以后设为兴化府），又与闽东方言接邻，不远处的福州一直是统辖全省的都城，那里的方言经过近千年的发展变化之后，混杂了不少闽东方言的成分。这种既不是闽东方言也不是闽南方言的莆仙话，今天的漳州、泉州人已经很难听懂了。20 世纪 60 年代之后，方言学界已经把它单独立为莆仙方言，作为与闽南方言、闽东方言并立的闽方言的一个次方言。

值得一提的是清雍正年间永春州的设立。永春州与龙岩州同在雍正十二年（1734 年）设立，辖永春、德化、大田三县。永春、德化是后唐长兴四年（933 年）泉州增设的县，大田设县更晚，一直到明嘉靖十四年（1535 年）才析尤溪、永安、漳平和德化县地设立，归当时的延平府管辖，永春州设立后才属永春州治下。由于有这样的历史背景，今天的大田县境内方言比较复杂，各地以地缘邻近关系混杂着邻县的方言，而永春、德化两县说的还是闽南方言。显然，由于周围没有更强势的方言的影响，清代永春州的设立也没有改变早先闽南话分布的格局。这一点和龙岩是不大一样的，比起莆仙话就更是不同了。

二、宋元时期闽南方言向粤东、雷琼等地的流播及发展

福建进入宋代以后，随着经济的快速发展，也一改前期人口稀少的面貌。从宋代中期开始，福建逐渐成为国内人口最密集的区域之一。但由于福建山多耕地少，宋以前的福建是北方移民移居的主要区域，而南宋以后，由于人口过剩的压力，福建已经成为移民的输出区域。宋元之交的战争使得福建的人口大幅度下降，但邻近的广东等省人口却大有增长。从方志和族谱记载看，闽南人此时已经

远徙两广、海南等地，是这些地方闽语的直接传播者。

然而，我们在梳理这段历史时，有两个历史事实必须充分重视。一是宋元时期闽南各地发展并不平衡。比如泉州晋江下游一带，因为开发早，至迟唐末就已经出现了人多地少的矛盾。由于较早面临人口压力，晋江早在唐元和便开修仆射塘，灌田数百顷。溜浦埭工程则始建于唐代，继修于宋朝，"上承九十九溪之水，广袤五六十里，襟带南乡三十六埭，绵亘永清、和风、永福、永乐、沙塘、聚仁六里，水源凡九十九所，县田三分之一仰溉于兹"。① 而莆田仙游一带，在宋初分立出去成为兴化军后，北宋年间就已经面临人口压力，成为人口输出地。漳州则要到明代才开始大规模向外移民。因此，对两广和海南来说，那里最早出现的闽南话不但有时间的差别，还有本土来源地的差别。

第二个历史事实是，粤东潮汕一带的闽语历史背景比较复杂。它与今天的闽南地区既是早期行政区划的同属地，又是后来不同批次闽南移民的迁入地。因此，潮汕地区闽语的形成发展过程，既有像本土闽南话自然开发扩散的一面，又有像远距离、跳跃式"飞地"流播的一面。这要看具体的历史阶段和移民情况。以下分别说明。

1. 宋元时期闽南地区的向外移民及粤东潮汕方言的形成

粤东潮汕地区上古早期也是百越族活动的地域，汉武帝平闽越国前，闽越人的活动范围覆盖这一区域。隋唐时这里还有俚、僚等少数民族。俚人渠帅杨世略甚至在隋唐之交占据粤东循、潮二州，一直到唐高祖武德五年（622 年）才归顺朝廷，授循州总管。显然，一直到唐初，粤东一带的少数民族势力都还很强大。

在行政建制上，潮州一带的记录也相当早。汉武帝元鼎六年（前 111 年），几乎在攻灭闽越国的同时，在粤东一带设立揭阳县，

---

① 乾隆《泉州府志》卷九《水利》，上海书店，2000 年。

属南海郡。此时的揭阳县境延伸至今福建西南沿海。① 东晋咸和六年（331年），从南海郡分立东官郡（郡治在今深圳宝安一带），拆其属县揭阳为四县，其中粤东有海阳（今潮州）、潮阳、海宁三县。以后义熙九年（413年）又拆东官郡置义安郡，义安郡领海阳、潮阳、海宁（今惠来西）、义招（今大埔一带）和绥安五县。②

这里需要注意的有三点：一是此时义安郡属下的绥安县即今天闽南的漳浦一带；二是义安郡的设立比南安郡还早一百年左右；三是义招县设立的背景，《舆地纪胜》引用《南越志》说："义招，昔流人营，义熙九年立为县。"显然，东晋末年就已经有北方移民到达义安郡，而郡县设立往往反映该地已经有一定的开发基础，东晋末年韩江流域其实比晋江流域开发还要更早一些，管辖的范围也延伸到今闽南一带。

隋代继续设立义安郡（开皇十年，即590年曾改称潮州），大业六年（610年）时领县五，分别是海阳、潮阳、海宁（今普宁东）、程乡（大埔）和万川（大埔南），在编人家为2066户。唐初承隋制，实行州县二级制，改义安郡为潮州。以后虽然天宝元年（742年）改潮州为潮阳郡，但乾元元年（758年）又恢复为潮州，治下有海阳、潮阳和程乡三县，以后终唐没有大的变动。

需要注意的是唐代中后期潮州和闽南一带户口的变化情况。

唐时潮州的户口数，据《元和郡县图志》卷三十四《潮州》和《通典》卷一八二《潮阳郡》记载，开元年间已经有9327户，天宝年间则增加到10324户，口数也有51674之多。唐代中后期潮州和闽南一带详细户口数如下表：

---

① 参见《广东通史》（古代上册）第四章第一节中的"岭南诸郡和交趾部的设立"部分，广东高等教育出版社，1996年。

② 同上书，第五章第二节中的"广州归晋和郡县的增置"部分。又参见林伦伦《也谈粤东方言的形成及其有关问题》一文，《广东社会科学》1991年第4期。

	开元二十年（732）	天宝元年（742）		天宝十一年（752）		元和八年（813）
	户数	户数	口数	户数	口数	户数
潮州（潮阳郡）	9327	10324	51674	4420	26745	1955
漳州（漳浦郡）	1690	2633	6536	5846	17940	1343
泉州（清源郡）	50754	24586	154009	23806	160295	35571
汀州	约3000	5330	15995	4680	13702	2618

资料来源：a. 汀州设立于开元二十一年（733年），其户口数依《临汀志》补充。

b. 开元年间和元和八年户数依《元和郡县图志》，天宝元年户口数依《通典》，天宝十一年户口数依两唐书。

以上统计数据出自不同年代的不同作者，各自取材还可能有异，处理方式也可能有别，难以断定其实，只作参考。

　　一般认为，《元和郡县图志》所载开元户数大致为开元二十年（732年）的户数，而《通典》所载户数为天宝初年的户数，两唐书所载户口数为天宝十一年（752年）的户口数。由于《元和郡县图志》的作者李吉甫为当朝人记当朝事，又由于唐代前期对户口统计较为重视，因此《元和郡县图志》中的开元和元和户数是比较真实可信的。而从韩愈元和十四年在潮州所作《潮州请置乡校牒》所称的"今此州户万有余"来看，《通典》中的天宝元年户口数也相当可信。至于天宝十一年和天宝元年的户口数之差别原因，据黄桂《潮州的社会传统与经济发展》一书的分析，主要是人民负担日重，不断逃亡，加上地方官瞒报所致。尤其是元和八年（813年）所载1955的官方户数和韩愈文中所称的"万余户"所存在的巨大差别，则不仅仅是实际户数与编户数的差别，而是州县手中的二本账的户数之差。①

　　显然，潮州早在唐代中期就已经是户数过万的州郡，这是

---

　　①　详细分析参见黄桂《潮州的社会传统与经济发展》第三章《唐至清初潮州人口与移民问题分析》，江西人民出版社，2002年。

不争的事实。对比同时期福建附近各州的户口数，此时潮州的开发水平实际上仅次于泉州而已。唐文宗开成五年（840 年）甚至在诏谕中称，"潮州是岭南大郡，与韶州略同"（《唐会要·选部下》）。

对比同时期泉州的户口数，并参考其他相关文献，我们认为早在中晚唐闽南人就已经播迁到潮汕地区。具体理由如下。

首先是泉州户数和潮州户数的变化关系。不管天宝年间泉州这两组户口数究竟哪个更接近实际情况，泉州由开元年间的 5 万多户下降到 2 万多户是明显的事实，即使算上同时期漳州的户数，依然少了 2 万户。而潮州一带在短短的十来年中就从原来 9327 户增加到 10324 户，不排除当时的泉州人已经散播到潮汕地区的可能。

其次，潮州虽然长期属于岭南广州管辖，但唐景云二年（711 年）福建改泉州（今福州）为闽州都督府之后，却划归闽州都督府。以后一直到大历六年（771 年）废福建节度使后，潮州才又划归岭南道。至少在这数十年间，潮州显然和福建的关系更密切。泉州人有可能已经移民潮州。

再其次，据《潮阳县志》记载，贞元（785—805 年）初年，有莆田人洪圭定居潮阳，"募夫开垦，遂成巨室"，其后代洪奋虬"历建麒麟、潇湘、湄泥、洪使等桥……舍田于灵山寺计千余亩，宗启又舍至二千六百余亩"[①]。显然这是一户大户人家，因为对地方贡献大才被留名。从中我们也可以知道，闽南地区（包括莆田仙游一带）早在中晚唐就已经有人迁徙潮汕地区了。

有关这时候潮汕地区的语言情况，韩愈《泷吏》一诗很能说明问题。[②] 诗中写韩愈贬潮州途中，经乐昌询问当地一小吏"潮

---

① 光绪《潮阳县志》卷十六《侨寓》，卷十七《义行》。

② 参见《韩昌黎诗系年集释》卷十一"元和十四年"《泷吏》，上海古籍出版社，1984 年。

州尚几里？行当何时到？土风复何似？""泷吏垂手笑：官何问之
愚？譬官居京邑，何由知东吴？"该吏不但把潮州归到吴地，自
己还口口声声说"侬幸无负犯"，"侬尝使往罢"，而潮州那里的
鳄鱼更是"牙眼怖杀侬"。从泷吏所称的"岭南大抵同"来看，
潮州甚至其他地方当时都已经有南朝吴语的散播，这跟唐末五代
前的福建几乎是一样的。

　　进入宋代以后，无论史籍记载还是族谱称说，闽南人（尤其
是兴化人）就已经陆陆续续迁到潮州定居了。潮州的户数也从宋
开宝（968—976 年）初年的"三万余"发展到元丰年间（1078—
1085 年）的 74682 户，一百年间增加一倍多。而几乎同时期的兴
化军只从 33707 户增加到 55237 户，增加不到一倍。这时已经有
莆田人迁入潮汕地区的记载，如潮州前七贤之一的卢侗，就是在
北宋中期由莆田迁入澄海的。① 进入南宋以后，有关闽南人迁徙
潮汕地区的记载就更多了。据统计，宋元两代移居潮州的家族有
62 个，其中北宋时迁入的有 13 个，南宋时迁入的有 28 个，宋元
间迁入的有 10 个，元代迁入的有 11 个。这些迁移入潮的家族大
多数来自福建，特别是福建的泉州和兴化军（莆田），只有少数
家族来自江西、浙江和江苏等省。②

　　正因为宋代闽南人的移入，潮州一带"虽境土有闽、广之
异，而风俗无潮漳之分"，"土俗熙熙，无福建、广南之异"。③ 语
言方面则"土俗熙熙，有广南、福建之语"④。可见，至迟到南宋
时，福建移民及其后裔就已经成了潮州人的主体部分，而闽语也

---

　　① 参见黄桂《潮州的社会传统与经济发展》第三章《唐至清初潮州
人口与移民问题分析》，江西人民出版社，2002 年。

　　② 参见黄挺《潮汕文化源流》上编第二章第三节"潮汕民系的形成
与发展"部分，广东高等教育出版社，1997 年。

　　③ 祝穆：《方舆胜览》卷三十六《潮州·事要》。

　　④ 王象之：《舆地纪胜》卷一百《潮州》。

已经成了潮州的主要语言了。

需要注意的是，进入明代以后，从嘉靖三十一年（1552 年）到万历六年（1578 年），潮州一带迭遭山贼、海盗、倭寇作乱骚扰，造成许多人户逃离及死亡，之后又有一波闽南人迁入潮州。这些晚近移民使得潮汕一带的语言文化更加趋同于闽南地区，是闽南方言近代的影响表现之一。

总之，历史上的潮州与闽南地区关系密切，很早就已经有闽南人播迁到那里。尤其是进入宋代以后，福建人口压力大增，作为交土接壤的潮州自然而然就成为闽南人向外迁移的首要目的地。至迟南宋时，闽南方言及文化就已经扎根于潮汕地区了。以后明末清初的战乱移民又进一步加强了这一带的闽南化过程，使得今天的闽南方言向南延伸到潮汕甚至雷州半岛一带。

2. 宋元时期闽南人的向外移民及粤西雷州方言的形成

今天粤西一带说闽语的主要有四个县市：雷州市（海康）、徐闻县、遂溪县和湛江市。此外，廉江市和原电白县的大部分地方说的也是闽语。

和本土闽南方言比起来，潮汕话已经有所变化，比如鼻音韵尾只有-m、-ŋ 两个。雷州闽语变化又更大一些，比如不少地方不但把鼻音韵尾合并成-m、-ŋ 两个，连鼻化韵都全部变成阴声韵了，四 [si²¹] ＝扇 [si²¹]、遮 [tsia²⁴] ＝正（正月）[tsia²⁴]、哥 [kɔ²⁴] ＝扛 [kɔ²⁴]、饭 [pui²⁴] ＝吠 [pui²⁴]、麻（黄麻）[mua¹¹] ＝鳗（鳗鱼）[mua¹¹]，等。声调方面，雷州方言古全浊声母去声字今白读有不少已经合到阴平调中。如：爹 [tia²⁴] ＝定 [tia²⁴]、鲜 [tshi²⁴] ＝饲 [tshi²⁴]、单（单据、发票）[tua²⁴] ＝大 [tua²⁴]、酸 [sui²⁴] ＝穗（稻穗）[sui²⁴]、西 [sai²⁴] ＝祀（祀公祖）[sai²⁴]、乌 [ɛu²⁴] ＝芋 [ɛu²⁴]，等。显然，由于分离的时间和地域差别关系，雷州方言已经有了很大的变化。

　　雷州方言的变化，应该和当地的少数民族语言影响有关，但也跟福建移民本土的来源地不同有关。以电白为例，电白的闽语分布在沿海平原，另有客家话分布在山区，是明代以后才从梅州一带移过去的。唐宋以前的电白县，"壮瑶杂处，语多难辨"（清光绪《电白县志·方言》），宋代以后才有福建人移居此地。据清光绪《电白乡土志·氏族》记载，该县大姓有邵、黄、杨、蔡、梁、崔、李、王、谢、刘、潘11个，其中邵、蔡、李3姓明确记载是宋代末年从莆田移过去的，黄、崔、王3姓是宋代末年从闽县或福州府移过去的。明确记载从今天闽南地区迁过去的只有梁姓，是宋末从晋江迁去的。潘氏也是宋末随赵昺从福建走到那边的，但福建原地不详。杨姓则是先在绍兴年间（1131—1162年）自闽迁粤，居潮州，至绍熙年间（1190—1194年）才又从潮州迁徙电白。其他谢、刘二姓明代才迁过去，刘姓一支明初从莆田迁去，另一支稍后从福州府迁去。梁氏福建原迁地不明。① 显然，对电白来说，宋代末年迁入的福建人带来了今天电白的闽语，这些福建人的来源地并不一样。现今的电白话正是反映了闽南话和莆田话的一些特点。

　　从文献记载来看，今天粤西一带早在宋代就已经有相当数量的福建移民。如绍圣年间（1094—1098年），南恩州（辖今阳江、阳春、电白、恩平等地）"民庶侨居杂处，多瓯闽之人"②。"化州以典质为业者，十户而闽人居其九。闽人奋空拳过岭者往往致富。"③ 苏辙任海康县令时所写的《和子瞻次韵陶渊明劝农诗》中的引言也说"予居海康，农亦甚惰。其耕者多闽人也"。显然，早在北宋年间就已经有不少福建人远徙雷州半岛从事商贾和农业

---

　　① 清光绪《电白县乡土志·氏族》，又参见戴由武、戴汉辉主编《电白方言志》附录，中山大学出版社，1994年。

　　② 王象之：《舆地纪胜》卷九十八引丁�《建学记》。

　　③ 同上书，卷一百一十六引范氏《旧闻拾遗》。

耕作。他们带来的闽语就是最初的雷州方言。《舆地纪胜》又说，雷州"实杂黎俗，故有官语、客语、黎语"，"官语则可对州县官言也，客语则平日相与言也，黎语虽州人或不能尽辨"。[①] 从道光《广东通志》卷九十三《舆地略》说宋代崖州"惟语言是客语，略与潮州相似"来看，这种"客语"应该就是当时的闽南话。此外，《大明一统志》卷八十二还引《图经》说宋代廉州府"俗有四民：一曰客户，居城郭，解汉音，业商贾；一曰东人，杂处乡村，解闽语，业耕种；一曰俚人，深居远村，不解汉语，惟耕垦为活；一曰蜑户，舟居穴处，亦能汉音，以探海为生"。

显然，虽然雷州半岛一直以来语言分布状况都相当的复杂，但从当时雷州"平日相与言"的都是和潮汕话相似的"客语"来看，我们说今天的雷州方言可能在宋代就已经基本形成了。

进入明代以后，雷州半岛的语言使用状况有所改变，那就是黎语使用的范围大大缩小。据万历《雷州府志·民俗志》言语条记载："雷之语三：有官语，即中州正音也，士大夫及城市居者能言之；有东语，亦名客语，与漳、潮大类，三县九所乡落通谈此；有黎语，即琼崖临高之音，惟徐闻西乡之言，他乡莫晓。"而从今天来看，即使在徐闻县也找不到和临高话相似的"黎语"了，也就是说，经过有清一代三百年之后，雷州半岛几乎变成清一色的闽语区了。只不过到了19世纪下半叶，部分嘉应州移民由于和广府人发生冲突而被安置到雷州半岛，这时才使得几个县的雷州方言区当中夹杂了几个大小不一的客家方言岛，如廉江的青平、石角，化州的新安等乡镇。这是后话。

3. 宋元时期闽南人的向外移民及海南闽语的形成

海南闽语俗称"海南话"，分布于海南省海口、琼山（今归海口市）、定安、澄迈、屯昌、文昌、琼海、万宁，以及陵水、

---

① 王象之：《舆地纪胜》卷一百一十八。

乐东、昌江等汉族聚居的地区，全省通行。由于海南岛独特的民族分布格局，海南闽语的形成历史也比较特殊。

有关海南岛早期的经营，据《汉书·地理志》卷二八下记载："自合浦徐闻南入海，得大洲，东西南北方千里，武帝元封元年（公元前 110 年）略以为儋耳（今儋州市东北）、珠崖（今海口东南）郡。"设郡之初，两郡即已下辖 16 县，户 23000 余。① 显然，由于地处热带的相当优越的自然环境，汉代海南岛上就已经有为数不少的土著民族在那儿繁衍生息。不过 65 年后，由于各种原因，汉元帝初元三年（公元前 46 年）春，下诏放弃珠崖郡（前 82 年已省儋耳入珠崖郡），置朱卢县，属合浦郡。以后历经三国孙吴、两晋和南朝的宋、齐等几个朝代，珠崖郡时省时立，但"祗在徐闻遥统之耳"。② 直至南朝梁大同年间（535—545 年），由于南越俚族首领洗夫人的威望，儋耳归附者千余峒，才重新在海南设置崖州。③ 从此以后，历代中央王朝都有效地管辖着海南，使海南在行政上与大陆内地连为一体。

有关汉人进入海南岛并定居的记载也相当早。如《新五代史·南汉世家》就说："是时，天下已乱，中朝士人以岭外最远，可以避地，多游焉。唐世名臣谪死南方者往往有子孙，或当时仕宦遭乱不得还者，皆客岭表。"苏轼对其贬谪地儋州的史志也描述说："自汉末至五代，中原避乱者多家于此，今衣冠礼乐盖斑斑然矣。"④ 但有关闽人进入海南岛的记载，则比较晚，要到北宋。如《舆地纪胜》卷一二四"琼州"条说："（槟榔）岁过闽、

---

① 《汉书·贾捐之传》卷六四下。

② 清道光《琼州府志·沿革表》卷首。

③ 清道光《琼州府志·沿革表》卷首。又清康熙《琼州府志·诸黎村峒》卷八说："儋州黎，视诸处最蕃，昔梁、陈间儋耳归附者千余峒，指此。"

④ 清道光《琼州府志·艺文》卷三八《伏波庙记》。

广者，不知其几千百万也。"《诸蕃志·物货》则说："海南土产……惟槟榔、吉贝独盛，泉商兴贩，大率仰此。"显然，宋代闽商往来海南的不少。

但海路遥远、风波难测，有些闽商"值风水荡去其资，多入黎地耕种不归"①。这应该是较早的福建移民。《岭外代答》卷二"海外黎蛮"条则说："海南有黎母山，内为生黎，去州县远，不供赋役；外为熟黎，耕省地，供赋役，而各以所迩隶于四州军。生黎质直犷悍，不受欺触，本不为人患。熟黎多湖广、福建之奸民也……"《明史》卷三一九《广西土司列传三》说得更详细："熟黎之产，半为湖广、福建奸民亡命，及南、恩、藤、梧、高、化之征夫，利利其土，占居之，各称酋首。"可见，所谓的"熟黎"中，包括湖广、福建等地失业和逃避赋役的农民、逃避封建法律惩处者，以及征调不归的军人。

宋末元初，福建成为宋、元交兵之地，许多闽人也在这个时候，为了逃避战乱从福建来到海南，这又加强了闽语在海南的影响。明顾炎武《天下郡国利病书》说："（崖州）语音，州城惟正语。村落语有数种：一曰东语，又名客语，似闽音；一曰西江黎语，即广西梧、浔等处音；一曰土军语；一曰地黎语，乃本土音也。"可见，至迟在明代，海南闽语就已经形成了。不过，由于海南岛在明朝末年自然灾害频繁，加上黎民起义以及海寇抢掠，二百多年间户口不但没有增加，反而还减少了：明代洪武二十四年（1391 年），68522 户 291030 口，到万历四十五年（1617 年）降为 56892 户 250524 口。海南岛依然是个人烟稀少的岛屿。② 进入清代以后，人口有了比较大的增长，其中原因之一是潮州人继续迁来。如清人张庆长《黎岐纪闻》在谈汉族商人进入海南时，

---

① 《文献通考》卷三三一《四裔考八》引《桂海虞衡志》。

② 海南省地方志办公室编《海南省志》第三卷，《人口志·方言志·宗教志》第一章《海南人口源流与变迁》，南海出版公司，1994 年。

就谈到"近日惠、潮人杂处其中，多以沽酒为业，外贩赀绒盐布等物入而易之……惠潮人入黎者，多于坡地种烟，黎人颇用之"。①

总之，经过宋元两代福建闽南人的移民，海南闽语至迟在明代就已经形成了。但因为所处语言环境比较复杂，海南闽语有了很大的变化，根本不能与闽南人通话，更不能和今天的莆田人沟通。这是宋元以后闽南方言向外发展的一个极端例子。

三、明清时期闽南方言向台湾等地的流播及发展

宋元之交，福建闽南和广东潮汕一带曾经成为宋兵和元兵争夺的主战场。这虽然造成了当时人口的大量死亡和流失，但客观上却使当地的人口压力得到一定程度的缓解。然而，由于山多地少的自然条件依然存在，进入明朝后福建很快又继续面临人口的巨大压力。此时，由于水源的限制，沿海已经无法再继续围海造田，莆仙一带的士绅经过商量之后，甚至决定禁止围垦埭田。②这说明明代福建沿海的老开发区，因受地理条件的限制，已经不可能增加大量的田地。在这样的社会条件下，各地民众往往要靠自己的专长去外地谋生。如莆田，"莆为郡，枕山带海，田三山之一；民服习农亩，视浮食之民，亦三之一"③。而漳州一带，据方志记载，"（漳州）族大之家，指或数十，类多入海贸夷。壮者散而之他郡，择不食之壤开山种畲；或拿舟沧浪间。皆挈妻长子其处"④。在这样的历史背景下，闽南方言随着新的移民，或在省

---

① 转引自李新魁《广东闽方言形成的历史过程（续）》，《广东社会科学》1987 年第 4 期。

② 参见徐晓望主编《福建通史》第四卷第四章第一节中的"农田的开辟与水利兴修"部分，福建人民出版社，2006 年。

③ 弘治《兴化府志》卷十二《户纪六·货殖志》。

④ 何乔远：《闽书》卷之三十八《风俗》。

内插播，或向省外散处，甚至流播到异域他国。以下分述。

1. 明清时期闽南人移居台湾与闽南方言在台湾的播迁

今天台湾岛说闽南话的人口约占总人口的80％，其中有泉州腔和漳州腔的细小区别。在分布地域上，粗略来看，北部的台北、基隆、淡水一带和南部的台南、高雄等地主要通行泉州腔，而中部的南投、嘉义和东北部的宜兰、苏澳等地则主要通行漳州腔。有些地方，如台中、花莲等地泉州腔和漳州腔交错分布，比较复杂。而近百年来，由于大量人口向台北市集中，这两种口音逐渐融混，产生了一种通行全台的和厦门话相当接近的口音，因为厦门口音也是近百年来逐渐融合漳泉两种口音而形成的。

从历史上看，闽南地区与台湾地区的关系很早以前就很密切了。据台湾方志记载，澎湖列岛"……宋时零丁洋之败遁亡至此者，聚众以居"①。元代汪大渊《岛夷志略》说当时的澎湖已经是"地隶晋江县"了，并且，"至元年间，立巡检司，以周岁额办盐课中统钱钞一十锭二十五两，别无差科"。显然，闽南地区老早就已经有人员往来于闽台两地，并且对澎湖列岛有效地行使行政权了。

朱元璋建立明朝以后，为了防止方国珍、张士诚部逃亡海上的势力卷土重来，也为了防止倭寇侵扰，曾在东南沿海实行迁界移民、坚壁清野的政策。在此背景下，澎湖一带的大族被明兵驱徙到漳泉间。但内地农民为了逃避沉重的赋税，"往往逃于其中，而同安、漳州之民为多"②。

当然，闽南方言在台湾的通行主要还是伴随着以下四次大规模的移民开垦运动来完成的：一是明朝末年颜思齐、郑芝龙的率众入台开垦，二是荷兰殖民者占领时期招募闽南人的入台开垦，

---

① 周钟瑄：《诸罗县志》卷十二引沈文开《杂记》语。

② 林谦光：《台湾纪略》，《台湾文献丛刊》第104种，第64页，台湾银行经济研究室，1961年。

第三次是明郑时期对台湾的军事移民，最后一次也是历时最久的一次，是施琅平台后的清代垦荒移民。以下详加说明。

首先是明末颜思齐、郑芝龙的率众入台开垦。明朝万历年间（1573—1620 年），东南沿海一带有以颜思齐为首的海上武装集团，天启元年（1621 年）郑芝龙到台湾追随颜思齐。天启五年颜思齐病亡后，郑芝龙为该武装集团的首领。他以台湾为根据地，在海峡两岸进行大规模的走私贸易活动。崇祯元年（1628 年）郑芝龙就抚于明朝后，此时福建年年旱灾，出现大批的无业游民，社会动荡不安，郑芝龙经福建巡抚熊文灿批准后，招募饥民前往台湾，结果，"招饥民数万人，人给银三两，三人给牛一头，用海舶载至台湾，令其芟舍开垦荒土为田"①。这是一次经政府批准的、有计划、有规模的移民，对台湾早期闽南方言的散播当有一定的作用。

其次是荷兰殖民者占领时期招募闽南人的入台开垦。荷兰人于 17 世纪初摆脱西班牙人的统治后开始了自己的扩张道路，1624 年趁明政府无力顾及台湾防务之际夺占了台湾。荷兰人占领台湾初期，只重视贸易，不重视农业生产，以后随着人口的增加，粮食供应困难，这时才鼓励中国大陆居民去台湾垦殖。而此时正是中国大陆战乱不断的时期，于是又有许多闽粤籍的贫苦农民迁往台湾，最终形成一个移民区。这个移民区以赤坎为中心，北至今台南县麻豆镇，南至今高雄县冈山镇。这是台湾早期闽南话的第二个来源。

第三次是明郑时期对台湾的军事移民。1661 年，郑成功进军台湾时，队伍分首、二程而行。这两支队伍共计 3 万余人，施琅后来在概括这次军事移民时说得很清楚："至顺治十八年（1661

---

① 黄宗羲：《赐姓始末》，《台湾文献丛刊》第 25 种，第 6 页，台湾银行经济研究室，1961 年。

年），郑成功亲带去水陆伪官兵弁眷口共计三万有奇，为伍操戈者不满二万。"① 到了康熙三年（1664 年），郑氏在祖国大陆沿海的岛屿尽失，郑经又率部分将士和眷口退到台湾，随行的还有一批明朝宗室及故老乡绅。据施琅估计，这次随郑经移居台湾的人口大约有六七千人，其中为伍操戈者约 4000 人。② 以后数年间，郑经西渡祖国大陆进行军事角逐时，还带回几千人。加上由于清政府厉行"迁界"政策而被迫逃到台湾的，实际上，到了郑氏末期，台湾汉族的人口已经超过 10 万人。郑克塽降清时，福建总督姚启圣就曾说过："台湾广土众民，户口十数万。"③ 郑氏时期移民开垦的区域，主要集中在以承天府（今台南市）为中心，北至北港溪，南至下淡水河的台湾中南部地区。北港溪以北和下淡水溪以南地区也有少量的开发。④ 这也是清初闽南话在台湾的主要分布地域。

第四次是施琅平台后的清代垦荒移民。康熙二十二年（1683年）六月十四日，施琅率领水陆官兵 2 万余人、战船 200 余艘，从铜山（今东山）向澎湖、台湾进发，并于同年克取台湾，实现国家的统一。这是清代前期中国历史上的一件大事。而由于两岸的统一，清初厉行的"迁界"和海禁政策很快便开放，尤其是在以后的一段时间里，由于台湾地方官员注意招徕祖国大陆流民前往开发，出现了"流民归者如市"，"内地入籍者众"的现象。康熙五十七年，清政府虽然做出了禁止私渡台湾的规定，但沿海人民还是纷纷冲破各种阻拦，涌入台湾。康熙五十年台湾地方官员

---

① 施琅：《靖海纪事》，第 53 页，福建人民出版社，1983 年。

② 同上书，第 53 页。

③ 厦门大学台湾研究所、中国第一历史档案馆编辑部编《康熙统一台湾档案史料选辑》，第 301 页，福建人民出版社，1983 年。

④ 陈孔立主编：《台湾历史纲要》，第 101 页，九州图书出版社，1996 年。

报告说："自数十年以来，土著之生齿既繁，闽、粤之梯航日众；综稽簿籍，每岁以十数万计。"① 至雍正十年（1732 年），大学士鄂尔泰等奏称："台地开垦承佃、雇工贸易均系闽、粤民人，不啻数十万之众。"② 从陈孔立先生所列的乾隆二十八年（1763 年）到嘉庆十六年（1811 年）的台湾人口数看，乾隆年间每年增加几千到 1 万多人，而 1782 年到 1811 年间则每年增加 3 万多人。显然，乾隆、嘉庆年间是一次移民高潮。下表为乾隆二十八年至嘉庆十六年台湾人口数③：

乾隆二十八年	（1763 年）	666040 人
乾隆二十九年	（1764 年）	666210 人
乾隆三十年	（1765 年）	666380 人
乾隆三十二年	（1767 年）	687290 人
乾隆三十三年	（1768 年）	691338 人
乾隆四十二年	（1777 年）	839803 人
乾隆四十三年	（1778 年）	845770 人
乾隆四十六年	（1781 年）	900940 人
乾隆四十七年	（1782 年）	912920 人
嘉庆十六年	（1811 年）	1901833 人

这些移民以早期开发的台南平原为依托，继续向南北两路进行垦殖。自康熙中期至乾隆后期，在将近一百年的时间里，台湾岛的西部平地已经基本变成了良田。此后，移民开垦的目标逐步转为丘陵山地和交通不便的宜兰平原和埔里社盆地，至咸丰年间

---

　　① 参见《重修台湾府志》卷十《艺文志·申请严禁偷贩米谷详稿》，台湾大通书局，1984 年。

　　② 参见《续修台湾府志》卷二十《艺文一·题准台民搬眷过台疏》，台湾大通书局，1984。

　　③ 陈孔立主编：《台湾历史纲要》，第 140 页，九州图书出版社，1996 年。

（1851—1861 年），埔里社盆地也大多开发完毕。至此，移民对台湾的拓垦就大体完成了。而闽南话也随着移民开发的脚步，从台南散播到台中、台北，又从台中、台北散播到宜兰平原等地，布满了全岛。

值得一提的是，在各地闽南方言系统中，台湾闽南话和本土闽南话的差别最小。比如声母都是 14 个或 15 个，声调 7 个，韵母则不论漳州腔还是泉州腔，都没有超出本土闽南话的范围。也就是说，台湾的闽南人和厦漳泉一带的闽南人相处起来都可以自由交谈，其口音甚至比闽南一些边缘地区的口音（如诏安、漳平、德化等）更为接近中心地带。从历史形成角度来看，这主要和以下三个原因有关：一是台湾闽南话从闽南分离出去的时间较晚，一直到清代中晚期才基本结束；二是从康熙二十二年（1683 年）到光绪十一年（1885 年），台湾一直属于福建省管辖，人员往来频繁；三是不管什么时候，台湾和闽南本土的民间往来一直都没有中断过，即使日本殖民统治 50 年，由于宗亲血缘和共同信仰关系，两地民间依然冲破各种阻碍而相互联系。这和粤西雷州半岛以及海南等地的早期移民是很不一样的。雷州半岛和海南岛说闽语的人虽然承认自己是从福建闽南一带迁过去的，但由于分离时间很早，分离之后又没有频繁的往来，以致今天这些地方的闽南话已经和本土有了很大的差别，难以通话。

2. 明清时期闽南人的省外移民与浙南等地闽语的形成和变化

明清时期闽南人的省外移民一般都比较分散，成规模的不多，但对省外闽南方言的形成分布却有直接的作用。在这些明清时期才出现的省外闽南方言中，值得一说的主要是清初闽南移民与浙南闽语的形成，其他地方的闽南话形成则零零散散，要靠具体的族谱记载才能理清。分述如下：

首先是浙江温州地区闽南话的形成和变化。

温州地区现今所通行的闽语主要分布在泰顺、苍南、平阳、温州、洞头等县市，说闽语的人口约 100 万。在这几个县市中，闽南方言主要分布在苍南县的中部、西部和南部，人口约 60 万，占全县人口的超过半数。其他地方所通行的闽语则是同属于闽语系统的接近于闽东方言的"蛮话"。

温州地区历史上通行的应该是吴语，由于地理位置偏南，开发较晚，加上与闽东接邻，福建人很早就已经移民该地区。据清人孙依言《瓯海遗闻》收集的宋代以来温州籍人士文集中有关各自祖先迁移的资料，有相当一部分是从福建迁入。民国《重修浙江通志稿》第 12 册《民族考》提到近代温州主要氏族的来源，据此资料统计共得宋代迁入温州的有 43 族，其中 35 族来自福建。也就是说，宋代温州的外来居民大多数来自福建。

据吴松弟的分析，宋代福建人移民温州的高潮，发生在南宋孝宗乾道二年（1166 年）以后的数年间。乾道二年八月由于强台风登陆带来的特大潮灾，使得温州滨海四县人户、田亩尽被海水冲荡。在这样的背景下，福建东北部尤其是长溪县（今宁德霞浦）的人民纷纷迁入垦殖。[①] 这应该是浙南闽语系统中的"蛮话"的直接来源。

而浙南一带的闽南方言出现的时间应该比较晚。据光绪《泰顺分疆录》卷二记载："自康雍以后，多汀州人入山种靛，遂至聚族而居，今皆操汀音。乾隆以后，多平阳北港人入山耕种。有发族者类皆国初由兴（化）、泉（州）内徙之民，故又特操泉音。"显然，闽南方言流播浙南主要与清初的迁界政策有关。但由于当地原有方言的影响，浙南一带的闽南话实际上已经发生了不少变化，现在只能说勉强可以和本土闽南话通话。

在浙南定居的闽南人，以后又有些继续向北迁徙。如清代道

---

① 葛剑雄主编，吴松弟著：《中国移民史》（第四卷），第 209 页，福建人民出版社，1997 年。

光、咸丰年间（1821—1861 年）就有人徙往江苏省的宜兴县定居，如今那里的闽南方言岛共有 9 个乡 22 个村。

实际上，由于渔业生产等原因，明清时代闽南人还往北迁徙到舟山群岛一带，至今舟山群岛有不少地方属于闽南方言通行区。而江西赣东北　些县市，如上饶地区的玉山、广丰、上饶、铅山、弋阳等县市，所通行的闽南话则是清初北徙的闽南人带去的。这些地方的闽南话由于周围赣方言的包围影响，也已经有了很大的变化，与闽南人难以通话了。①

至于明清两代闽南话省外散播最远的，大概要算四川省金堂县一带的闽南话，那是康熙年间漳州南靖县石门镇隐溪里的陈姓先民带过去的。四川一带的闽南话除了金堂县之外，其他如广汉、新都、灌县、中江等县还有零零星星的分布。②

值得一提的是，明清两代闽南人还继续向粤西、广西一带移民。今天广西东南一带的博白、陆川、北流、贺县、平乐、柳城、罗城、来宾、邕宁等地也有零散的村落讲闽语，人数在 15 万人以上。根据族谱的记载，广西境内说闽语的人，多是五六百年前从福建的漳州迁移去的。③

此外，还有一些明清时期向福建省内的其他方言区小批量移民所形成的闽南方言岛，例如武夷山区，永安市的西洋镇，邵武市的那口镇，福鼎市的沙埕镇，霞浦县的三沙镇，宁德市的碗窑镇等等。由于规模有限，只能散布在一些乡区村镇，并且受到该地主要方言的影响，这里不再细述。

3. 明清时期闽南方言的域外流播及变化

---

① 周长楫：《闽南话的形成发展及在台湾的传播》，第 103 页，台笠出版社，1996 年。

② 李如龙：《福建方言》，第 74 页，福建人民出版社，1997 年。

③ 杨焕典、梁振仕、李谱英、刘村汉：《广西的汉语方言（稿）》，《方言》1985 年第 3 期。

闽南地区的人民，至少从唐宋开始，就因各种各样的原因漂洋过海、迁移至异国他乡。其中主要是到东南亚的菲律宾、印尼、马来西亚、新加坡以及泰国、老挝、缅甸、越南等国，近两三百年也有从这些地方再辗转移民欧美等地的。

有关明清时期闽南人移居海外的记录不少。如《明史·外国传》"吕宋"条就说："吕宋居南海中，去漳州甚近……先是，闽人以其地近且饶富，商贩者至数万人，往往久居不返，至长子孙。""三佛齐"条则说："嘉靖末，广东大盗张琏作乱，官军已报克获。万历五年商人诣旧港者，见琏列肆为蕃舶长，漳、泉人多附之，犹中国市舶官云。"当年跟随郑和下西洋的马欢在《瀛涯胜览》也有相关的记载称嘉靖间，漳泉及潮州人，多至满剌加、勃泥、暹罗。而巩珍在所著《西洋番国志》"爪哇国"条下则说："杜板，番名赌班。此地约千余家，中国广东及漳州人多逃居于此……杜板向东行半日许至新村，番名革儿昔。此地原为枯滩，因中国人逃来，遂名新村……其国人有三等，一等西番回回人……一等唐人，皆中国广东及福建漳、泉州下海者，逃居于此。"显然，这些早期到东南亚定居的移民主要是一些商贩和逃离中国的"下海者"。

如果说明代中期以前，闽南地区移民南洋海外的人尚属小批和少量，那么从明末开始，闽南地区移居国外的人数就开始变得很可观了。这些人除了上面讲到的亦商亦寇者之外，还有随郑和下西洋的，而跟随郑成功赴台的官兵在台湾归附清廷后也有相当一部分人选择逃往南洋各地。此外，清中叶以后闽南地区还有不少人被殖民者运往东南亚甚至欧美等国家做苦力的"猪仔"，这些人实际上也是一种移民。这些苦力移民不少人在运载途中死亡，或在残酷苦役下丧生，但幸存的一般也就在所在国定居并繁衍后代了。根据陈烈甫《东南亚洲的华侨、华人与华裔》书中所援引的台湾侨务委员会20世纪70年代的统计数字，东南亚各国华侨华人共有 1600 多万人。其中华人在 50 万以上的国家中，除越南 155 万是广东帮占多数、泰国 365 万是潮州帮占多数外，其余各国都是福建帮占多数，福建帮中又以闽南人占绝大多数。东南亚具体国家和福建华侨人数是：

国　　家	华侨、华人人数
印度尼西亚	361 万人
马来西亚	391.6 万人
新加坡	168.9 万人
缅甸	66.5 万人
菲律宾	55 万人

实际上，如果从广义的闽南方言区看，即将潮州人、海南人所在地域也算入闽南方言系统的分布区域，那么明清以来，闽南方言在东南亚的地域散播其实是很广的。

总的来说，作为汉语七大方言中的闽语，其最后形成的时间为唐末五代，那时福建境内闽北、闽东与闽南语言差别还不是很大。进入宋代以后，由于当时生产能力的局限，闽南地区很早就出现人多地少的压力，在这样的环境之下，闽南人的选择一是继续向内陆山区开发，一是沿着海岸线继续向南迁移。由于潮汕地区与闽南地区以小丘陵地接邻，又由于两地在中唐曾同属于闽州都督府管辖，闽南人其实很早就已经移居潮汕地区了。进入宋代以后，最先面临人口压力的莆田人首先向潮汕地区移民，以后泉州人和漳州人也陆续沿着海岸线向潮州和粤西、海南等地散播，其结果是把宋元时期的闽南话传到雷州半岛和海南岛。这是雷州闽语和海南闽语的直接来源。但由于两地闽语从闽南分离出去的时间较早，加上当地原有语言的影响，今天的雷州闽语和海南闽语已经发生了很大的变化，基本不能和闽南本地人交谈。而潮汕地区由于宋代一直到明代都有闽南人的迁入，尤其是两地接邻交壤、往来不断，今天的潮汕话虽然也跟闽南本土有所差异，但还不至于不能通话。

　　和本土闽南话最能保持一致的其实是台湾的闽南话，这主要是因为闽南人迁往台湾的时间较晚，出发地都是漳、泉两州，两处方言本来就相差不大，混居之后也就相互融合了，人们在台湾定居后又长期与本土故乡保持联系，加上台湾当地没有其他强势语言或方言与之抗衡（客家话分布的地方小，人口也少），这些都使得今天的台湾闽南话保持着最纯正的原乡特色，没有像同时期分离出去的其他闽南话，如浙南漳泉腔的闽南话以及广西、江西各地的闽南方言岛，由于周围其他强势语言、方言的影响而发生了较大的变化。

　　至于明清时期流播海外的闽南话，一般来说，只要在所在地形成一个闽南人社会，闽南话就基本保存下来。但由于客观的语言环境的影响，今天的海外闽南话其实也已经发生不少的变化了，尤其是词汇方面，往往要吸收所在地其他语言的成分。这是海外闽南话的一个特色。

第二章

闽南方言的共同特点和内部差异

第一节　闽南方言的共同特点[①]

上一章介绍了闽南方言的历史形成过程，以及各方言之间的关系。现在，我们就从各方言的语言事实出发，看看方言历史的车轮在语言里留下了什么印记。

如上所述，从六朝到唐五代，中原汉人先后避乱入闽。他们带来了当时中原地区的生产、生活方式，也带来了当时的北方语言。六朝是上古汉语和中古汉语的过渡时期。唐五代则是中古汉语的形成期，因此，闽南方言在定型的过程中，从中原人民带来的汉语这个角度说，就包含有上古和中古两个层次，这两种汉语史上的不同层次的语言特征至今还可以在闽南方言中找到明显的证据。

作为闽语的一个分区，闽南话体现了一些与其他闽语共同的特征。同时，闽南话与其他闽语"分手"之后独立发展，按照自己的发展规律演变，也形成了一些不同于其他闽语的独特之处。本节从闽语的共同特征和闽南话的独特性两个方面出发，分析闽

---

① 本节主要参考周长楫《闽南方言的基本特征》，丁邦新、张双庆编《闽语研究及其与周边方言的关系》，香港中文大学出版社，2002 年。

南方言的语音、词汇和语法特点。

一、闽南方言语音的共同特点

上一章谈到闽语的语音特点，从历史音韵的角度归纳了 5 点，并列出厦门音与福州音、建瓯音进行比较，这是整个闽语语音上的一致性。除了那 5 个从历史语音演变角度概括出来的语音特点外，闽语的共同特点还有 3 点：

a. 古云母（喻三）一些字可读为 h 声母；

b. 古心母和书母一些字，今白读可读 ts 或 tsh 声母；

c. 古以母（喻四）一些字，今读 s 声母。

此处我们列出厦门、台北、漳州、泉州、莆田、汕头、海口 7 个地点的读音，以说明前文所述所有的语音特点在闽南话里的表现。

1. 古非、敷、奉、微声母字今闽语口语中一部分读为 p、ph、m、b 声母。这是"古无轻唇"的上古音的留存。如：

	分	斧	蜂	吠	麩细屑	房	网	问
厦门	pun^1	pɔ^3	phaŋ^1	pui^6	phɔ^1	paŋ^2	baŋ^6	mŋ^6
台北	pun^1	pɔ^3	phaŋ^1	pui^6	phɔ^1	paŋ^2	baŋ^6	mŋ^6
漳州	pun^1	pu^3	phaŋ^1	pui^6	phɔ^1	paŋ^2	baŋ^6	muĩ^6
泉州	pun^1	pɔ^3	phaŋ^1	pui^5	phɔ^1	paŋ^2	baŋ^4	mŋ^5
莆田	poŋ^1	pɔu^3	phaŋ^1	pui^6	phou^1	paŋ^2	maŋ^6	mɔŋ^6
汕头	puŋ^1	pou^3	phaŋ^1	bui^6	phou^1	paŋ^2	maŋ^4	muŋ^6
海口	ʔbun^1	ʔbɔu^3	faŋ^1	ʔbui^1	fu^1	ʔbaŋ^2	maŋ^6	mui^1

2. 古知、彻、澄声母字今闽语口语中一部分读为 t、th 声母。这是"古无舌上"的上古音的留存。如：

	中	竹	抽	拆	陈	直
厦门	tiɔŋ^1	tiɔk^7	thiu^1	thiaʔ^7	tin^2/tan^2	tit^8
台北	tiɔŋ^1	tiɔk^7	thiu^1	thiaʔ^7	tan^2	tit^8

续表

	中	竹	抽	拆	陈	直
漳州	tiɔŋ¹	tik⁷	thiu¹	thia?⁷	tan²	tit⁸
泉州	tiɔŋ¹	tiak⁷	thiu¹	thia?⁷	tan²	tit⁸
莆田	tŋ̃¹	tœ?⁷	thiu¹	thɛ?⁷	tɛŋ²	ti?⁸
汕头	toŋ¹/taŋ¹	tek⁷	thiu¹	thia?⁷	thiŋ²/taŋ²	tik⁸
海口	toŋ¹	ʔdiok⁷	siu¹	hia?⁷	ʔdaŋ²	ʔdit⁸

3. 古匣母字今闽语口语中一部分读为 k 声母，一部分读为零声母。读成 k 声母显然是上古音"匣、群"尚未分化的特点保留。如：

	猴	糊	厚	汗	鞋	话	红	学
厦门	kau²	kɔ²	kau⁶	kuā⁶	ue²	ue⁶	aŋ²	o?⁸
台北	kau²	kɔ²	kau⁶	kuā⁶	ue²	ue⁶	aŋ²	o?⁸
漳州	kau²	kɔ²	kau⁶	kuā⁶	e²	ua⁶	aŋ²	o?⁸
泉州	kau²	kɔ²	kau⁴	kuā⁵	ue²	ue⁵	aŋ²	o?⁸
莆田	kau²	kɔu²	kau⁶	kua⁶	e²	ua⁶	aŋ²	o²
汕头	kau²	kou²	kau⁴	kuā⁶	oi²	ue⁶	aŋ²	o?⁸
海口	kau²	kɔu²	kau⁶	kua¹	oi²	ue¹	aŋ²	o⁶

4. 古并、奉、定、从、澄、崇、群等全浊声母字今为塞音、塞擦音时，不论平仄，多数读相对应的不送气清声母，少数读送气清声母。读为送气音的字可能是更早时期传下来的。

读为不送气的：

	盘	步	肥	吠	同	定	槽
厦门	puā²	pɔ⁶	pui²	pui⁶	taŋ²	tiā⁶	tso²
台北	puā²	pɔ⁶	pui²	pui⁶	taŋ²	tiā⁶/tiŋ⁶	tso²
漳州	puā²	pɔ⁶	pui²	pui⁶	taŋ²	tiŋ⁶	tso²
泉州	puā²	pɔ⁵	pui²	pui⁵	taŋ²	tiā⁶	tso²

续表

	盘	步	肥	吠	同	定	槽
莆田	pua²	pɔu⁶	pui²	pui⁶	taŋ²	tia⁶	ɬo²
汕头	puã²	pɔ⁵	pui²	bui⁶	taŋ²	tiã⁶	tso²
海口	ʔbua²	ʔbuɔ¹	ʔbui²	ʔbui¹	ʔdaŋ²	ʔdia¹	to²

	坐	迟	撞	锄	状	旗	跪
厦门	tse⁶	ti²	tŋ⁶ / tɔŋ⁶	ti² / tsɔ²	tsŋ⁶ / tsɔŋ⁶	ki²	kui⁶
台北	tse⁶	ti²	tɔŋ⁶	ti²	tsŋ⁶ / tsɔŋ⁶	ki²	kui⁶
漳州	tse⁶	ti²	tɔŋ⁶	ti²	tsɔŋ⁶	ki²	kui⁶
泉州	tsə⁴	ti²	tŋ⁵	tɯ²	tsŋ⁵	ki²	kui⁴
莆田	ɬø⁶	ti²	tuŋ⁶	thy²	tsuŋ⁶	ki²	kui⁶
汕头	tso⁶	tshi²	tsuaŋ⁶	tɯ²	tsɯŋ⁶	ki²	kuɿ⁴
海口	tse⁶	ʔdi²	tsiaŋ¹	tsu²	to¹	ki²	kui⁶

读为送气的：

	鼻	骑	浮	桃	头	柴	床
厦门	phɿ⁶	khia²	phu²	tho²	thau²	tsha²	tshŋ²
台北	phi⁶	khia²	phu²	tho²	thau²	tsha²	tshŋ²
漳州	phɿ⁶	khia²	phu²	tho²	thau²	tsha²	tshŋ²
泉州	phi⁵	kha²	phu²	tho²	thau²	tsha²	tshŋ²
莆田	phi⁵	khyɒ²	phu²	tho²	thau²	tshɒ²	tshɒŋ²
汕头	phɿ⁶	khia²	phu²	tho²	thau²	tsha²	tshɯ²
海口	fi¹	xia²	fu²	ho²	hau²	sa²	so²

5. 古云母（喻三）一些字可读为 h 声母，这也与上古音的特点有关。例如：

	云	雨	园	远	熊	雄
厦门	hun²	hɔ⁶	hŋ²	hŋ⁶	him²	hiŋ²
台北	hun²	hɔ⁶	hŋ²	hŋ⁶	him²	hiŋ²

续表

	云	雨	园	远	熊	雄
漳州	hun²	hɔ⁶	huɪ²	huɪ⁶	him²	hiŋ²
泉州	hun²	hɔ⁴	hŋ²	hŋ³	him²	hiŋ²
莆田	hoŋ²	hou⁶	huɛ²	huɛ⁶	høŋ²	høŋ²
汕头	huŋ²	hou⁴	hŋ²	hŋ⁴	him²	heŋ²
海口	hun²	hou⁶	hui²	hui⁶	hioŋ²	hiaŋ²

6. 古心母和书母一些字，今白读可读 ts 或 tsh 声母。例如：

	笑	须	粟	少	深	叔
厦门	tshio⁵	tshiu¹	tshik⁷	tsio³	tshim¹	tsik⁷
台北	tshio⁵	tshiu¹	tshik⁷	tsio³	tshim¹	tsik⁷
漳州	tshio⁵	tshiu¹	tshik⁷	tsio³	tshim¹	tsik⁷
泉州	tshio⁵	tshiu¹	tshiak⁷	tsio³	tshim¹	tsiak⁷
莆田	tshiau⁵	tshiu¹	ɬøʔ⁷	tsiau³	tshiŋ¹	tsœʔ⁷
汕头	tshio⁵	tshiu¹	tshek⁷	tsio³	tshim¹	tsek⁷
海口	sio⁵	siu¹	tiak⁷	tsio³	sim¹	tsip⁷

7. 古以母（喻四）的一些字，今读 s 声母。这种情况反映了上古音的"以、邪"通谐的特点。例如：

	蝇	翼	液	盐
厦门	sin²	sit⁸	sioʔ⁸	sɪ²
台北	sin²	sit⁸	sioʔ⁸	sɪ²
漳州	sin²	sit⁸	sioʔ⁸	sɪ⁶
泉州	sin²	sit⁸	sioʔ⁸	sɪ⁵
莆田	ɬiŋ²	ɬiʔ⁸	ɬiau²	ɬiŋ⁵
汕头	sin²	sit⁸	sioʔ⁸	/
海口	tin²	tit⁸	ze⁵	/

上述 7 条语音特点，是各地闽语的共同特点，闽南话除了具有以上几点外，还有一些不同于其他闽语的特点：

1. 古日母、疑母的一些字白读可读 h 声母：

	耳日	鱼疑	岸疑	瓦疑	蚁疑
厦门	hi⁶	hi²	huã⁶	hia⁶	hia⁶
台北	hi⁶	hi²	huã⁶	hia⁶	hia⁶
漳州	hi⁶	hi²	huã⁶	hia⁶	hia⁶
泉州	hi³	huɯ²	huã⁵	hia⁴	hia⁴
莆田	hi⁶	hy²	ŋyɒ⁶	hyɒ⁶	hyɒ⁶
汕头	hi⁴	huɯ²	huã⁶	hia⁴	hia⁴
海口	hi⁶	hu²	hua¹	hia⁶	hia⁶

2. 古支韵的一些字的白读音，主要元音为 [a]：

	骑	寄	徛	倚	蚁
厦门	khia²	kia⁶	khia⁶	ua³	hia⁶
台北	khia²	kia⁶	khia⁶	ua³	hia⁶
漳州	khia²	kia⁶	khia⁶	ua³	hia⁶
泉州	kha²	ka⁵	kha⁴	ua³	hia⁴
莆田	kyɒ²	kyɒ⁵	khyɒ⁶	yɒ³	hyɒ⁶
汕头	khia²	kia⁵	khia⁴	ua³	hia⁴
海口	xia²	kia⁵	xia⁶	ua³	hia⁶

3. 古山、咸两摄阳声韵细音的一些字的白读音韵母为高元音 [i] 或 [ĩ]：

	染	钳	添	变	钱	天	年	见
厦门	nĩ³	khĩ²	thĩ¹	pĩ⁵	tsĩ²	thĩ¹	nĩ²	kĩ⁵
台北	nĩ³	khĩ²	thĩ¹	pĩ⁵	tsĩ²	thĩ¹	nĩ²	kĩ⁵
漳州	nĩ³	khĩ²	thĩ¹	pĩ⁵	tsĩ²	thĩ¹	nĩ²	kĩ⁵
泉州	nĩ³	khĩ²	thĩ¹	pĩ⁵	tsĩ²	thĩ¹	nĩ²	kĩ⁵
莆田	nin³	khiŋ²	thiŋ¹	piŋ⁵	tsiŋ²	thiŋ¹	niŋ²	kiŋ⁶
汕头	ni³	khiam²	thĩ¹	pĩ⁵	tsĩ²	thĩ¹	ni²	ki⁵
海口	ni³	hiam²	hi¹	ʔbi⁵	tsi²	hi¹	hi²	kɔ⁵

这三条特点中，前两点是早期的，上古音日母、疑母字和晓母字常有通谐关系；后一条是中古以后的强韵头、弱韵尾的变化。

二、闽南方言词汇的共同特点

作为闽语的一员，闽南方言词汇上亦有一批和其他闽语一致的词语。以下 20 条词在各地闽语具有一致性。

	厦门	台北	漳州	泉州	莆田	汕头	海口
1. 喙嘴	tshui⁵	tshui⁵	tshui⁵	tshui⁵	tshui⁵	tshui⁵	sui⁵
2. 骹脚	kha¹	kha¹	kha¹	kha¹	khɒ¹	kha¹	xa¹
3. 囝儿子	kiã³	kiã³	kiã³	kã³	kya³	kiã³	kia³
4. 卵蛋	nŋ⁶	nŋ⁶	nũ²	lŋ⁴	nø⁶	nɤŋ⁴	nui⁶
5. 釉水稻	tiu⁶	tiu⁶	tiu⁶	tiu⁴	tiu⁶	tui⁴	ʔdiu⁶
6. 塗土	thɔ²	thɔ²	thɔ²	thɔ²	thou²	thou²	hou²
7. 塍田	tshan²	tshan²	tshan²	tshan²	tshɛn²	tshaŋ²	san²
8. 箬叶子	hioʔ⁸	hioʔ⁸	hioʔ⁸	hioʔ⁸	niau⁸	hioʔ⁸	hio⁶
9. 暝夜晚	mĩ²	mĩ²	mɛ̃²	mĩ²	ma²	me²	me²
10. 墘边缘	kĩ²	kĩ²	kĩ²	kĩ²	ki²	kĩ²	ki²
11. 粿年糕	ke³	ke³	kue³	kə³	kuɛ³	kue³	饼① bua³
12. 籭筛子	thai¹	thai¹	thai¹	thai¹	thai¹	thai¹	hai¹
13. 徛站立	khia⁶	khia⁶	khia⁶	kha⁴	khyɒ⁶	khia⁴	xia⁴
14. 哺咀嚼	pɔ⁶	pɔ⁶	khia⁶	pɔ⁵	咬 kɒ¹	pou⁶	pou¹
15. 沃浇灌	ak⁷	ak⁷	ak⁷	ak⁷	ak⁷	ak⁷	ak⁷
16. 歕吹气	pun²	pun²	pun²	pun²	poŋ²	puŋ²	ʔbun²
17. 伏孵	pu⁶	pu⁶	pu⁶	pu⁵	pu⁶	pu⁶	ʔbu¹
18. 爪鸟	tsiau³	tsiau³	tsiau³	tsiau³	tsiau³	tsiau³	tsiau³
19. 短	te³	te³	te³	tə³	tø³	te³	ʔde³
20. 悬高	kuāi²	kuāi²	kuāi²	kuĩ²	ke²	kuĩ²	koi²

————————

① 表中加汉字则表示不符合对应条目的读音，而是另一个字的读音。

以下词语在闽南话的大多数点中表现一致，而与其他闽语的多数点有别：

	厦门	台北	漳州	泉州	莆田	汕头	海口
1. 翁丈夫	aŋ¹	aŋ¹	aŋ¹	aŋ¹	老翁 laŋ¹ aŋ¹	aŋ¹	老公 lau⁴ koŋ¹
2. 某妻子	bɔ³	bɔ³	bɔ³	bɔ³	老妈 lau⁶ ma³	bou³	老婆 lau⁴ po²
3. 囝婿女婿	kiã³ sai⁵	kiã³ sai⁵	kiã³ sai⁵	kã³ sai⁵	kyɒ³ ɬai⁵	kiã³ sai⁵	郎家 lo² kɛ¹
4. 大官公公	ta⁶ kuã¹	ta⁶ kuã¹	tua⁶ kua¹	ta⁴ kua¹	ta¹ kuã¹	ta³ kuã¹	家翁 kɛ¹ aŋ¹
5. 大家婆婆	ta⁶ kɛ¹	ta⁶ kɛ¹	tua⁶ kɛ¹	ta⁴ kɛ¹	ta⁶ kɒ¹	ta³ kɛ¹	家婆 kɛ¹ po²
6. 亲情亲戚	tshin¹ tsiã²	tshin¹ tsiã²	tshin¹ tsiã²	tshin¹ tsiã²	tshiŋ¹ nia²	tshiŋ¹ tsiã²	sin¹ tsiã²
7. 尻川屁股	kha¹ tshŋ¹	kha¹ tshŋ¹	kha¹ tshuŋ¹	kha¹ tshŋ¹	khɒ¹ luɛ¹	kha¹ tshɤŋ¹	kha¹ sui¹
8. 头毛头发	thau² mŋ²	thau² mŋ²	thau² bɔ²	thau² bŋ²	thau² mu²	thau² mo²	hau² mo²
9. 衫裤衣裳	sã¹ khɔ⁵	sã¹ khɔ⁵	sã¹ khɔ⁵	sã¹ khɔ⁵	ɬɒ¹ ɔu⁵	sã¹ khou⁵	ta¹ xɔu⁵
10. 水鞋雨鞋	tsui³ ue²	tsui³ e²	tsui³ e²	tsui³ ue²	tsui³ e²	tsui³ oi²	tui³ ɔi²
11. 目镜眼镜	bak⁸ kiã⁵	bak⁸ kiã⁵	bak⁸ kiã⁵	bak⁸ kiã⁵	maʔ⁸ kiã⁵	mak⁸ kiã⁵	mak⁸ kia⁵
12. 册书	tsheʔ⁷	tsheʔ⁷	tsheʔ⁷	tsheʔ⁷	tsha⁸	书册 tsɯ¹ tshek⁷	sɛ⁷
13. 粕渣	phoʔ⁷	phoʔ⁷	phoʔ⁷	phoʔ⁷	pho⁵	phoʔ⁷	foʔ⁷
14. 火舌火苗	he³ tsiʔ⁸	hue³ tsiʔ⁸	hue³ tsiʔ⁸	hɘ³ tsiʔ⁸	huai³ ɬi⁶	hue³ tsiʔ⁸	hue³ tsiʔ⁸
15. 篷船帆船	phaŋ² tsun²	phaŋ² tsun²	phaŋ² tsun²	phaŋ² tsun²	phaŋ² loŋ²	phaŋ² tsuŋ²	faŋ² tun²
16. 鸡僆小母鸡	kue¹ nuã⁶	ke¹ nuã⁶	ke¹ nuã⁶	kue¹ lua⁵	ke¹ lɔeŋ⁶		kɔi¹ nua⁶
17. 家己自己	ka¹ ki⁶	ka¹ ki⁶	ka¹ ki⁶	kai¹ ki⁵	ka¹ ki⁶	ka¹ ki⁶	ka¹ ki¹
18. 澹湿	tam²	tam²	tam²	tam²	taŋ²	taŋ²	tam²
19. 滇满	tĩ⁶	tĩ⁶	tĩ⁶	ti⁴	ti⁶	tĩ⁴	ʔdi⁶
20. 焦干	ta¹	ta¹	ta¹	ta¹	tɒ¹	ta¹	ʔda¹
21. 漖粥稀	ka⁵	ka⁵	ka⁵	ka⁵	kɒ⁵	ka⁵	ka⁵
22. 厚茶浓	kau⁶	kau⁶	kau⁶	kau⁶	kau⁶	kau⁶	kau⁶

续表

	厦门	台北	漳州	泉州	莆田	汕头	海口
23. 晏不早	uā^5	uā^5	uā^5	uā^5	ua^5	uā^5	ua^5
24. 芳香	phaŋ^1	phaŋ^1	phaŋ^1	phaŋ^1	phaŋ^1	phaŋ^1	faŋ^1
25. 絣绑衬颙	an^2	an^2	an^2	an^2	ɛŋ^2	aŋ^2	aŋ^2
26. 下低	ke^6	ke^6	kɛ^6	ke^4	e^3	ke^6	oi^5
27. 否坏	phai^3	phai^3	bai^3	phai^3	phai^3	否孬 bai^3 mo^3	ʔbai^1
28. 枵饿	iau^1	iau^1	iau^1	iau^1	iau^1	iau^1	iau^1
29. 瘦瘦	san^3	san^3	san^3	san^3	ɬɛŋ^3	saŋ^3	taŋ^3
30. 痟疯	siau^3	siau^3	siau^3	siau^3	ɬiau^3	siau^3	tau^3
31. 哑(狗)哑巴	e^3 kau^3	e^3 kau^3	e^3 kau^3	iak^7 kau^3	ŋ^3 au^3	e^3	ɛ^3 kau^3
32. 掠抓	liaʔ^8	liaʔ^8	liaʔ^8	liaʔ^8	tia^8	liaʔ^8	lia^6
33. 挽拔	ban^3	ban^3	ban^3	ban^3	me^3	ban^3	maŋ^3
34. 舐舔	tsĩ^6	tsi^6	tsi^6	tsi^6	ɬi^6	tsi^6	tsi^6
35. 跋跌	puaʔ^8	puaʔ^8	puaʔ^8	puaʔ^8	puaʔ^7	puaʔ^8	ʔbue^6
36. 揆找	tshe^6	tshe^6	tshue^6	tshə^5	tshue^6	tshue^6	觅 ʔdue^3
37. 徙移	sua^3	sua^3	sua^3	sua^3	ɬya^3	sua^3	tua^3
38. 倚靠	ua^3	ua^3	ua^3	ua^3	ua^3	ua^3	ua^3
39. 八认得	bat^7	pat^7	pat^7	pat^7	pɛʔ^7	pak^7	ʔbak^7
40. 毛带领、要	tshua^6	tshua^6	tshua^6	tshua^5	tshyŋ^6	tshua^6	sua^1
41. 一	tsit^8	tsit^8	tsit^8	tsit^{24}	ɬoʔ^8	tsek^8	ziak^8

从以上语音和词汇的比较可以看出，各地的闽南话在这些比较项目中大体均可构成对应，其中厦门和台北最为相似。有些地方在少数条目上不符合对应，这是变异的结果，多数条目还是一致的。

三、闽南方言语法的共同特点

闽南方言共有的语法特点有两条特别突出：

1. 指示代词的近指和远指的声母分别是 ts 和 h，下表是闽南方言各地的指示代词。

	厦门	漳州	泉州	莆田	汕头	海康	海口
这个	tsit⁷le²	tsit⁷le²	tsik⁷ge²	tsiʔ⁷ke²	tsi³kai⁰	zia⁶kai⁰	tsi⁷kai²
那个	hit⁷le²	hit⁷le²	hik⁷ge²	hyɒʔ⁷ke²	huɯ³kai⁰	ha⁶kai⁰	ho⁶kai⁰
这些	只夥个	只夥个	只夥个	者家	只撮	者呢	只多
	tsia³e²	tsia³e²	tsuai²e	tsia³ke³	tsi³tshoʔ⁷	zia⁶ni⁶	tsi⁷toi¹
那些	许夥个	许夥个	许夥个	许家	许撮	许呢	许多
	hia³e²	hia³e²	huai²e²	hyʔ⁷ke³	huɯ³tshoʔ⁷	ha⁶ni⁶	ho⁶toi¹
这种	即号	即号	只种个	即号	者个	者呢	只种
	tsit⁷lo⁶，tsio⁶	tsit⁷lo⁶，tsio⁶	tsiɔŋ³ge²	tseʔ⁸ho⁶	tsia³khi³	zia⁶ni⁶	tsi⁷tsiaŋ³
那种	许号	许号	许种个	许号	许个	许呢	许种
	hit⁷lo⁶，hio⁶	hit⁷lo⁶，hio⁶	hiɔŋ³ge²	heʔ⁸ho⁶	hia³khi³	ha⁶ni⁶	ho⁶tsiaŋ³
这时	即阵	即站时	即久	即出	只唅	者候	只候
	tsit⁷tsun⁶	tsit⁷tsam⁶si²	tsit⁷ku³	tseʔ⁸tshoʔ⁷	tsi³tsuŋ²	zia⁶hau⁰	tsi⁷hau¹
那时	许阵	许站时	许久	许出	许唅	许候	许候
	hit⁸tsun⁶	hit⁷tsam⁶si²	hit⁷ku³	heʔ⁸tshoʔ⁷	huɯ³tsuŋ²	ha⁶hau⁰	ho⁶hau¹
这里	即搭	即搭	即搭	者处	只过	者迹	只呢
	tsia²	tsia¹	tsit⁷taʔ⁷	tia³lou⁴	tsi³ko⁵	zia⁶tsia⁶	tsi⁷ne⁵
那里	许搭	许搭	许搭	许处	许过	许迹	许呢
	hia²	hia¹	hit⁷taʔ⁷	hyɒʔ⁷lou⁴	huɯ³ko⁵	ha⁶tsia⁶	ho⁶ne⁵
这么~大	即	者呢	只款	者牙	许	只样	只摩
	tsiaʔ⁷	tsia¹ni⁰	tsuan⁵，tsuaʔ⁷	tsia³kɒ²，tsɒ²	hi⁵	zio⁶	tsi⁷mo²
那么	许	许呢	许款	许牙	许	许样	许摩
	hiaʔ⁷	hia¹ni⁰	huan⁵，huaʔ⁷	hyʔ⁷kɒ²，hɒ²	hi⁵	ho⁶	hi⁷mo²
这样~做	安呢	安呢个	安呢	厄生	只样生	只体	只样
	an¹ni¹	an¹nɛ¹	an¹ni¹	ɛʔ⁷na³	tsiō⁵sē¹	zio⁶thoi³	tsi⁷io¹

续表

	厦门	漳州	泉州	莆田	汕头	海康	海口
那样	安呢	安呢个	安呢	许生	许样生	许体	许样
	an³ni⁰	an³ne⁰	an³ni⁰	hy˧⁷na³	ho⁵se¹	ho⁶thoi³	hi⁷io¹

字下加"＿"表示合音，音标间用"，"隔开的表示两可的说法。

上表各地指示代词的写法不一，各地分歧极大，看似复杂，在核心成分方面却是十分一致的。所有的近指成分都使用 ts 声母（雷州使用 z 声母），远指成分都是 h 声母。最后两个词"这样"和"那样"，厦门、漳州、泉州说成"安呢"，用于动词、形容词之前，如果加上"的"用于体词之前，还是说成"即号、许号"或"即种、许种"，还是带 ts 或 h 声母的。

近指和远指使用配套的 ts 和 h 来表示，闽语中的闽东方言也是如此。

2. 常用词尾"囝"。

相当于普通话的"子"尾，闽南话使用"囝"。"囝"本义是"儿子"，作为词尾是虚化的结果，"囝"在各地读音不同，有些地方虚化前和虚化为词尾的读音也有差别：

	厦门	漳州	泉州	莆田	汕头	雷州	海口
囝儿子	kiã³	kiã³	kã³	kyɒ³	kiã³	kiã³	kiã³
囝词尾	a³	a³	a³	yɒ³	kiã³	kiã³	kiã³

名词后加"囝"尾表示体积小、数量少，表达喜爱或憎恶的感情，如：雨～（小雨）、交椅～（小靠背椅）、无一步～（不一会儿）、顶日～（前几天）、轻轻～（轻轻的）、鸡～（小鸡儿）、糖～（糖果），等等。

"囝"意为"儿子"又用作词缀，闽语中的闽东方言的表现也相同。

语言系统的特点与文化环境密切相关。论来源，吴、湘、赣、粤等方言区的最早居民也是从上古到中古陆续从中原迁移南下的。但是，从现有研究所了解的情况看来，诸方言所保留的上古音的痕迹都没有闽方言多，闽语中以闽南话分布区域最广，上述语音、词汇、语法特点在各地闽南话中的表现却相当一致，这是一个值得注意的现象。这一现象一方面说明了闽南话（包括其他闽语）的形成是多来源多层次的，另一方面也说明，闽南方言自唐五代形成之后，较少发生重大的变化。究其原因，应该与闽南方言分布地区的地理位置和历史条件有关：分布在东南海滨，较长时间偏安一角，不久又走出本土，沿着东海和南海的海岸拓展，乃至跨越南洋，在境外分布。走出本土后，所接触的异方言和异族、异国语言（如广东的粤方言、雷琼的壮侗语、东南亚各国的南岛语）虽有个别的借用现象，但整体上因为有重大的体系性的差异，无从发生融合，反而起了固化原有结构体系的作用。长江南岸的吴、赣、湘方言受到近代中原汉语的影响，变异大，放弃上古音的成分多。粤语也走向海洋，走遍境外不少国家，出洋前曾经经受宋元时期中原官话的严重冲击和大规模的替换，乃至上古音留存极少；至于出境之后，便与闽南话一样，因与殊异的诸多外国、外族语言相处而得到固化。

第二节 闽南方言各片的不同特点

闽南方言是在闽南本土的厦、漳、泉地区形成的。闽南方言在闽南本土形成之后，又随着历次移民的播迁，分布到中国东南部的广东、广西、海南、台湾、浙江、江西、四川等地，乃至东南亚各国的广大区域。各地移民的时间有先后，批量有大小，移民的出发点不同，目的地相异，因而各地闽南话的使用人口多少不一；移民后处于不同的人文环境（例如行政建制、属辖的分离），又与不同的语言相互接触，不同的区片便有了自行发展的空间。各地的闽南话除了保持原有闽南话的特点之外，也发生了不少的变异。以下我们分别说明闽南话各片语言系统的差异之处。

一、厦、漳、泉方言片

闽南话最早应该是以泉州话为代表的，明清之后漳州得到较大发展，又形成了与泉州腔有明显差别的漳州腔。随着近代厦门的崛起，漳、泉两地的移民聚居岛上，形成了混合漳州腔和泉州腔的厦门话，俗称"漳泉滥"。移居台湾的闽南人也是来自漳州和泉州两地，台湾的闽南话也是融合了泉州腔和漳州腔而成的，便成了与厦门话最为相近的口音。由于厦门话在沟通漳泉两片上有更大的效能，也由于厦门在现代社会里的地位逐渐上升，现代闽南方言的代表已经从泉州话转移为厦门话。本来，泉州话和漳州话虽然有别，还是容易相通的，所谓代表方言，主要指的是对外的影响。至今为止，泉州人和漳州人并不学厦门腔，更不会改口说厦门话。作为闽南话的发源地，厦漳泉地界相连，没有崇山峻岭相隔，相互间历来联系密切，因此，虽然彼此有若干差别，内部的一致性还是很明显的。

1. 厦、漳、泉闽南话的语音特点

厦、漳、泉的闽南话的共同语音特点可以表述如下：

第一，声母 b、l、g 和 m、n、ŋ 互补。m、n、ŋ 与鼻化韵和声化韵相拼，b、l、g 与其他韵母相拼。

第二，阳声韵有 m、n、ŋ 三种韵尾，除此之外还有鼻化韵。

第三，入声韵有 p、t、k 和喉塞 ʔ 四种韵尾。

第四，有文白异读的字超过半数，文读音和白读音之间存在着比较整齐的对应。

闽南地区的闽南话还分布于龙岩、漳平两县，这两地与客家话分布区域相连，语言系统与厦漳泉有了一些差异，下面列出厦门、泉州、漳州、龙岩四地闽南话的声韵调对照表，从中可以看

清本土闽南话内部的异与同：①

（1）声母对照表

例　字	厦　门	泉　州	漳　州	龙　岩
巴　边	p	p	p	p
贫　步				ph
普　拍	ph	ph	ph	
米　民	b	b	b	b
网　望				g
刀　丁	t	t	t	t
徒　谈				th
拖　土	th	th	th	
离　来	l	l	l	l
如　仁			dz	g
止　早	ts	ts	ts	ts
才　情				
差　采	tsh	tsh	tsh	tsh
潮　池	t	t	t	
常　臣	s	s	s	
诗　三	s	s	s	s
基　干	k	k	k	k
奇　球				kh
欺　苦	kh	kh	kh	
希　杭	h	h	h	h
午　银	g	g	g	g
预　野	ø	ø	ø	
衣　哀				ø
声母总数	14	14	15	14

①　转引自侯精一主编《现代汉语方言概论·闽语》，第 226—230 页，上海教育出版社，2002 年。

（2）韵母对照表

例　字	厦　门	泉　州	漳　州	龙　岩
基　衣				i
悲	i	i	i	ui
池　之				ɿ
富　主		u	u	u
取　区	u		i	i
除　居		ɯ		
肥　水	ui	ui	ui	ui
挂				uɛ
抽　求	iu	iu	iu	iu
巴　鸦			a	a
马　查	a	a	ɛ	ie
家　夏				iɛ
姐　谢		ia		ia
野	ia		ia	ie
倚　奇		a		iua
车		ia		a
破　大	ua	ua	ua	ua
宝　刀		o		o
楚	o	ɔ	o	iu
高　靠				au
表　腰	io	io	io	io
素　苏		ɔ		ɿ
布　都	ɔ		ɔ	u
够　侯		io		au

续表

例　字	厦　门	泉　州	漳　州	龙　岩
坐 螺	e	ɣ	e	ie
敞 例		e	i	i
厦~门 下			ɛ	ɛ
过 火		ɣ	ue	ue
袋 戴			e	ie
批 鸡	ue	ue	e	ie
矮				e
杯 最			ue	ui
废			ui	
瓜 话			ua	ua　uɛ
拜 该	ai	ai	ai	ai
快 淮	uai	uai	uai	uai
会~计	ue	ue	ue	
包 瓯	au	au	au	au
交 校				iau
表 条	iau	iau	iau	
梅 姆	m̩	m̩	m̩	m̩
担 暗	am	am	am	am
点 尖		iam		iam
针	iam	am	iam	
占 掩		iam		am
班 安				an
艰	an	an	an	
便 天	ian	ian	ian	ian

续表

例　字	厦　门	泉　州	漳　州	龙　岩
端　观	uan	uan	uan	uan
眷				ian
峰　工	aŋ	aŋ	aŋ	aŋ
江				iaŋ
旁　当	ɔŋ	ɔŋ	ɔŋ	aŋ
庄　光				iaŋ
东　总				oŋ
双	iaŋ	aŋ	iaŋ	aŋ
隆　从	iɔŋ	iɔŋ	iɔŋ	ioŋ
中				oŋ
良　央			iaŋ	iaŋ
金　心	im	im	im	im
参人~森	(参 ɔŋ)	ɤm	ɔm	am
宾　因	in	in	in	in
当　糠	ŋ	ŋ	ŋ	ō
砖　断/光			uĩ	ɪ/uĩ
平　英	iŋ	iŋ	iŋ	in
朋　能				oŋ
肩　间		uĩ	an	ĩ
钉		an	iŋ	in
本　尊	un	un	un	un
根　恩		ɤn	in	in
答　鸽	ap	ap	ap	ap
十				iap
接　夹/汁	iap	iap/ap	iap	iap
札　达	at	at	at	at

续表

例　字	厦　门	泉　州	漳　州	龙　岩
别 跌	iat	iat	iat	iat
决 末	uat	uat	uat	
绝 夺				uat
北 角	ak	ak	ak	ak
岳 学				iak
立 集/入	ip	ip	ip	iep/iap
笔 直	it	it	it	et
不 突	ut	ut	uk	ut
出				et
迫 译	ik	iak	ik	et
菊		ak	iɔk	iok
朴 国/扩	ɔk	ɔk	ɔk	ok/uak
录 祝/足	iɔk	iɔk	iɔk	ok/iok
略 雀			iak	iak
铁 接	iʔ	iʔ	iʔ	i
塔 鸭	aʔ	aʔ	aʔ	a
壁 屟	iaʔ	iaʔ	iaʔ	ia
只量词				a
泼 活	uaʔ	uaʔ	uaʔ	ua
拔/血	uiʔ	ueʔ/uiʔ	ueʔ	ue
伯 宅	eʔ	eʔ	ɛʔ	iɛ
月 袜		ɤʔ	ueʔ	ue
八 节	ueʔ	ueʔ	eʔ	ie
薄 落	oʔ	oʔ	oʔ	o
药 惜	ioʔ	ioʔ	ioʔ	io

续表

例　字	厦　门	泉　州	漳　州	龙　岩
边天	ī	ī	ī	ī
平青	ī	ī	ē	iē
嬰檻	ē	ī	ē	ē
张羊	iū	iū	iɔ	iɔ
章	iū	iū	iɔ	ō
担敢	ā	ā	ā	ā
饼正	iā	iā	iā	iā
团件	iā	iā	iā	iuā
般欢	uā	uā	uā	uā
鼾~眠	uā	uā	uā	ā
毛我	ɔ	ɔ	ɔ	ō
梅媒	uī	uī	ue	uī
买乃	āi	āi	āi	āi
关横	uāi	uī	uā	uɛ
貌脑	aū	aū	aū	aū
鸟苗	iāu	iāu	iāu	iāu
韵母总数	86	88	89	63

例字下加"＝"为文读，"＿"为白读。

（3）声调比较表

古四声	古清浊	例字	厦门7调	泉州7调	漳州7调	龙岩8调
平	清	东诗	阴平44	阴平33	阴平44	阴平334
平	浊	同时	阳平24	阳平24	阳平13	阳平11
上	清及次浊声母文读	董老死	阴上53	阴上544	阴上53	阴上21
上	全浊与次浊声母白读	动老是	阳去22	阳上22	阳去22	阳上41
去	全浊次浊声母白读	洞老视	阳去22	去声21	阳去22	阳去55
去	清音声母	栋势	阴去21	去声21	阴去21	阴去213

续表

古四声	古清浊	例字	厦门7调	泉州7调	漳州7调	龙岩8调
入	清	督薛	阴入 32	阴入 4	阴入 32	阴入 55
	浊	独食	阴入 4	阴入 23	阴入 121	阴入 32

例字下加"﹦"为文读,"＿"为白读。

2. 厦、漳、泉闽南话的词汇内部差异

根据周长楫主编的《闽南方言大词典》(2006),厦门、泉州和漳州三地词语的差异,在全部词汇之中所占的比例还没有达到10%。各地有异的一些特殊词语举例如下:[①]

(1)厦门市

同安区、翔安区

想书　　　　[siɑ⁶tsi¹](背诵)

无稽可　　　[bo²khe¹kho³](不简单,小看不得)

加真　　　　[ka¹tsin¹](非常好)

规倒断　　　[kui¹to⁵tŋ⁶](斩钉截铁,不犹豫)

(2)泉州市

①晋江市、石狮市

塗蜅　　　　[thɔ²phu³](地鳖虫)

倒祖　　　　[to⁵tsɔ³](〔华侨〕回故乡)

里兜　　　　[lai¹tau¹](里面)

小准　　　　[sio³tshun³](抽签,问卜)

②南安市

屉桌　　　　[thuaʔ⁷toʔ⁷](抽屉)

鼻麓　　　　[phi⁵lɔk⁷](鼻子)

③安溪县

食肚　　　　[sit⁸tɔ³](肚子)

---

① 周长楫主编:《闽南方言大词典》,第1136—1148页,福建人民出版社,2006年。

番珠　　　　［huaŋ¹tsu¹］（玉米）

含婴　　　　［ā²ɪ¹］（蜻蜓）

一孔久　　　［tsit⁸khaŋ³ku³］（一会儿）

④永春县

池刀　　　　［ti²tʊ¹］（蚌）

大蛇股　　　［tua⁵tsua²kɔ³］（胆大妄为的人）

熊鼠　　　　［him²tshɯ³］（兔子）

雷婆　　　　［lui⁸po²］（闪电）

⑤惠安县

齿洗　　　　［khi³sue³］（牙刷）

找神婆　　　［tshə⁵sin²po²］（巫婆）

竹菜　　　　［tiak⁷tshai⁵］（蕹菜）

火青蟧　　　［hə³tshĩ¹lo²］（萤火虫）

⑥德化县

清水包　　　［tshiŋ¹tsui³pau¹］（馒头）

草尔蜎　　　［tshau³ni³kɔk¹］（蝗虫）

西乌　　　　［sai¹ɔ¹］（乌鸦）

乌喙笔　　　［ɔ¹tshui⁵pit⁷］（麻雀）

⑦金门县

依原　　　　［i¹guan²］（仍旧）

下早起　　　［e⁶tsa³khi³］（早上）

踉　　　　　［lɔŋ⁵］（快跑）

拭饼　　　　［tshit⁷piā⁵］（春卷）

(3) 漳州市

①龙海市

晡流　　　　［pɔ¹lau²］（下午）

落衰　　　　［loʔ⁸sue¹］（背运；倒霉）

早流　　　　［tsa³lau²］（上午）

小面神　　　［sio³bin⁶sin²］（拘谨；怕羞）

倚洋　　　　［ua³iɔ̃²］（渔船回航）

反狗翘　　　［piŋ³kau³khiau⁵］（〔船〕翻覆）

②华安县

半敲　　　　［pua⁵kha⁵］（儿童多动）

岸睏　　　　［huã⁶khun⁵］（在田头吃点心）

丝虫　　　　［si¹thaŋ²］（蚕）

走街仔仙　　［tsau³ke¹a³sian¹］（走江湖的）

师母　　　　［sai¹bo³］（巫婆）

关童身　　　［kuan¹taŋ²sin¹］（请巫觋作法）

③长泰县

水晶　　　　［tsui³tsĩ¹］（雹子）

反嘴　　　　［pan³tsui³］（讲假话，搬弄是非）

馁志　　　　［lue³tsi³］（惭愧）

普度　　　　［pheu³teu⁶］（像饿鬼那样吃掉）

蚕猫仔　　　［tshan²niau²a³］（蚕）

正额人　　　［tsiã⁵giaʔ⁸laŋ²］（正派人）

④南靖县

阿妳　　　　［a¹nɛ̃³］（面称婆婆）

虎舅鸟　　　［hɔ³ku⁶tsiau³］（猫头鹰）

阿卞　　　　［a¹pian³］（面称伯母）

屘叔　　　　［ban¹tsik⁷］（排行最小的叔父）

庵公　　　　［am¹kɔŋ¹］（庙祝）

屘婶　　　　［ban¹sim³］（排行最小的婶婶）

⑤平和县

阿峇　　　　［a¹ba²］（面称母亲）

乜模　　　　［mi⁵mɔ¹］（爱占人的小便宜）

大喙雷　　　［tua⁶tshui⁵lue²］（吹牛）

懒尸　　　[lan³si¹]（懒惰）

番豆　　　[huan¹tau⁶]（花生）

老虎舅　　[lo³hɔ³ku⁶]（螳螂）

⑥漳浦县

家计　　　[ke¹ke⁵]（多管闲事）

抢煞　　　[siɔ³suaʔ⁷]（偷工减料）

拉喂　　　[la¹ue¹]（娇生惯养）

牛蚓　　　[gu²un²]（大蚯蚓）

枝厘　　　[tsi¹li²]（吝啬）

大咧　　　[tua⁶lɛ⁶]（知了；大嗓门的人）

⑦云霄县

底仔位　　[ti⁶a³ui⁶]（哪里）

翘尾　　　[khiau⁵bue³]（妓女）

马公　　　[bɛ³kaŋ¹]（泼妇）

老妈　　　[lau⁶ma³]（曾祖母）

斗街　　　[tau⁵kei¹]（逛街）

弄狮　　　[lɔŋ²sai¹]（哄骗）

⑧东山县

正意　　　[tsiã⁵i⁵]（正派）

底人　　　[ti⁶laŋ²]（什么人；谁）

痴哥　　　[tshi¹ko²]（好色者）

紧仔动　　[kin³a³taŋ⁶]（动辄）

地颤　　　[tɔu⁶tsun⁵]（地震）

头下仔　　[thau²e⁶a³]（刚才）

⑨诏安县

肚缸　　　[tɔu⁶kŋ¹]（厕所）

下卦　　　[ɛ⁶kua⁵]（下午）

囝弟　　　[kiã³ti⁶]（子弟；孩子）

师姨　　　　［sai¹i²］（巫婆）

向牛　　　　［ŋ⁵gu²］（放牛，看牛）

二、莆仙方言片

莆仙宋代后不再受泉州管辖，经济独立，由于地理上接近省城福州，与闽东来往更多，受福州话影响，成为闽南和闽东两种方言的混合变体。莆仙方言在语音、词汇、语法上均有一些特色体现。

1. 莆田话音系及其特点

莆田话有声母15个（包括零声母），韵母40个，声调7个，下面是其声韵调表：①

（1）声母表

p	ph	m		
t	th	n		l
ts	tsh			ɬ
k	kh	ŋ		h
ø				

（2）韵母表

a 鸦	ɒ 窝	e 鞋	ø 梳	o 思	i 衣	u 夫	y 余			
ai 哀	au 交	ɔu 乌	ia 也	iu 油	ua 蛙	ue 歪	ui 威	yɒ 靴	iɐu 腰	
aŋ 安	ɒŋ 翁	eŋ 烟	œŋ 渊	oŋ 温	iŋ 英	uŋ 光	yŋ 恩	iaŋ 淹	uaŋ 弯	yɒŋ 央 ｜ ŋ 怀
aʔ 压	ɒʔ 屋	ɛʔ 厄	œʔ 育	oʔ 郁	iʔ 一	yʔ 役	iaʔ 叶	uaʔ 活	yɒʔ 约	

（3）声调表

调类	阴平	阳平	上声	阴去	阳去	阴入	阳入
调值	533	13	453	42	11	21（文）11（白）	4（文）53（白）

---

① 转引自陈章太、李如龙《论闽方言的一致性》，《闽语研究》，语文出版社，1991年。

莆仙话语音上有以下特点：

第一，特有的边擦音声母ɬ，大致厦门话读 s 声母的字，莆仙闽南话均读为ɬ。除了莆仙话外，汉语方言中有ɬ声母的地区还有两地：一处是粤西南和桂南地区，另一处是安徽歙县的黄山话和南乡话。粤西南和桂南地区与壮侗语族语言接壤，壮侗语族语言在该地区是强势语言，当地的ɬ声母应与壮侗语族语言的ɬ声母有关。现代的壮侗语族语言普遍存在ɬ声母，由此可以推测古代的百越民族语言也存在ɬ声母。闽南地区古属百越中的闽越族居住地，莆田的ɬ声母可能正是古百越语特征的保留。汉代曾将大批闽越人迁到江淮之间，现在的安徽歙县的ɬ声母可能正是汉代大规模迁徙后民族融合的历史痕迹。①

如果以上猜测成立的话，泉州和福州均没有边擦音声母，莆田处于强势的泉州话和福州话的包夹之中，竟然能够顽强地保留住边擦音这个特征，实属奇迹。

第二，声母类化。声母类化是多音词连读时发生的音变，双音词中凡是前字韵尾是元音或鼻音，后字的清音声母就变为浊音，如 p、ph 变为 ß 或 m，ts、tsh、ɬ 变为 l，k、kh、h 脱落变为 ɣ；若是前音节的韵尾是 ŋ，则把后音节的声母也同化了，如此等等。莆仙话声母类化规律与福州话大同小异。泉、厦、漳等地闽南方言均没有此类声母类化现象。

第三，鼻化韵分布。莆田话没有泉、厦、漳等地闽南方言的韵尾为 m 和 n 的韵母。上述莆田话音系没有鼻化韵，但是仙游话有鼻化韵。另外，莆田与仙游交界地区如北部的大洋镇、东部的华亭镇，南部的东海镇均有成系统的鼻化韵；笏石镇老派有鼻化韵，新派则没有；埭头镇分两片，西部有鼻化韵，东部则没有。

---

① 参见叶宝奎《莆仙方言边擦音初探》，丁邦新、张双庆编《闽语研究及其与周边方言的关系》，香港中文大学出版社，2002 年。

大致说来，靠近闽东话的大部分地区受闽东方言的影响，均没有鼻化韵。

第四，入声韵的合并。只有一组以ʔ结尾的入声韵，泉州、厦门、漳州均有 p、t、k、ʔ 四组入声韵韵尾。这一特点也是接近闽东方言的。

第五，撮口韵。莆仙大部分地区均有撮口呼韵母，但是东海、枫亭、园庄、南日岛等部分地区，没有撮口韵。撮口韵也是莆仙闽南方言的特色之一，应该也与闽东方言的影响有关。其他地方的闽南方言均没有撮口韵。

2. 莆仙话词汇特点

词汇上，除了具有闽南方言的一批共同词汇外，莆仙话中还有一批不见于厦、漳、泉闽南话的词语。这些词又可分为两类：一是见于福州话的词语，这反映了莆仙话与福州话的密切联系；一是既不见于福州话也不见于厦、漳、泉闽南话的词语，这些词语集中地反映了莆仙话的鲜明特征。

先将莆仙话和福州话共有的词择要举例如下：[①]

普通话	词目	莆田音	福州音	厦门相应的词
前年	昨年暝	ɬoʔ⁴⁻²¹ lɛ²¹ niŋ¹³	so⁵⁻⁴⁴ nieŋ⁵²⁻⁴⁴ maŋ⁵²	前年 tsun²⁴ m̩²⁴
地方	位处	ui⁴²⁻⁵⁵ tshy⁴²	ui²⁴²⁻⁵² (tsʰ-)zoey²¹²	所在 sɔ⁵³⁻⁴⁴ tsai²²
肥皂	胰皂	i¹³⁻¹¹ (ts-)lɒʔ⁴	i⁵²⁻²¹ (ts-)zɔ²⁴²	雪文 sap³²⁻⁵ bun²⁴
蚯蚓	猴蚓	kau¹³⁻¹¹ ɔŋ⁴⁵³	ka⁵²⁻³¹ uŋ³¹	塗蚓 thɔ²⁴⁻²² un⁵³
海蛎	蛎	tyɒ¹¹	tie²⁴²	蠔（团）o²⁴⁻²² (a⁵³)
肉	肉	nœʔ⁴	nyʔ⁵	baʔ³²
扒手	拨马	paʔ²¹⁻⁴ ma⁴⁵³	puaʔ²³ ma³¹	剪纽团 tsian⁵³⁻⁴⁴ liu⁵³⁻⁵⁴ a⁵³
曾祖父 面称	大公	tua¹¹ (k-)ɒŋ⁵³³	tuai²⁴²⁻⁴⁴ (k-)uŋ⁴⁴	阿祖 a⁴⁴⁻²² tsɔ⁵³

---

① 参见黄金洪《仙游话和厦门话、福州话词语比较研究》，厦门大学硕士论文，2002 年。

续表

普通话	词目	莆田音	福州音	厦门相应的词
曾祖母面称	大妈	tua¹¹ ma⁴⁵³	tuai²⁴²⁻⁵² ma³¹	阿祖 a⁴⁴⁻²² tsɔ⁵³
眼泪	目滓	maʔ⁴⁻²¹ tsai⁴⁵³	mei⁵⁻⁵² tsai³¹	目屎 bak⁵⁻²¹ sai⁵³
风筝	纸鹞	tsyɒŋ⁴⁵³⁻¹³ iau¹¹	tsai³¹⁻⁴⁴ ieu²⁴²	风吹 hɔŋ⁴⁴⁻²² tshe⁴⁴
坏~人	呆	kai¹³	ŋai⁵²	否 phãi⁵³
团一~泥	丸	uai¹³	uoŋ⁵²	团 thŋ²⁴
朵一~花儿	柎	pɔu¹³	puo⁵²	蕊 lui⁵³
棵一~树	槐	tau⁵³³	tau⁴⁴	丛 tsaŋ²⁴
放学放午学	放昼	paŋ⁴²⁻⁵⁵ (t-)nau⁴²	puŋ²¹²⁻⁴⁴ (t-)nau²¹²	放下 paŋ²¹⁻⁵³ he²²
放学放晚学	放暝	paŋ⁴² ma¹³	puŋ²¹²⁻⁴⁴ maŋ⁵²	放下

不见于福州话也不见于厦、漳、泉闽南话的词语，举例如下：

普通话	词目	莆田音
明天	复早	hɒŋ¹¹ (ts-)nɒ⁴⁵³
蝙蝠	老翕	lau¹¹⁻¹³ hiʔ⁽²¹⁾
喜鹊	粪池市	pɒŋ⁴² (t-)ni¹³⁻¹¹ tshi²¹
青蛙	洋乜	iau¹³⁻¹¹ me¹³ ①
壁虎	爬逗	pa¹³⁻⁴² (t-)lau¹ ②
蜻蜓	千尾叉	tsɛŋ⁵³³⁻¹¹ (p-)mi⁴⁵³⁻¹¹ tshɒ⁵³³
桌子	床	ɬuŋ¹³
圆桌	圆床	iŋ¹³⁻¹¹ (tsh-)nuŋ¹³
大方桌	八仙床	paʔ⁽²¹⁾⁻⁴ (ɬ-)lɛŋ⁵³³⁻¹¹ (tsh-)nuŋ¹³
饭桌	食糜床	ɬia¹³⁻¹¹ ma¹³⁻¹¹ tshuŋ¹³
抽屉	箧	khe¹¹
棺材讳称	长生	tyɒŋ¹³⁻¹¹ (ɬ-)nɛŋ⁵³³

---

① 又"老鸡"，lau¹¹ (k-)e⁵³³。

② 又"爬蟳"，pa¹³⁻⁴² (tsh-)yɒ¹¹。

续表

普通话	词目	莆田音
木匠	□牙	kau¹³⁻¹¹ （k-）ɒ¹³ ①
泥水匠	涂水	thɔu¹³⁻¹¹ （ts-）lui⁴⁵³
妓院	货鸲间	ho⁴²⁻⁵⁵ （ɬ-）lau⁴⁵³⁻¹³ （k-）e⁵³³
情夫	野丈夫	ia⁴⁵³⁻¹³ （t-）laʔ⁽²¹⁾ pɔu⁵³³
砍～树	□	te⁴⁵³
打扮很会～	拍抹	pha¹¹⁻⁵⁵ pua¹³
为什么	奈事	nai⁴⁵³ （ɬ-）li¹¹
零分	圈分	khœŋ⁵³³⁻¹¹ （h-）ŋɔŋ⁵³³
银圆	大番	tua¹¹ （h-）uaŋ⁵³³ ②
水牛	驶牛	ɬo⁴⁵³⁻¹³ （k-）u¹³
聊天	讲新闻	kɒŋ⁴⁵³⁻¹³ （ɬ-）niŋ⁵³³⁻¹¹ mɔŋ¹³ ③
撒谎	讲候假话	kɒŋ⁴⁵³⁻¹³ hau¹¹ （k-）a⁴⁵³⁻⁴² ua¹¹
夸奖	数贺	ɬiau⁴² （h-）ɒ¹¹
兜儿衣服上的口袋	帕	phɒ⁴²
美长得～	鸲	ɬau⁴⁵³
讲价	厮量价	ɬo⁵³³ niau¹³⁻⁵⁵ （k-）ɒ⁴²
上坟扫墓	数墓	ɬiau⁴²⁻⁵⁵ mɔu⁴²
瘦肉	乌肉	ɔu⁵³³⁻²² nyʔ⁴
肥肉	白肉	pai¹³⁻¹¹ nyʔ⁴
听见	听闻	thia⁵ mue²
有趣	声色	ɬiŋ³ ɬɛ⁶
倒霉	衰旺	ɬue³ ɒŋ⁵
昏暗	黄昏	hoŋ⁵ ŋaŋ⁴

————————

① 又"度绳"，tɔu¹¹ （ɬ-）liŋ¹³。

② 又"王番"，ɒŋ¹³⁻¹¹ （h-）ŋuaŋ⁵³³。

③ 又"百灵"，ɛʔ⁽²¹⁾⁻⁴ lɛŋ¹³。

续表

普通话	词目	莆田音
物色	蹋	$t\text{\textipa{\scriptsize D}}^8$
倔强	筋	$ky\eta^1$
咒骂	扣	$khau^4$
嫌恶	冲	$tsh\o\eta^1$
忌讳	碍	ηai^5
俭	势利	$\text{\textipa{\textbarl}}e^4\,li^5$
狼	狼狗	$l\text{\textipa{\scriptsize D}}\eta^5\,\eta au^3$
蛾	夜婆	$ia^5\,po^2$
小巷	弄路	$lan^4\,nou^5$
权势	手骨	$tshiu^3\,ko^6$
主顾	祖客	$tsou^3\,a^5$
罗锅儿	弯腰	$uan^5\,niau^1$

上述词语均与厦、漳、泉三地说法不同。其中"床"（桌子）、"乌肉"（瘦肉）的说法跨越闽南厦、漳、泉地区，而出现在潮州、雷琼的闽南话中，显示了莆仙话和粤琼闽南话的历史联系。

3. 莆仙话的语法特点

目前莆仙方言的语法调查描写较为薄弱，蔡国妹的《莆仙方言研究》较为系统地描写了莆仙话的重叠式、结构助词、动词的体、代词、介词等五个方面。① 总体来说，莆仙话的语法与厦、漳、泉闽南话基本一致，但也有一些差异之处。我们从中挑出几点，与厦、漳、泉闽南话进行对比。

（1）重叠式

①形容词重叠式：A＋AB。AB为双音节形容词，重叠后强调所描述的性质，表示程度高。这个重叠式的重叠能力非常强，

---

① 参见蔡国妹《莆仙方言研究》，第 42—94 页，第 231—235 页，福建师范大学博士论文，2006 年。

普通话的 AABB 式重叠在莆仙话中往往为 AAB 式。其构成有如下几种：

形容词：朴朴素（很朴素）　生生动（很生动）　耳耳聋（听力很差）

动词：敢敢做（很敢干）　会会食（很能吃）　肯肯讲（非常肯讲）

名词：酒酒气（带有浓厚的酒味）　芳芳头（喷香）　下下低（很下面）

数词：四四角（四四方方）　十十成（十全十美）

②动词重叠式：A＋AB。AB 为双音节动词，重叠后表示动作的量少或短暂。与上面的形容词重叠式 A＋AB 一样，这类动词重叠也相当多，大凡普通话的 ABAB 式动词的重叠式，莆仙话中都可用 AAB 式表达。这类重叠式厦、漳、泉闽南话使用与普通话相同的"AB 一下"来表示。如：

休休息（稍作休息）　讲讲话（说说话）　修修理（修理一下）

（2）助词

"其"，音［eʔ⁸］，置于"会（𣍐）＋中心语（动词）＋其"格式中，对中心语的动作本身可不可以的判断。相应的意义，普通话的肯定式使用"动词＋得"或"能＋动词"表示，否定则用"动词＋不得"，在厦、漳、泉闽南话则使用"会（𣍐）＋中心语（动词）＋得"。如：

普通话：没煮熟吃不得，煮熟才能吃。

莆仙话：煮无熟𣍐食其，煮熟那会食其。

泉州话：煮无熟𣍐食得，煮熟则会食得。

（3）代词

①"即出"，音［tseʔ⁸ tshoʔ⁷］，指代较近的时间。如：

普通话：这会儿没风。　／　我这会儿没空。

莆仙话：即出无风。　　　　/　　　我即出无空。

②"即下"，音[tseʔ⁸kɒ²]，指示程度，相当于普通话的"这么"、"这样"，如：

普通话：飞这么高。

莆仙话：飞即下悬。

③"阿甚生"，音[aʔ⁸ɖiŋ¹na¹]，相当于普通话的"怎么"。如：

普通话：这件事情我该怎么说？

莆仙话：即件事体我卜阿甚生讲？

④"甚甚生"，音[ɖiŋ¹ɖiŋ¹na¹]，询问性状，相当于普通话的"怎么样"。如：

普通话：他这个人怎么样？

莆仙话：伊即个侬甚甚生？

代词使用"～生"后缀，也出现在潮汕闽南话中。

（4）动词的体

①动作的完成："谷起/爬起"。"谷起"音[ka⁶i³]，"爬起"音[pa⁶i³]，加在动词后面，表示动作的完成。如：

普通话：队伍排好了。　　　　/　　　肉称好了。

莆仙话：队排谷起了。　　　　/　　　肉称谷起了。

"谷起/爬起"也可表示状态的起始，意义相当于普通话的"起来"。如：

普通话：他唱起歌来了。　　　　/　　　我想起来了。

莆仙话：伊歌唱谷起了。　　　　/　　　我算爬起了。

②进行。"即"[tseʔ³]、"许"[heʔ³]可用为指示代词，表示近指和远指，也可以表示动作的进行。如：

普通话：我在吃饭，他在洗手。　　　　/　　　我在上海读书。

莆仙话：我即吃饭，伊许洗手。　　　　/　　　我上海即读书。

三、潮汕方言片

据李新魁（1994）的研究，潮汕方言又可分成三个小片：（1）汕头片，包括汕头市、潮州市、揭阳市和澄海、南澳、饶平、揭西诸县；　（2）潮普片，包括潮阳、普宁、惠来等县；（3）陆海片，包括汕尾、陆丰和海丰县。后两片更为接近。① 潮汕地区与闽南接壤，地缘接近，在语音、词汇和语法方面与闽南方言特别是漳州片的方言很接近。当然，迁出闽南本土后，潮汕方言渐渐生成了自己的语言特点，这在词汇方面表现得更加突出，有一批自己的特征词；语法方面也与本土闽南方言有所不同。

1. 汕头话音系及其特点

潮汕方言以汕头话为代表，汕头话有声母 18 个（包括零声母），韵母 77 个，声调 8 个，基本上和中古四声八调相对应。下面是其声韵调表：②

（1）声母表

p 波比	ph 抱鄙	b 无米	m 毛迷			
t 刀抵	th 胎体		n 娜泥	l 罗里		
ts 坐只	tsh 齐错				s 梭时	z 而儿
k 哥记	kh 戈起	g 鹅疑	ŋ 俄拟		h 河喜	
ø 窝衣						

（2）韵母表

a 阿	ā 三	am 庵	aŋ 双	aʔ 鸭	ap 盒	ak 恶
e 哑	ē 柄		eŋ 英	eʔ 扼		ek 亿
o 卧			oŋ 封	oʔ 学		ok 屋
ə 余			əŋ 恩	əʔ 乞		ək 吃

---

① 李新魁：《广东的方言》，第 265—266 页，广东人民出版社，1994 年。

② 李新魁：《广东的方言》，第 300—304 页，广东人民出版社，1994 年。

续表

i 衣	ɿ 圆	im 音	iŋ 因	iʔ 铁	ip 邑	ik 逸
u 羽			uŋ 温	uʔ 吸		uk 熨
ai 哀	ãɿ 爱					
au 欧	ãũ 好			auʔ□①		
oi 鞋	õɿ 闲			oiʔ 狭		
ou 乌	õũ 虎					
ia 野	ĩã 营	iam 淹	iaŋ 央	iaʔ 益	iap 压	iak 跃
io 腰	ĩõ 羊		ioŋ 雍	ioʔ 约		iok 育
iu 忧	ĩũ 幼			iuʔ□②		
iou 要	ĩõũ□③			iouʔ□④		
ua 蛙	ũã 安	uam 凡	uaŋ 弯	uaʔ 活	uap 法	uak 越
ue 锅	ũē 关			ueʔ 划		
ui 威	ũɿ 畏					
uai 歪	ũãɿ□⑤			uaiʔ□⑥		
m 唔						
ŋ 黄				ŋʔ□⑦		

（3）声调表

阴平 33　渊	阴上 42　远	阴去 213　映	阴入 2　跃
阳平 55　扬	阳上 35　援	阳去 11　焉	阳入 5　药

从语音系统看，潮汕方言和闽南本土方言十分类似，但韵母系统要简单些，表现在：

---

① ［kauʔ⁷］，卷纸的动作。
② ［kiuʔ⁷］，挤牙膏出来的动作。
③ ［ĩõũ⁴］，掀开被子的动作。
④ ［iouʔ⁷］，猜。
⑤ ［ũãɿ¹］，开门的声音。
⑥ ［uaiʔ⁸］，扭伤的动作。
⑦ ［ŋʔ］，睡觉。

第一，阳声韵只有 m、ŋ 两套韵尾，没有 n 韵尾。

第二，入声韵只有 p、k、ʔ 三套，没有收 t 的韵。

声母方面，有 b、l、g 和 m、n、ŋ 两套声母。m、n、ŋ 不与阴声韵相配，b、l、g 不与鼻化韵相配，但两套都可以和鼻音尾韵和塞音尾韵相配。

2. 潮汕方言的词汇特点

潮汕方言的词汇中有相当数量的与厦、漳、泉闽南话有别的词，有自己的特色。如"起床"称为"早起"，"爬"称为"猴"等等。这些词在《古今小说》、"三言二拍"、《水浒传》、《红楼梦》等近代小说里都有同样的用法。[①] 又如：

普通话	潮汕话
说（话）	咀　[ta²¹³]
什么	物個　[miʔ²⁵ kai⁵⁵]
婢女	走鬼　[tsau⁵³⁻²⁴ kui⁵³]
漂亮这个姑娘长得~	雅　[ŋia⁵³]
爱面子	好脸
瓶子	樽　[tsuŋ³³]
他们	伊农　[i³³ naŋ³¹]
花生	地豆　[ti³¹ tau³¹]
荸荠	茡葱　[tsɿ⁵⁵⁻³¹ tshaŋ³³]
为什么	做尼　[tso⁵⁵ ni⁵⁵]
小孩	奴囝　[nou³³ kiã⁵³]
丑这个姑娘长得~	野样　[ia⁵³⁻²⁴ iõ³¹]
不怕	唔畏　[m̩³⁵⁻³¹ uĩ⁵⁵]
风筝	风琴　[huaŋ³¹ khim⁵⁵]
看	睇　[tʰõi⁵³]
荔枝	荔果　[nai⁵³⁻³¹ kuē⁵³]

①　参见李新魁、林伦伦《潮汕方言词考释》，广东人民出版社，1992 年。

其中，地豆（花生）和荔果（荔枝）两词与惠阳、香港一带的客家话相同。[①]

近年来，随着潮汕和粤、港、澳的往来日益密切，粤语作为强势方言，对潮汕方言的影响越来越大。这在词汇方面表现明显：形容海产新鲜，潮汕话原说"鲜活"，现在则借用粤语的"生猛"；气派，潮汕话原说"派头"，现在则借用粤语的"有型"；无稽之谈、可笑，潮汕话原说"物笑"，现用粤语词"搞笑"；茫然、不知所云，潮汕话原说"唔知头尾"，现常用粤语词"一头雾水"。

3. 潮汕方言语法特点

语法方面，潮汕方言也有一些自己的特点。

（1）形容词重叠[②]

上述莆仙话的双音形容词重叠式 AAB，也见于汕头话：

洞洞光（光亮）　　　蓬蓬松（蓬松）

索索褪（一无所有）　醷醷青（脸色发青）

（2）动词重叠

动词也可以构成 AAB 式样重叠，其中 B 为结果补语，表示随意做某事：

食食了（把东西吃完）　　洗洗直（洗完东西）

行行埋（躲起来不露面）　褪褪掉（脱掉衣服）

相应的意义，厦、漳、泉闽南话中，一般要在重叠之后加上"伊"，动词重叠后加结果补语则有周遍性的意义。例如厦、漳、泉闽南话也可以说"褪褪掉"，但意思是"全部脱掉"，是一种周

---

① 刘镇发、许惠玲：《潮州话和广州话、客家话的方言共同词》，丁邦新、张双庆编《闽语研究及其与周边方言的关系》，香港中文大学出版社，2002 年。

② 李新魁：《广东的方言》，第 378 页，广东人民出版社，1994 年。

遍义。

动词性的短语也可重叠，表示的程度比重叠前要轻，如：

唔好唔好（不太乐意，不太肯答应）

无心情无心情（心情不太好）

草略会草略会（会一点而不太会）

畏嘴畏嘴（不太想吃东西）

（3）量名结构

量词可以和名词直接组成"量名结构"，例如：

丛树分我砍掉去了。（那棵树让我砍掉了）

伊敲破了间房个玻璃窗。（他敲破了那间房子的玻璃窗）

（4）已然和使然的对立[①]

已然表示客观的情况。使然则表示动作的进行是说话人所要求的，或者是客观事理所决定的。进行体和持续体有已然和使然的对立。

进行体用"裸"、"放块（记音字）"表示，前者是已然，后者是使然。

你裸等伊□［hē²¹］？（你在等他吗？）

你放块等□［hā³⁵］。（你等着吧！）

持续体用"在"、"放在（记音字）"表示，前者是已然，后者是使然。

厨房支灯免通暝开在。（厨房里那盏灯整夜开着）

厨房支灯免通暝开放在。（厨房里的灯用不着整夜开着）

普通话没有已然和使然的对立，上面两句中的"开在"和"开放在"翻译成普通话，都是"开着"。

---

① 施其生：《汕头方言的体》，《动词的体》，香港中文大学吴多泰中国语文研究中心，1996 年。

（5）被动句

汕头话"乞"和"分"意义相同，相当于"给"或者表示被动。厦、漳、泉闽南话没有"分"，"分"应该是受客家话影响的结果。

我借五千元分伊。（我借五千元给他）

鱼分猫食去。（鱼被猫吃了）

（6）处置式

汕头话的"对＋处置对象＋动词"表示处置，相当于普通话的把字句：

汝对我双鞋物对地块去？（你把我的鞋子弄哪里去了）

四、雷州方言片

雷州方言和潮汕方言从闽南方言中分化出来的时间接近，前期发展过程应该大致相同，因此两者仍有许多共同之处。但毕竟二者发展环境不同，雷州方言分布地域比潮汕窄，使用人口也少，更多地受到早期的少数民族语言和后来包围着它的粤语、客家话的影响，语言中也有许多自己的特点，因此是不同于潮汕方言的闽南次方言。李新魁先生把这个现象生动地比喻为"兄弟分家"：雷州方言和潮汕方言在福建闽南方言的"母体"中孕育发展后，一起走出家门；手牵手走了一段路，便"分道扬镳"，各自独立成家立业、繁衍生息，最终形成两支相当接近但又各有特色的方言。①

1. 雷州话音系及其特点

雷州话共有声母 17 个（包括零声母），韵母 45 个，声调 8 个，平上去入各分阴阳。下面是雷州话的声韵调系统：②

---

① 李新魁：《广东的方言》，第 418 页，广东人民出版社，1994 年。

② 林伦伦：《粤西闽语雷州话研究》，第 5—11 页，中华书局，2006 年。

（1）声母表

p	ph	b	m			
t	th		n	l		
ts	tsh				s	z
k	kh		ŋ		h	
ø						

（2）韵母表

		i 伊医	u 污呜
	a 鸭拗	ia 亦营	ua 娃碗
	o 涡秧	io 窑腰	
	e 哑下	ie 爷野	ue 话画
	ai 哀爱		uai 怀县
	oi 鞋矮		ui 威伟
	au 祆欧	iau 妖要	
	eu 乌湖	iu 油优	
	am 庵暗	iam 盐厌	
	em 掩参	im 音阴	
	aŋ 安瓮	iaŋ 莺映	uaŋ 汪弯
	oŋ 翁拥	ioŋ 穷凶	
	eŋ 庚盟	ieŋ 因引	
		iŋ 英婴	uŋ 温隐
	ap 盒答	iap 洽帖	
	ep 镊撮	ip 邑浥	
	ak 压落	iak 粟鹿	uak 夺蜀
	ok 恶屋	iok 约弱	
	ek 厄责	iek 一乙	uek 或国
		ik 益匹	uk 郁熨

（3）声调表

阴平 213　丹	阴上 52　党	阴去 21　诞	阴入 5　矽
阳平 11　同	阳上 33　但	阳去 55　蛋	阳入 2　达

从语音方面说，雷州方言有三个特点：

第一，阳声韵有 m 和 ŋ，没有 n 和鼻化韵母。部分与 h 声母相拼的音节，有时会出现鼻化韵，如把 [hi²¹]（戏）、[hio²¹³]（香）、[hia⁵⁵]（歇）、[hi¹¹]（年）等音节念成 [hĩ²¹]、[hiõ²¹³]、[hiã⁵⁵]、[hĩ¹¹]，但与相应的非鼻化韵母在意义上并不对立。①

第二，入声韵有 k、p 两套韵母，没有 t、ʔ 的入声韵韵母。不少常用字白读音已经失去塞音韵尾，特别是阳入声。

第三，有 z 声母。

2. 雷州话的词汇特点

由于雷州地处粤西，与闽南本土距离甚远，受强势方言粤语的影响要比潮汕地区的大。一些口语词接受了粤语的说法，与潮汕方言也有不同。下面是林伦伦（2006）所举的部分例子：②

普通话	广州话	雷州话	汕头话
包菜	椰菜	椰子菜	[ko¹ le⁴]
肥皂	（番）枧	（番鬼）枧	饼药
乒乓球	波仔	波团	乒乓
洋娃娃	公仔	公团	翁团
洗澡	冲凉	冲凉、洗浴	洗浴
丈夫的父亲	家公	家公	大官
丈夫的母亲	家婆	家婆	大家
个	条（一条村）	条	个
搞、修理	整	整	物、收拾

---

① 林伦伦：《粤西闽语雷州话研究》，第 9 页，中华书局，2006 年。
② 同上书，第 190—191 页。

　　另外，雷州话还有一批与海南闽南话共有的特征词，它们大多是找不到本字的词语，虽然各地闽南方言均有一些这类词语，但显然雷琼两地数量更多，这些词语显示两地方言与少数民族语言的深厚关系。

　　3. 雷州话的语法特点

　　林伦伦（2003）介绍了一些雷州话的语法特点，[①] 看来雷州话除了词汇系统受粤语影响较大外，语法也多从粤语移用。下面从中挑出几点与各地闽南方言不同的特点加以说明：

　　（1）名词前缀

　　人名在背称时往往冠以前缀 $[bi^{55}]$，如"bi^{55}兴林"、"bi^{55}荣"。

　　$[ni^{33}]$ 常用于亲属称谓之前，本身不含有任何词汇意义，是个纯粹的亲属名词前缀。如：

　　ni^{33}叔（叔叔）　　　　$lu^{52}ni^{33}hia^{213}$（你哥哥）

　　（2）人称代词复数

　　单数人称代词是"我、汝、伊"，与其他闽南方言一致，但复数人称代词是在单数人称代词后面加上 $[thaŋ^{21}]$ 或者 $[thaŋ^{21}naŋ^{11}]$，如：

单数	复数（普通话）	雷州话
我 $[ba^{55}]$	我们、咱们	$[ba^{55}\ thaŋ^{21}]$ 或 $[ba^{55}\ thaŋ^{21}naŋ^{11}]$
汝 $[lu^{52}]$	你们	$[lu^{52}\ thaŋ^{21}]$ 或 $[lu^{52}\ thaŋ^{21}naŋ^{11}]$
伊 $[i^{213}]$	他们、她们	$[i^{213}\ thaŋ^{21}]$ 或 $[lu^{52}\ thaŋ^{21}naŋ^{11}]$

　　（3）助词 $[a^{55}]$ 和 $[kai^{11}]$

　　相当于普通话的"的"，雷州话用两个助词：$[a^{55}]$ 和 $[kai^{11}]$。$[a^{55}]$ 用于定语和中心语之间，$[a^{55}]$ 后面有领属的名词，如果后

　　————————

　　① 参见林伦伦《粤西闽语雷州话研究》，第 218—227 页，中华书局，2006 年。

面没有领属的名词时，则用〔kai¹¹〕，如：

①ba⁵² boi⁵² a⁵⁵ tsu²¹³

　　我　买　□　书（我买的书）。

②lu⁵² o²¹ a⁵⁵ tsu²¹³ si³³ ba⁵² kai¹¹

　　你 □ □ 书　　是 我 □（你看的书是我的）。

例①的〔a⁵⁵〕后面有所领属的名词"书"，例②的〔kai¹¹〕后面没有领属的名词。

助词〔a⁵⁵〕还常用于名词之前，如：

③a⁵⁵ tsu²¹³ bo¹¹ ki²¹ la⁵⁵

　　□ 书　无　见　□（书丢了）。

但是名词充当宾语时，不加〔a⁵⁵〕，如：

④ba⁵² boi⁵² tsu²¹³

　　我　买　书（我买书）。

（4）进行时态

雷州话的进行时态表示法与粤语相同，可以在动词前面加"啱啱"，也可以在动词后面加"紧"，甚至可以"啱啱"和"紧"同时使用，分别加在动词的前后。如

听 to²¹！伊啱啱讲（听着！他正在讲）。

伊 thaŋ²¹ 人啱啱开紧会（他们正在开会）。

（5）疑问句

雷州话的是非问和选择问往往不分，在一个陈述句后面加上否定疑问式"bo¹¹ le³³（无 le³³）"表示。如"你有钱吗?"和"你有没有钱?"都讲成：

lu⁵² u³³　　tsi¹¹ bo¹¹ le³³

你　有　钱　无　□

五、海南方言片

1. 海口话音系及其特点

　　海口闽南话有声母 16 个（包括零声母），韵母 46 个，声调 8 个。下面是其声韵调系统：[1]

（1）声母表

		ʔb	m	f	v
t		ʔd	n		l
ts				s	z
k			ŋ	x	
ø				h	

（2）韵母表

		a	ɛ	e	o	ai	ɔi	au	ɔu
i	ia				io			iau	iu
u	ua			ue		uai		ui	
m̩	am	ɔm			aŋ	eŋ	ɔŋ	oŋ	
im	iam			in	iaŋ		iɔŋ	ŋ̍	
				un	uaŋ				
	ap	ɔp			ak	ek	ɔk	ok	
ip	iap			it	iak		iɔk		
				ut	uak				

（3）声调表

阴平 24	阴上 213	阴去 35	长入 55	阴入 5
阳平 21		阳去 33		阳入 3

　　海口闽南话的语音系统和雷州共同点较多，但也有自己的特点：

　　第一，有紧喉浊音 ʔb、ʔd。其他闽南话的 p、t 声母在海口话

---

① 转引自陈鸿迈编纂《海口方言词典》，引论，第 4—15 页，江苏教育出版社，1996 年。

中读为 ʔb、ʔd，例如波［ʔbo²⁴］、补［ʔbɔu²¹³］、店［ʔdian³⁵］、大
［ʔdua²⁴］。

第二，有鼻音韵尾 m、n、ŋ，塞音韵尾 p、t、k。没有鼻化
韵和喉塞尾 ʔ。漳、泉、厦和潮汕地区的鼻化韵在这里脱落鼻化，
读成阴声韵。

第三，其他地方的闽南话的 s 声母在海南闽语读成 t 声母。
如"三、四、烧、顺"，厦门的声母都是 s，海口则为 t。

第四，古泥、来母分读为 n、l。

第五，古澄母部分字读 h，如"柱、虫、赚"，这些字厦门话
的声母为 th。

第六，古入声调分为长入、阴入、阳入三个调，长入读舒声
韵母，如：塔［ha⁵⁵］、雪［te⁵⁵］。

2. 海南闽南话词汇特点

由于分化的时间早，海南话的词汇系统同闽南本土的闽南话
已经有了较大差异。符其武（2007）将厦门话和琼北四地（府
城、嘉积、文城、万城）的词汇进行比较，发现其相近度在 50％
左右：[①]

厦门—府城	厦门—嘉积	厦门—文城	厦门—万城
56.074％	53.701％	53.467％	49.694％

同雷州闽南话一样，海南闽南话有一批与少数民族语言有关
系的词汇。钱奠香（2001）选出雷州、海口相同而又异于其他方
言的词 71 条。[②] 其中除了部分词语来自古代汉语，绝大多数都是
有音无字的方言创新词，其中有些可能是原住民族留下来的"底
层"。例如：（以下标注海口音）

---

① 符其武：《琼北闽语词汇研究》，厦门大学博士论文，2007 年。
② 钱奠香：《雷琼闽语特征词初探》，李如龙主编《汉语方言特征词
研究》，厦门大学出版社，2002 年。

☐ [kaŋ²¹]：扇耳光　　☐ [ŋaŋ²¹]：人的下巴颊　　☐ [thu³³]：包好的东西松动、脱出

☐ [fi⁵⁵]；张开、敞开　　☐ [hui²⁴]：鸡蛋等变质发臭　　☐ [tak³]：车颠簸、上下震动

☐ [nɔk⁵]：肥胖健壮　　☐ [la²⁴]：晾晒、让风吹　　☐ [sip³]：手用力往下一拉

☐ [kɔu²¹³]：一个月　　☐ [xian³⁵]：好、好看　　☐ [nap⁵]：过敏性发炎

局 [xɔk³] 狭小、局促　　游 [ziu²¹] 散乱、胡乱叫　　混 [huaŋ²¹³] 争吵，大声说话

书 [tu²⁴] 文字　　侬 [nɔŋ²¹³] 婴孩　　盛 [se²⁴] 放置，盛放

策 [sek⁵] 用力往下摔　　撮 [nue⁵⁵] 手指抓取、偷拿　　怒 [ne³⁵] 憋劲

　　训读多是海南闽南话的又一特点。训读是用口语里某个字（或词）的读音，去读书面语中另一个同义的汉字的现象。与其他地区的闽南话相比，海南闽南话的训读更多。如："思"训读为"想"，把"思想"训读为"想想"，"毛泽东思想"说成"毛泽东想想"，"深思"说成"深想"，"朝思暮想"说成"朝想暮想"。[①]

　　3. 语法特点

　　海南闽南话的语法系统也和厦、漳、泉闽南话相去甚远，钱奠香的《海南屯昌闽语语法研究》是对海南闽南话一个点的语法的系统描写，[②] 屯昌位于海南岛的中部偏北，我们从中选出若干特点加以介绍。

　　（1）名词前缀"妱"[mo⁵⁵]

　　"妱"为远指代词"许"和量词"枚"的合音，用作前缀时，与后面的数词、名词、形容词等一起构成人名或人名称谓词，相当于共同语的"小×"或粤语的"阿×"，如：妱凤（小凤）、妱贵（阿贵）、妱缺（称唇缺的人）。

　　（2）形容词重叠形式

　　莆田、汕头的 AAB 式重叠亦见于屯昌话，如大大种（长得很

---

　　①　刘新中：《海南闽语的语音研究》，第 177 页，中国社会科学出版社，2006 年。

　　②　钱奠香：《海南屯昌闽语语法研究》，云南大学出版社，2002 年。

大)、实实肚（很硬实）。

（3）量名结构

当量词的声调是阴平 213、阳上 33、去声 35、舒入 55、阴入 5 或者阳入 3 时，屯昌话的指示代词可以省略，如：

许件事——件事，许串鱼　　串鱼

许只鸟——只鸟，许节柴——节柴

（4）人称代词系统

人称代词系统与其他闽南话差异较多，见下表：

	单数	复数			
第一人称	我　团	我穑	团穑	我侬	我侬 ŋ[55] 穑
第二人称	汝	汝穑		汝侬	汝侬 ŋ[55] 穑
第三人称	伊　侬团	伊穑	侬团穑	伊侬	伊侬 ŋ[55] 穑
咱们	nan[325]	nan[325] 穑		nan[325] 侬	侬 ŋ[55] 穑侬 ŋ[55] 穑
自己	家己				
别人	侬、侬宿				
大家	（大家）				
模糊指	lɔ[31] 乜				

复数人称代词的说法有地域差别，北部多用我穑、汝穑、伊穑。南部则用我侬、我侬 ŋ[55] 穑，汝侬、汝侬 ŋ[55] 穑，伊侬、伊侬 ŋ[55] 穑，nan[325] 侬、侬 ŋ[55] 穑侬 ŋ[55] 穑。以上复数人称代词厦、漳、泉闽南话均使用合音形式。

团、团穑表示谦恭态度、有礼貌。如：

这件事团/团穑无知。（这件事咱/我们不知道）

侬团、侬团穑表示说话人对第三者怀有怜惜、同情的感情，如：

赶侬团穑骹都烟去。（把他们赶得脚都跑丢了）

lɔ[31] 乜相当于普通话的"那个谁"。

（5）句末的特殊成分

句末的四个特殊成分"凑"、"惊"、"讲"、"是"，在厦、漳、泉闽南话中一般要用在前面。

屯昌话中，"凑"用在句末，表示追加，如：

普通话：来，再喝一杯！

屯昌话：来，啜食蜀盅凑！

厦门话：来，阁啉一杯！

"惊"用在句末，表示一种揣测的语气，如：

普通话：恐怕这个比那个好吧？

屯昌话：这枚好过许枚惊？

厦门话：即其敢比许其恰好？

"讲"用在句末，表示说话人对已经发生的事情感到有点意外。如：

普通话：他怎么不认得这个字呢。

屯昌话：伊都不八这枚书嗖讲。

厦门话：伊哪会唔八即字？

也可以表示说话人对即将发生的事情的揣测，如：

普通话：那栋楼看起来是像要倒的样子。

屯昌话：许间楼映起来是 ve^{55} 崩啦嗖讲。

用在反问句后面，加强反问，含有对正在发生的事情感到意外之意。如：

普通话：难道他已经来了吗？

屯昌话：伊都来去吗嘞讲？

"是"用在句末，表申辩语气，如：

普通话：——喊他快点走！

　　　　——总要等他吃完饭吧！

屯昌话：——叫伊快滴去！

　　　　——欠等伊嚼糜了住是！

六、闽北、浙南的闽南方言和江西、四川的闽南方言岛

如果说，两宋时期的闽南人外迁多半是沿着海岸向南走，那么，到了明清之后，则多半是沿着海岸向北走。

闽南向闽东沿海移民的大多是渔民。起先，他们为捕鱼，在闽东沿海地区季节性居住，后逐渐变为常住，或继续以打渔为生，或烧瓷，或务农。据李如龙 1997 年调查，福建闽南方言区区外方言岛分布在福鼎、霞浦、福清、顺昌、宁德、连江、平潭等地，其中以福鼎为最，总人口约 13 万。

再往北迁，便到了浙南闽语区。据傅国通等 1985 年调查，浙南沿海其时约有近百万人口说闽南话，分布在温岭县石塘一带、玉环县坎门镇、洞头县本岛和半屏等岛、瑞安县北麂岛、平阳县南麂岛和中东部诸乡、苍南县大部，以及舟山群岛的个别渔民定居点。①

也有继续北迁的闽南人，如江苏宜兴县有 9 乡 22 村的闽南方言岛。其中，梅园村林氏便是明末崇祯年间从漳州龙溪县迁往温州平阳县，清末时又北迁至宜兴的。

以上所说的是数量较大的沿海北迁的闽南移民，也有小批量沿山北迁或内迁的。如福建西北部顺昌县城关以北的埔上、富文、大干一带，有个 3 万多人的闽南方言岛。据当地族谱和传说，清朝道光、咸丰、同治年间，安溪、永春、德化三县人组成一路太平军（当地人称"长毛反"）迁入并定居。他们家族观念重，从不与顺昌人通婚；后来即便通婚，语言观念也十分保守，家族中不许说顺昌话，而以闽南话交流。近年来由于社会生活急剧变迁，与外方言区的人交往日益密切，这种观念才慢慢改变，这里

---

① 傅国通等：《浙江吴语分区》，《杭州大学学报》（增刊），1985 年。

的闽南方言所受的当地方言和普通话的影响也日益明显。① 江西上饶尊桥乡东田村诸闽南方言岛，人口在数百到数千人不等；赣南兴国县社富乡坐石村的闽南方言岛，人口近千，相传为明末平寇将军庄森（文盛）后裔，原籍为永春桃园里。② 四川成都郊区金堂县陈氏两千余人，康熙年间自漳州南靖县石门隐溪里迁去；此外，成都平原新都、广汉等县也有闽南方言岛零星分布。③

2003 年，《厦门晚报》社策划了"追寻神州闽南部落"大型采访活动，两位特派记者先后到闽东北地区的霞浦、福鼎和浙江苍南、平阳，江西上饶，江苏宜兴等地采访，记录各地闽南人北迁的故事，描述他们的生存现状，特别是他们所保留的闽南方言、习俗与文化。

其中，霞浦和福鼎的闽南方言保存较好。霞浦三沙是个滨海小镇，史上称为"福宁门户，闽浙钥匙"。据本地人陈述，多数三沙人是三四百年前从闽南"讨海"北迁而定居的，其中最早的是清康熙年间的漳浦渔民。在这里，有满街地道的闽南话和闽南话歌曲，还有较完整的闽南风俗和信仰。过年前蒸发粿、除尘、贴春联，农历七月廿九过"普度"祭祀野鬼，结婚时新郎新娘跨过风炉和米筛，小孩满月送红色"剃头蛋"，出海时"救死无救生"（即见到漂流的尸体都打捞上船，有主找主，无主则出资安葬），渔民信奉妈祖、建天后宫，这些都与闽南本土风俗无异。

福鼎沙埕镇同三沙一样，也是渔场。沙埕地处福建沿海最北端，紧邻浙江苍南，当地人称之为"福建头"。沙埕的居民成分较为复杂，既有当地原住民，也有早期到达的连江、福安、罗源

---

① 参见陈章太《顺昌县埔上闽南方言岛》，《闽语研究》，第 421 页，语文出版社，1991 年。

② 庄初升：《论闽南方言岛》，《韶关学院学报》2001 年第 11 期。

③ 崔荣昌：《四川境内的闽方言》，李如龙主编《汉语方言研究文集》，暨南大学出版社，2002 年。

等地渔民。闽南渔民的迁入相对较晚，但可能由于人口较多、文化水平较高，"后来居上"了，其语言和习俗在镇上被普遍接受。沙埕镇约有 4.5 万人，保留 6 种方言，但通行的还是闽南话。记者感到，沙埕的闽南话变异较大。而据李如龙 1983 年的调查，[①]沙埕镇的闽南话虽保存不少有特色的泉州音的音类和音值（如"鸡"音 [kɯe]，"说"音 [səʔ]），以及早期的泉州词汇（如菠菜说"红根菜"[aŋ²kən¹tshai⁵]，我们说"阮侬"[gun³laŋ²]，丈母娘说为"丈母姐"[tiũ⁶m³tsia³]），文白异读系统和多音节词词内连读变调规则也与泉州话相同，但由于几百年来都处在闽东方言的穿插包围之下，沙埕闽南话的韵母系统发生了较大变化，m、p 韵尾消失；音值上，"钩"不说 [kəu] 而说 [keu]，"金"不说 [kim] 或 [kin] 而说 [kien]，"食（吃）"不说 [sit] 而说 [sieʔ]，"佛"不说 [hut] 而说 [huot]，都是受闽东方言音值影响的表现。词汇上，也有不少与闽东方言同而与闽南方言异的条目，如东西说"毛"不说"物件"，牲畜说"头牲"而非"牲牲"，信封说"信壳"不说"批壳"，姑母称"阿姐"不称"阿姑"，跑说"跳"而非"走"，能干说"会做"而非"势"，丢人说"无面"而非"见笑"，等等。

　　福建宁德飞鸾乡的碗窑村也通行闽南话。[②] 据乾隆四十六年（1781 年）编修的《宁德县志》记载称，汀、泉二郡民多聚集其地，以烧碗为业。闽南人迁居碗窑，始于清康熙年间，到乾隆、嘉庆时期已具规模。由泉州一带的陶瓷业历史可知，明清之交，闽南的晋江、南安、永春等地瓷土资源逐渐枯竭，瓷业渐衰，当地以瓷业为生的闽南人外迁至宁德碗窑定居。至今，碗窑村仍流传着当地居民与泉州、南安、永春等地"祖家"在民国前后往来

---

①　参见李如龙等《福建双方言研究》，汉学出版社，1995 年。
②　参见李如龙、陈章太等《碗窑闽南方言岛二百多年间的变化》，《中国语文》，1982 年第 5 期。

的故事。考察当地通行的闽南话，老辈语音同两百年前《汇音妙悟》记载的泉州音以及现代泉州音都十分接近，但新老派之间差异甚大，特别是韵母方面，鼻音韵尾和塞音韵尾由三套合并为一套，把 23 个韵合并为 9 个。词汇方面也在向宁德闽东方言靠拢，如东西说"毛"不说"物件"，肥皂说"胰皂"不说"雪文"，闲谈说"泛讲"不说"讲古"，小叔子称"细叔"而非"小叔"，没关系说"毛夹食"而非"觞要紧"。在量词上，也表现出向闽东方言靠拢的倾向，如棵说"苋"而非<u>"丛"</u>，趟说"轮"而非"摆"，一条鱼、一头猪、一只鸡，其中的量词都说成"头"，而泉州话分别称为"尾"和"只"。究其原因，乃是中华人民共和国成立前的二百年间，碗窑人与"祖家"仍有联系，保留着旧有的风俗习惯和社会心理，加上同本地人常有争端，受当地宁德闽东方言的影响较小，变化较慢；1949 年以后，碗窑人同本地人的联系增多，关系变得更为融洽，语言上受到的影响增多，变化迅速。

　　而据《厦门晚报》报道，浙江苍南的国家级森林公园玉苍山南麓也有个碗窑村，村中数千村民都说闽南话。碗窑高岭土储量丰富，林木茂盛，水运畅通，是发展陶瓷业的好地方。最早开发碗窑村的是福建汀州（闽西）人，后来才有闽南人迁入。但为什么大家都说闽南话，村民们自己也说不清楚，大概是来自闽南的人数比来自客家地区的人多。虽然村民来自龙海、漳浦、安溪、惠安、同安等闽南各地，但都说闽南话，都认"福建祖"，和闽南人之间的交往没有阻碍。这个碗窑村的古建筑结构精巧别致，设计合理，村中的古戏台更是纯木结构，不用一钉一铁，全用卯榫嵌合。据说，碗窑鼎盛时，每月演戏两次，甚至吸引了宁德、温州的百姓赶来看戏。①

---

　　①　邱卫东：《浙南"福建祖"流风余韵》，《厦门晚报》2003 年 2 月 25 日。

宁德的碗窑村与苍南的碗窑村有何渊源，我们不得而知。有趣的是，福建南安水头镇在浙江平阳县也"撞了名"。据《浙南水头与闽南水头》，① 平阳人口 80 多万，其中约一半人能说闽南话。编著《浙南闽东林氏简史》的林孙明认为，明末清初战事频繁、政治腐败，闽南地区人多地少，加上连续三年粮食歉收，人口纷纷外迁。而其时平阳沃野千里，只有两万多人口，人少地多，吸引了大量闽南人北迁定居。到康熙年间，平阳人口已达 20 多万。水头镇的先祖主要是从闽南的安溪、南安、晋江、龙海等地迁来，有族谱记载的，如"安溪官桥莲花兜"、"安溪感化里"等，可谓"根在闽南，流在浙南"。经历数百年的变迁，在语言上当地人被闽南人同化，在风俗习惯上闽南人则入乡随俗。

浙江洞头地处浙南沿海瓯江口外，是我国海上南北交通要津，历来为兵家要地。清朝顺治年间，郑成功从厦门率师北攻，在洞头大门等岛备战休整，进行军事操练。嘉庆年间，同安人蔡牵起义，曾在洞头三盘岛驻扎。咸丰六年（1856 年），福建林振和林川的起义军也曾攻打洞头岛东沙团练。这些闽南军队留下了一些闽南特色的风俗习惯。同时，洞头有丰富的海洋渔业资源，数百年来一直吸引着包括闽南在内的各地渔民前来打鱼、定居。洞头说闽南话的人现在占了 58％，而风俗习惯也以闽南传统为主，如渔家出海前"烧金"，用猪头祭海神；鱼汛结束后产量最高的渔船要迎"头鬃"；新船"造龙骨"、"钉龙目"、"安船"等风俗均与闽南渔村相同。洞头人信奉妈祖，敬奉开漳圣王陈元光，也是闽南人的传统信仰。据《闽南文化：随军三攻百岛之县》，洞头人说的闽南话基本较完整保留了闽南话的特点和腔调，同时又有自己的一些特点，如文白异读很普遍、个别入声韵出现消亡的趋势等，但总体上，作者和当地人用闽南话交流基本没

① 邱卫东：《浙南水头与闽南水头》，《厦门晚报》2003 年 3 月 11 日。

障碍。

和南拓的移民相比，北迁移民大多是渔民、瓷业手工业者和农民。他们虽身处异方言的包围，却保存着闽南语言和习俗，甚至同化了当地原有的一些语言与习俗。"福建祖"的观念也较为普遍。但由于人口相对南拓的移民少，经济状况和社会地位也不如南拓的移民，北迁移民大多只形成方言岛，所形成的闽南话也还不足以与南迁移民形成潮汕方言、海南方言那样的大支流相提并论。

七、台湾闽南方言

台湾的移民大多来自闽粤两省，所操方言以闽南话为主，其次是客家话。其中，闽南话有泉州腔、漳州腔、潮州腔等不同口音。

汉人开发台湾之前，台湾民众所说的语言属于南岛语系。汉人入台后，开发了岛上北部、西部和南部的丘陵和平原，他们的闽南话和客家话也在这些地区植根、融合、演变发展。而原有的少数民族语言则随着使用者的东移而局限在了东部山区，仅流通于族人之间。这里要特别指出的是，台湾闽南话的偏泉州腔、偏漳州腔和偏潮州腔的不同口音只保留了原有腔调的几个特点而非全部特点，和本土的泉州腔、漳州腔、潮州腔已有区别。

因此，台湾的语言分布情形大致如下：偏泉州腔闽南话主要分布于西部沿海平原和台北盆地，即南部的台南、高雄一带和北部的台北、基隆、淡水一带；偏漳州腔闽南话主要集中在西部内陆平原、北部丘陵和兰阳平原，即中部的南投、嘉义一带和东北部的宜兰、苏澳等地；而客家话分布在台湾西部的北侧和南侧的丘陵和近山的平原地带。但事实上，偏漳腔闽南话和偏泉腔闽南话在台中、花莲等地是交错分布的，情况十分复杂。特别是近百年来，两种口音日益混杂，形成了亦漳亦泉、非漳非泉的闽南话，并逐渐扩大影响力，成为"台湾优势音"。这种口音的形成过程与厦门音相似，其语音特征几近闽南本土的厦门腔。

由于台湾曾受日本殖民统治多年，台湾闽南话词汇的一个重要特点是日语借词多，如：

西米落　　［sc¹bi³loʔ⁸］西装

米汝　　　［bi³lu⁵］啤酒

沙西乜　　［sa¹si³miʔ⁷］生鱼片

塔麻考　　［thaʔ⁸ba³khoʔ⁷］香烟

飞行机　　［pe¹liŋ²ki¹］飞机

自动车　　［tsu⁶tɔŋ⁶tshia¹］自行车

自转车　　［tsu⁶tsuan³tshia¹］自行车

乌托迈　　［ɔ¹thɔk⁷bai³］摩托车

驿头　　　［iaʔ⁸thau²］火车站

运转手　　［un⁶tsuan³tshiu³］司机

口座　　　［khau³tso⁶］银行账户

一级棒　　［it⁷tsiʔ⁷paŋ⁶］最棒的

买收　　　［be³siu¹］收买

卒业　　　［tsu⁷giap⁸］毕业

水道水　　［tsui³to⁶tsui³］自来水

放送头　　［hɔŋ⁵sɔŋ⁵thau²］广播电台

乌麻桑　　［ɔ¹ba¹saŋ³］与母亲同辈的女子

乌二桑　　［ɔ¹dzi³saŋ³］与父亲同辈的男子

乌多桑　　［ɔ¹to¹saŋ³］父亲

乌尼桑　　［ɔ¹ne³saŋ³］大姐

八、海外闽南方言

唐宋以来，尤其是近代时期，操闽南话的人大量移民南洋，形成海外闽南方言区，其中以新加坡、马来西亚、印度尼西亚、泰国、菲律宾等国最为集中，和中华侨民带去的其他方言相比，闽南话在当地使用人口最多、影响也最大。

海外闽南话区所处的人文环境更为复杂，至少有以下三个方面：

首先，使用闽南话的人，其故地来源复杂。移民除了来自闽南地区外，还有来自莆田及粤、琼等其他说闽南话的地区，使其吸收了各地闽南话的特点，在这里，闽南方言的内部差异逐渐走向融合统一，形成独特的闽南方言混合体。例如人称代词都说"我侬、汝侬、伊侬"，在祖国大陆这种说法只见于海南闽语。

其次，这些地区的华人华侨中，还有大量来自福州、福清等闽东方言区，广东的粤语区，以及客家方言区的人（在当地被称为"福州帮、广府帮、客家帮"）。故海外各地的闽南话也不同程度地受闽东方言、粤语、客家话等的影响。

最后，侨民外迁定居之后与当地人共同生活，长期的接触也使语言相互影响。同时，东南亚地区近代多为英国殖民地，这些地区的闽南话也受到英语的一些影响。

上述三个方面在各地的作用程度不一，因此各地都有自己的特点。但是由于海外闽南话更多的是近代以来的移民播迁而形成的，在远离故土、筚路蓝缕、艰苦图存的过程中，人们尽可能地保持向心力、保留自己的母语，所以至今为止那里的闽南话大多还与本土差异不大。只要能说得出来，闽南人还是可以听懂的。

陈晓锦调查了马来西亚新山市的潮州话。[①] 新山市说潮州话的人，祖籍来自粤东各县市，但所说的潮州话内部一致，并没有祖居地所有的潮州音、揭阳音或潮阳音之分，而是向潮州音靠拢。词汇上，新山市的潮州话除主要传承广东潮州话外，还有一

———————

① 参见陈晓锦《马来西亚的三个汉语方言》，中国社会科学出版社，2003 年。

些受华语及兄弟汉语方言影响或借自外族语言的词语。语法系统则与广东潮州话没有二致。

　　以下我们以新加坡闽南话为例说明。新加坡闽南话与其他众多语言接触，融合了一些其他语言的因素，表现出包容性；又由于新加坡移民大部分在 19 世纪下半叶至 20 世纪初才先后到达，移民以闽南地区为最多，来往较为频繁，故新加坡闽南话在语言系统上更接近于闽南本土。

　　1. 新加坡闽南话声韵调系统及其特点①

　　新加坡闽南话有声母 18 个（包括零声母），韵母 88 个，声调 8 个，下面是其声韵调系统。

　　（1）声母表

p	ph	b	m	
t	th	l	n	
ts	tsh	dz	s	
k	kh	g	ŋ	h
ø				

　　（2）韵母表②

a	an	am	aŋ	ã	ap	at	ak	aʔ	ãʔ
a	an	am	aŋ	ã	ap	at	ak	aʔ	ãʔ
ɔ			ɔŋ	ɔ̃			ɔk		ɔ̃ʔ
o								oʔ	
u	un					ut		uʔ	
ɯ									
ə	ən							əʔ	

---

　　①　周长楫、周清海：《新加坡闽南话概说》，第 12—15 页，厦门大学出版社，2000 年。

　　②　此处重新排列了韵母的次序。韵母加括号的，如（ɔu），表示只有部分或少数人说的韵母。

续表

e (ε)			eŋ	ē			ek	e?	ē?
i	in	im	(iŋ)	ɪ	ip	it	(ik)	i?	ɪ?
ai				āi					
au (ɔu)				āu (ɔ̃u)				au?	āu?
ia	ian	iam	iaŋ	iā	iap	iat	iak	ia?	iā?
io			ioŋ	iɔ̃			iɔk	io?	
iu				iũ				iu?	
iau				iāu				iau?	iāu?
ua	uan		(uaŋ)	uā		uat		ua?	
ue				uē				ue?	uē?
ui				uɪ̄				ui?	
uai				uāi					
		m							m?
			ŋ						ŋ?

（3）声调表

阴平	阳平	阴上	阳上	阴去	阳去	阴入	阳入
44，33	24	42	22	21	22	32	43，4
				去声 31			

　　新加坡闽南话的声母 m、n、ŋ 和 b、l、g 的关系，与厦、漳、泉闽南本土一样：m、n、ŋ 三个声母只出现在鼻化韵前，b、l、g 三个声母只出现在非鼻化韵前，m 和 b、n 和 l、ŋ 和 g 两两互补。

　　但是上述语音系统并不固定，来自不同移民地点的人不同程度地保留其来源地的口音，表现在：

　　声母方面，dz 声母是漳州地区籍的人说的，但泉州地区籍有不少人，尤其是老一辈的，也说这个声母。

　　韵母方面，ɔ、ɯ、ə? 三个韵母一般是泉州地区籍华人说的，

他们中说 ən、uaŋ 的人数不多；iaŋ、ē、iɔ̃ 一般是漳州地区籍华人说的，他们中说 ɛ 韵母的人也很少，漳州地区诏安籍的华人也用韵母 ɯ；漳州地区漳浦、诏安、东山等籍的人有说 ɔu 韵母的。

声调方面，漳州、厦门地区籍的华人一般有 7 个声调，阳上字归阳去。泉州籍的华人有的阳上归阳去，但也有人保留阳上，多数人去声分阴阳，但也有去声不分阴阳的情况。带喉塞尾 ʔ 的部分阳入字，一些人已经丢失韵尾而读成阴声韵，并与某些阴平字同音。如：药＝腰（io^1），舌＝之（tsi^1），石＝招（tsio^1），等等。

2. 新加坡闽南话的词汇特点

本地华人在长期的生活中，创造了一些具有本地特色的新词语。如：

大狗（警察）　　　　　白巡（交通警察）

红毛厝（洋楼）　　　　食风厝（别墅）

交耍（调戏）　　　　　唐人历（旧历）

生囝厝（妇科医院）　　病厝（医院）

新加坡闽南话受当地土语影响，特别是马来语，吸收了一些外来语。闽南本土的闽南话也有一批外来语，但数量上远不如新加坡闽南话。如：

外来语汉字写法	读音	释义	外语词形①
吉宁仔	[kiat^4 leŋ^{21} ŋa^{42}]	印度人	（M）Keling
朱加	[tsu^{22} ke^{44}]	关税	（M）cukai
黎申	[le^{21} sin^{44}]	执照	（E）licence
落合	[lɔk^{21} kap^{32}]	监狱、拘留所	（E）lock up
三万	[sã^{22} ban^{22}]	传票	（M）summons
吕义	[lu^{22} gi^{22}]	吃亏、损失	（M）rugi

---

① （E）表示来自英语，（M）表示来自马来语。

外来语汉字写法	读音	释义	外语词形
单公	$[tan^{22} kɔŋ^{44}]$	担保	（M）tangung
达备	$[tat^{21} pi^{22}]$	不过，可是	（M）tapi
多隆	$[to^{22} lɔŋ^{24}]$	帮助，搭救	（M）tolong
吗乳	$[ma^{22} lu^{42}]$	不好意思，惭愧	（M）malu

关于闽南方言内部的共同特点和相互差异，这里只是罗列了一些举例性质的材料，详细的情况请参考有关的研究成果。

第三章

闽南方言与闽南文化

第一节 海洋文化下的闽南方言与文化

一、闽南的海洋文化的形成

讨论闽南地区的文化，学者们普遍都认为它是存在于中国的较为典型的海洋文化。陈支平说："闽南人最显著的人文特点是具有比较浓郁的海洋文化色彩，比较注重财富的追求，勇于冒险。"① 确实，闽南方言区的海洋文化在闽方言各区中是最突出的，它的形成也是由来已久了。

最早南下定居于闽南方言发源地泉州的中原汉人是南北朝时期来的，"晋江"应该就是他们因思念东晋故土而命名的。不过当时来的中原流民批量应该不大，所带来的也是中原故土的农耕生产技术。到了新地，气候条件不同，生产需要适应，人口繁衍倒是快了。到了唐代设立泉州，经济上才逐渐立足了，文化上也有重要发展。闽中第一个进士欧阳詹就是从泉州考出去的。经过五代十国的闽国的拓展，这里出现了初步的繁荣，立即就出现了

---

① 陈支平：《福建六大民系》，第 224 页，福建人民出版社，2000 年。

人多地少、资源不足的问题。入宋之后，泉州一带向海洋进发，经营海上贸易就具有相当规模了。宋代莆田诗人刘克庄的诗《泉州南郭吟》写道："闽人务本亦知书，若不耕樵必业儒。惟有桐城（刺桐城，指泉州）南郭外，朝为原宪暮陶朱。""海贾归来富不赀，以身殉货绝堪悲。似闻近日鸡林相，只博黄金不博诗。"经过两宋的发展，到了元代，泉州港就一跃成了"东方第一大港"了。

然而，早期闽南地区的业海营商并非一蹴而就，而是经历了三个阶段。

第一阶段是兴修水利，精耕细作，发展农业。北人南下之后，很快就发现了，闽南的自然环境十分有利于农业的经营，最大的优点是气候温和，一年可以三熟，缺点是丘陵起伏耕地短缺，而且河流短浅，直流入海，难以灌溉。于是很早就致力于兴修水利。到了两宋之初，闽南地区进入了大兴水利的年代。单是长泰县，宋代就兴建了 122 座陂坝。海澄县广济陂为嘉宝年间所建，溉田千余顷。最突出的是莆田女强人钱四娘领头所建木兰陂，几十年间，那里的农业就发展出了遥遥领先的佳绩。"为圳一，沟三十六"，"木兰陂成，然后莆南成为沃壤，沟洫纵横，灌溉制度的完善，实凌驾于福、泉、漳平原之上"。①

第二阶段是沿着海岸就近移民。农业发达了，可是耕地却难以大面积地扩大，耕地不足、人口过剩的问题马上就显示出来了。人们迫不得已沿着海岸线向周边地区迁徙。如本书前文所说，先是莆仙（兴化）人和泉州人唐代中叶之后陆续移居新开发的漳州地区，远的还进一步到了粤东的潮汕地区和粤西的雷州地区。他们一离开家乡就发现了，漳州平原和潮汕平原是一片沃

---

　　① 朱维幹：《福建史稿》（上册），第 191—192 页，福建教育出版社，1984 年。

土，地平、水多，气候更好，尤其是雷州半岛的亚热带气候更是适宜耕作。发展农业的条件比兴、泉地区好多了。几百年间陆续入住的闽南人比原来住在那里的居民要多出几倍，不论是在文化习俗上还是在语言上都很快产生了深远的影响。

第三阶段是发展航海业，走向远洋经营商贸。泉州一带，耕地历来短缺，但是晋江口的泉州港当年却是一个天然良港。从唐末以来那里就发展起造船业，出海办贸易。五代十国王审知治闽，又促进了海上交通和商贸活动。北宋祥符年间泉州就建有清真寺，大门上有阿拉伯文石刻，译意为："此寺为居留此邦回教信徒之第一圣寺，最大最真，众所宗仰。故其名为：圣友之寺。建于回教纪元四百年（即宋真宗大中祥符二年，1009年）"，这说明阿拉伯人在五代之后就批量地定居于泉州。① 阿拉伯人善于经商，他们移居泉州，对于泉州发展商业显然有不小的影响。宋元祐二年（1087年）泉州始设市舶司。赵汝适在提举泉州市舶司时所著《诸蕃记》和汪大渊的《岛夷志略》，对当时情况都有详细记录。《诸蕃记》所记来泉州贸易的国家达53个。据《岛夷志略》所云：泉州与亚洲90多个国家有通商关系。据南宋绍兴末（1162年）的统计，闽广两处市舶司净收入200万缗，约占全年税收的二十分之一。据宋人祝穆《方舆胜览》所云，当时的外商已有在泉州长久居住的。"诸蕃有黑白二种，皆居泉州，号'蕃人巷'。"② 元人吴澄《吴文正公集》则描写说："泉，七闽之都会也。番货远物、异宝奇玩之所渊薮，殊方别域、富商巨贾之所窟宅，号为天下最。"③ 宋代末年，阿拉伯人蒲寿庚出任泉州提举市

---

① 林金水主编：《福建对外文化交流史》，第41页，福建教育出版社，1997年。

② 转引自廖大珂《福建海外交通史》，第85页，福建人民出版社，2002年。

③ 同上书，第88页。

舶司时，"擅蕃舶利者三十年"，后因降元有功，深受元朝政府重用，"进昭勇大将军，闽广都提举福建、广东市舶事，改镇国上将军，参知政事"①。蒲氏家族建有大规模的外洋商船队，大发其财，"大富盛甲一时"。意大利威尼斯商人马可·波罗在中国旅居17年后，从泉州启程回国，他所写的《马可波罗行纪》对于刺桐城（泉州）的船队、瓷器、制糖以及中外交流的各种商品都有详细的记载，并称泉州港为世界第一大港。可见，宋元时代泉州地区的海上贸易已经有很大的发展。

　　入明后，朝廷严禁海上贸易，航运中心自泉州港转向漳江口的月港，漳州人张燮在《东西洋考》云："顾海滨一带田尽斥卤，耕者无所望岁，只有视渊若陵，久成习惯……于是所在连接为乱，溃裂以出。其久潜踪于外者，既触网不敢归，又连结远夷，乡导以入。"何乔远《闽书》也说："闽中诸郡，惟漳为悍剽……族大之家，指或数十，类多入海贸夷。"② 陈支平对此总结道："到了明代末期，泉漳一带的海商更形成一批有着强大武装支持的海商海盗集团，如李魁奇、李旦、颜思齐……至明清之际，东方海上贸易的主动权，依然掌握在以泉州郑芝龙父子集团为首的海商手中。"③

　　清代前期，闽南的对外贸易还比较兴旺。台湾统一后，雍正、乾隆年间厦门被定为唯一合法的出入港口，一时间夷舶洋船进进出出，厦门港成了福建海外贸易的中心。

　　明清之后，闽南人陆续跟随商船到东南亚各国定居，华侨往来于南洋诸国，西方的商人、传教士陆陆续续从这里进入福建。总之，宋元明清以来，从泉州到漳州又到厦门，闽南一直是中国

---

① 何乔远：《闽书》卷一五二。

② 转引自陈支平《福建六大民系》，第229页，福建人民出版社，2000年。

③ 同上书，第227页。

东南的、有全国性影响的海上出入口，一直是中西文化的沟通的一扇大门。

经过七八百年造船、航运、贸易往来的兴衰起落，应该说闽南地区的海洋文化是发展得比较充分的。这给闽南方言和闽南文化打上了深深的海洋文化的烙印。

二、从方言的传播和借词看闽南的海洋文化

从方言方面说，闽南话的分布就是闽南人开发海洋的最佳记录。如本书第一章所述，闽南方言先是从闽东南沿海沿着南北海岸线扩展：向南是沿着海岸线从潮州、汕头、汕尾到中山、电白（莆田话）、雷州半岛，一直到海南岛全岛；向北从莆田、涵江向福清、宁德、霞浦、福鼎，断断续续播下了一群闽南方言岛（包括莆仙方言岛）。而后还越过福建省界，入住浙南沿海的苍南、玉环及舟山群岛，向东进驻了台湾全岛。这样，在中国东南沿海（包括两个大岛），闽南话大约占据了全国海岸线的三分之一。闽南话不但在东南沿海分布最广，在东南亚各国的华人中，所占比例最大的也是说闽南话的后裔，在当地称为"福建帮、兴化帮、潮州帮、海南帮"，估计要占华人总数的 70%。了解了闽南话的这一分布大势，我们就可以很好地理解顾炎武在他的名著《天下郡国利病书》中所说的："海者，闽人之田"，"泉漳二郡商民，贩东西二洋，代农贾之利，比比然也"。也可以说，闽南话的沿海分布正是"以海为田"的最佳实证。

然而，铤而走险、亦商亦盗毕竟只是生活所迫的一段历史，除此之外，我们还应该看到闽南人走向海洋的另一面。真正在海上发财、亦商亦盗的也只是少数人。沿东南沿海移民的闽南人，更多的还是守着一方热土，从事农业耕作，讨点小海，经营点烧瓷副业，聊作贴补。先后到南洋各国定居的闽南人，最大量的也是走街串巷、挑担提篮，做做小商贩，或者受雇于人开矿、种树

胶，靠艰辛的劳动在那里讨生活的。华人和当地人之间的关系，数百年来，既通商又通婚，世世代代的华人在保留自己语言的时候，都学会了当地语言，完全是一种和平相处、友好往来的关系。应该说，这就是闽南的海洋文化的另一个鲜明的特征。这一文化特征在语言上也有两个十分典型的标志。第一，是上文所述的"双语制"。在菲律宾的华人，大多能通他加禄语，在泰国的潮州人兼通泰语，在新加坡、马来西亚和印度尼西亚的闽南人则兼通马来语（印尼语和马来语是十分相近的亲属语言），不少人因为和印度人混居还兼通印地语。双语制是不同民族友好相处的最佳证明。第二，是闽南话和当地语言之间相互借词。马来语、印尼语是南洋各国使用人口最多的语言，闽南话和南洋民族语言的交流可以马来语、印尼语为例。1984 年，杨贵谊、陈妙华所编的专收马来语外来词的《现代马来语词典》中，借自闽南方言的就有 400 多条。据李如龙研究，闽南话中的马来语借词则有近百条。[①]

当地许多食品、用具乃至文化、风俗都是闽南人带去的，马来语中的这类闽南话借词就有不少，如：

豆芽 taugé　　　　　　　豆腐 tauhu
豆乳 tauci（漳腔）　　　薄饼 popiah（春卷）
米粉 bihun　　　　　　　扁食 pangsit（漳腔）
红熏 anghun（旱烟）　　 鲑汁 kecap（酱油）
粿 kué（年糕，漳腔）　　柴屐 cakiak（木屐）
桌布 topo（抹布）　　　 算盘 suipoa（漳腔）
茶鼓 téko（茶壶）　　　 毛笔 mopit
先生 sensé（中医师）　　 查某 cabo（妓女）

---

① 李如龙：《闽南话和印尼语的相互借词》，香港中文大学《中国语文研究》1992 年第 10 期。

荔枝 laici　　　　　　　　　人参 jinsom（漳腔）

房间 pangking　　　　　　　书轩 suhian（妓院）

公馆 kongkuan　　　　　　　题捐 teyan（募捐，漳腔）

甘愿 kamguan　　　　　　　讲古 kongko（聊天）

青盲 cemeh（瞎眼，漳腔）　本事 punsu（能干）

厉害 lihai（很好）　　　　　福气 hokki

清采 cincai（随便）　　　　衰 soé（倒霉）

布袋戏 potehi（木偶戏）　　顾家自 kokati（自私，漳腔）

冬节 tangcéh（漳腔）　　　　香炉 hiolo

好命 homia　　　　　　　　风水 hongsui

请注意上面例词中，除了漳泉腔没有区别的以外，注明"漳腔"的借词占着很大的比例，这证明了早期到南洋去定居的漳籍人更多。

闽南话从马来语借用的词，许多是热带物产和器具，也有些日常生活用语，有的至今在沿海闽南话还在使用（按原音对译的不再注音标）：

baba 峇峇（与南洋当地人婚配所生子女）

kakilima 五骸忌（不露天的过道，lima 是"五"的意译）

kopi 咖啡

kakao 可可粉

saté 沙茶

buaya 鲈仔（鳄鱼）

sepit 十必仔［$sip^8pit^7a^3$］（钳子）

tongkat 洞葛（文明棍）

sabun 雪文（肥皂）

ayan 洋铁皮

tolong 求助

kawin 结婚

ciampok 煎薄［tsian¹poʔ⁸］（交往）

suka 中意，喜好

numpang 浪邦［lɔŋ⁶paŋ¹］（依人糊口）

agak 估约，揣度

gado［galo］（口角，争执）

habis 哈密［haʔ⁷bit⁸］（完毕）

值得注意的是，有些借词是很常用的核心词，有些借词是双向互借的。例如：

"吃"，马来话借闽南话的"食"，音 ciak，闽南话借马来话的 makan，写作"马干"；

"费劲，吃力"，马来话借闽南话的"食力"，音 cialat；闽南话借马来话的 celaka［tsiʔ⁷laʔ⁸kaʔ⁷］，写作"遭殃"；

"怎么，怎样"，马来话借闽南话的"咹怎"，音 ancua；闽南话借马来话的 mana，写作"吗呐"。

像这样的借词，只有在两种语言深度接触，两种人平等交往的前提下才有可能发生。这在世界上的借词现象中实在是极为少见的。

不论是闽南方言的播散和传扬，或是它与其它语言的交流，都是海洋文化所带来的方言特征。而这两点恰好是闽南方言所具备而其他闽方言所不具备的特点。不仅其他闽方言没有这些特点，就是其他汉语方言也没有像闽南话这样远播海外，和外族语言有如此深度的接触和融合的。粤语也远播海外，但通常是通行于商场，而不像闽南话这样遍布许多国家的城乡，在那里长期安家落户。

三、从中西文化的沟通和思想的解放看闽南海洋文化的深远意义

对海洋的开拓，使闽南文化成为中西文化交流的窗口和

桥梁。

西方人比较具体地了解中国大概是从意大利旅行家马可·波罗写的《行纪》开始的。一百多年后，欧洲人随着地理大发现来到了东方。荷兰、西班牙、葡萄牙、法国、英国殖民者先后占据了印度和东南亚各国。西方人接触到中国人，最早应是在东南亚。早在元代，中国海商留居海外不归者越来越多，泉州商人于乌爹（今缅甸）因获巨利，"故贩其地者，十去九不还也"①。"当时在占城、真腊、暹罗、三佛齐、单马令、爪哇等国都有许多福建人居住……其中最著名的是元末朱道山集团。""朱君道山，泉州人也，以宝货往来海上，务有信义。故凡海内外之为商者，皆推焉，以为师。"② 而这些闽南人较之当地土著，不论是经济实力或文化程度显然高出一筹。从泉州港出口的瓷器、茶叶和丝绸令欧洲人倾倒，大批传教士（如利玛窦）陆续来华，并向西方介绍中国。1700 年，德国的莱布尼茨是当时的欧洲著名思想家，也是研究中国、热爱中国的思想家。他在《中国近事》一书里认为人类两种优秀的文化和精美的艺术，集中在大陆的最两端，即集中在欧洲和中国。这本书在欧洲产生了很大的影响。一时间，欧洲贵族用中国瓷器、喝中国茶、建中国式园林、装饰中国画，蔚然成风。1829 年，德国的文豪歌德在一次谈话中说："中国人在思想、行为和情感方面几乎和我们一样，使我们很快就感到他们是我们的同类人，只是在他们那里，一切都比我们这里更明朗、更纯洁，也更合乎道德。"③ 后来，随着清王朝的没落，欧洲的中国潮也落到了最低谷，接着西方殖民者的大炮轰开了闭关已久的大门。他们看到了贫穷落后、死气沉沉的中国，换成了另一种鄙夷而凶残的眼光。中国人中有头脑的人却也从痛苦的经历中悟到了

① 汪大渊：《岛夷志略·乌爹》。

② 廖大珂：《福建海外交通史》，第 83 页，福建人民出版社，2002 年。

③ 转引自周宁《世纪中国潮》，第 116、207 页，学苑出版社，2004 年。

道理，了解西方的文明，找到了自己的痼疾。

福建，尤其是闽南人所居住的地方，所以会成为中西文化交流的窗口和桥梁，主要是由于如下几个原因：

第一，宋元之后，不少阿拉伯商人来泉州定居，传来了佛教、摩尼教和伊斯兰教，和闽南人也有了血统上的同化。

第二，明清海禁之后，闽南商人又采取走私和移居东南亚的方式，接触了西方人。

第三，西方传教士在"五口通商"后大量涌进福建，传教、办学校、建医院。在闽南方言分布的地区，从莆田、厦门、台湾、潮州到海南岛乃至泰国的潮州人社区，他们都编印过词典和圣经等读本。据游汝杰统计，闽南话所编词典已经发现的有数十部，用闽南话翻译的圣经等读物则达 494 种。①

第四，早期从本地新学堂到西方留学或在南洋学习西文的人员也多了起来。如在厦门地区就有辜鸿铭、卢戆章等。

对海洋的开拓，使闽南文化生成的另一个可贵的特点是通过中西文化交流得到思想的解放，出现了一些思想家和改革家。

思想解放的第一个浪潮是明代中叶，其标志是泉州的反传统思想家李贽和莆田倡导"三一教"的林兆恩。

宋元时期，泉州港崛起，国外富商巨贾云集。素来善于营商的阿拉伯人蒲寿庚背宋降元、主持泉州市舶司 30 年，许多阿拉伯商人在泉定居，建庙祀拜，于此老死。至今泉州一带还有他们的后裔。这批阿拉伯人和泉州人在血统、文化上均有深度融合。随着商品经营规模的发展，闽南商人也陆续到南洋落户，转手贸易。经济生活的深刻变化，逐渐引起了人们思想的转变，正当朱熹理学由盛入衰的时候，泉州的李贽（卓吾）从批判假道学入

① 参见游汝杰《西方传教士汉语方言学著作书目考述》，黑龙江教育出版社，2002 年。

手，以异端自居。"好为惊世骇俗之论，务反宋儒道学之说"，发表了许多启蒙理论。他坚决批判朱熹的"存天理，灭人欲"，认为"穿衣吃饭，即是人伦物理"①，"夫妇，人之始也，有夫妇然后有父子……夫妇正，然后万事万物无不出于正矣"②。他提出"泛爱容众，真平等也"的命题，主张"勿以尊德性之人为异人也，彼其所为，亦不过众人之所能为而已。人但率性而为，勿以过高视圣人之为可也。尧舜与途人一，圣人与凡人一"③。他主张君民平等："上自天子，下至庶人，通为一身矣"④。他主张男女平等，批判男尊女卑，盛赞武则天"胜高宗十倍，中宗万倍矣"⑤。不仅如此，他还公然提倡"人必有私"，"夫私者，人之心也，人必有私，而后其心乃见；若无私，则无心矣"⑥。同时他还为商品交换活动鸣锣开道："以身为市者，自当有为市之货"，"以利交易者，利尽则疏"，君主应好察"民之所欲"，倾听"民之所恶"。⑦对于儒家老祖宗孔子，他认为"天生一人，自有一人之用，不待取给于孔子而后足也。若必待取足于孔子，则千古以前无孔子，终不得为人乎？"他还主张"各从所好，各骋所长，无一人之不中用"。⑧所有的这些理论，与西方资本主义兴起时期的启蒙主义、人本主义所提倡的自由平等，真是异曲同工！这在当时封建统治之下自是不可容纳的"叛逆"。这位当过太守的才子，被诬为"敢倡乱道，惑世诬民"之罪，最终下狱而身亡，成

---

① 《焚书·答邓石阳》。
② 《初潭集·夫妇篇总论》。
③ 《李氏文集·明灯道古录》。
④ 《李氏文集·明灯道古录》。
⑤ 《藏书·唐太宗才人武氏》。
⑥ 《藏书·德业儒臣后论》。
⑦ 《初潭集·易离》。
⑧ 《焚书·答耿中丞》。

为近代新思想的第一个殉道者。

　　林兆恩是莆田人，明代嘉靖年间的落第秀才。他顺应着明代中末叶资本主义萌芽、传统观念受到冲击而出现的三教合一思潮，集其大成，自创"三一教"。从莆田、福州出发，走遍福建各地并到江浙一带布道、讲学。其弟子将其著作编成《林子三教正宗统论》，共 36 册，百余万言。他吸收了王守仁的"心本论"，提出"心宗"说，认为"本自广大，包罗天地万物"，"良知者，心之本体"，"天理即是良知"，"圣人之道，从具足"，"途人之心，皆孔子也"。据此，他提出"三教同源说"：儒道释三教"性本不殊，道唯一致"。他提倡"三教合一"："三教既一，风俗自同，不矫不异，无是无非，太初太朴，浑浑熙熙，此余三教之大都，合一之本旨也。"不过，最后他并没有寻找到新理论，而是又归宗于儒学了："仲尼之仁，乃种之美者也，余故曰道归于儒也，释归于儒也。"由于没有理论高度，缺乏感召力，在明末的黑暗社会中，三一教不可能有大的影响，后来也销声匿迹了。[①]

　　思想解放的第二个浪潮是随着晚清的维新运动而来的。19 世纪末，中国封建社会已经走到崩溃边缘，一批仁人志士发起了维新运动，希望引进西方现代思想和科学技术，变法图强。站在思想解放的前列的是海洋文化培育出来的闽粤人林则徐、严复、康有为、梁启超。其中，在启蒙思想运动中影响最大的是严复。和康、梁的"托古改制"相比，对西方理论深切了解的严复显然高出一筹。他的"中学为体，西学为用"的理论，至今还闪烁着智慧的光辉。他的"鼓民力，开民智，新民德"的主张，触及了解放思想、挽救中国的根本。他的许多译著对维新运动影响很大，不愧是启蒙运动的旗手、维新变法的先锋。遗憾的是戊戌变法失败后，他思想上转向宣扬孔教，政治上变成了保皇派。和他同时

---

　　① 参见林国平《林兆恩与三一教》，福建人民出版社，1992 年。

代的有同安人辜鸿铭。这位槟榔屿的华侨子弟，从小到欧陆各国游学，通晓多种语言，受过文理多科的现代教育，对于西学和西方社会有深切的了解。他的中西体用的思想和严复是一致的，在沟通中西文化上也同样是做出了巨大贡献。在国外辜鸿铭比严复的影响更大。出于同样的爱国热情，二者所选择的救亡图存的方向却有不同，在严复译介《天演论》的同时，辜鸿铭把《论语》等儒家经典介绍给西方，希望能有助于欧美人民，尤其是那些正在中国的欧美人更好地理解"道"，形成一种更明白更深刻的道德责任感，以便能使他们在对待中国和中国人时，抛弃那种欧洲"枪炮"和"暴力"文明的精神和态度，而代之以"道"。也就是说，前者要学习西方以图自强，后者要感化西方而求共荣。

在维新运动中，还有一个不大的支流。这就是为了改革教育而提倡汉字拼音化改革的"切音字运动"。中国积弱挨打，思想家看到观念的落后，政治家看到宫廷的腐败，教育家则看到识字读书的艰难。切音字运动的第一位先锋是同安籍新加坡归侨卢戆章。他的出发点是"国之富强，基于格致，格致之兴，基于男妇老幼皆好学识理；其所以好学识理者，基于切音为字"。主张"以一腔为主"，"若以南京话为通行之正字，为各省之正音，则十九省语言文字既从一律，文话皆相通；中国虽大，犹如一家，非如向者之各守疆界，各操土音之对面无言也"。[①] 自卢氏始，又有漳州译员蔡锡勇发明了《传音快字》，后来发展为速记方案。切音字运动经历过数十年几代人的努力，20 世纪之后又衍生了民国初年的汉字"注音符号"及"北方话拉丁化"和"国语罗马字"。新中国成立之后则制定了"汉语拼音方案"。卢戆章作为西学东渐变革中的先知先觉和改革家，其筚路蓝缕之功不可没。

---

① 卢戆章：《一目了然初阶·序》，第 6 页，文字改革出版社，1956 年。

第二节　闽南方言与文化的变异和整合

一、闽南方言的变异和整合

在闽南方言的历史上，经历过两次不同的变异和整合。

第一次是唐宋间闽南方言形成之前的变异和整合。如前所述，闽南话的形成是经过多来源、多层次的变异的。随着移民在不同时代、从不同地方带来的语言特征不可能杂乱无章地堆砌在一起，既然要形成一个方言，就必须把这些不同的变异整合成一个相对完整而存在一定对应关系的系统。

那么，闽南话是如何进行这种整合的呢？根据研究的结果，第一次的整合大体有两种方式：一是用词汇分工来分别安置不同历史层次的语音特征；一是用文白异读来完成不同时期语音特点的叠置。

词汇的分工可以举全浊声母清化后的不同读音的例子来说明。按照汉语语音史的一般结论，唐代以前，关中一带和晋语前身曾有一些方言全浊声母清化并变读为送气清音，到了五代宋之后，大多数汉语方言的全浊声母陆续清化了，清化后的走向是平声变为送气清音，仄声变为不送气的清音（如多数的官话和粤方言）；有的方言全变为不送气清音（如湘方言）或送气清音（如客赣方言）。而闽方言的表现则是早期常用字多读为送气清音，后期常用字和生僻字则读为不送气清音。以厦门话为例：

读为送气的	皮	稗	鼻	头	糖	虫	臼	杖	啼	徛
	phe²	phue⁶	phĩ⁶	thau²	thŋ²	thaŋ²	khu⁶	thŋ⁶	thi²	khia⁶
读为不送气的	脾	贝	备	投	堂	铜	舅	丈	蹄	崎
	pi²	pue⁶	pi⁶	tau²	tŋ²	taŋ²	ku⁶	tŋ⁶	tue²	kia⁶

续表

读为 送气的	桃~仔	暴~日	桐~子	叠相~	贼~仔	柱~仔	锤~秤~	苔舌~	被棉~	忌~克
	tho²	phak⁸	thaŋ²	thaʔ⁸	tshat⁸	thia⁶	thui²	thi²	phe⁶	khi⁶
读为不 送气的	桃洋~	暴~露	桐梧~	叠重~	贼盗~	柱支~	锤动词	苔~薛	被~动	忌做~
	to²	pɔk⁸	tɔŋ²	tiap⁸	tsik⁸	tsu⁶	tui²	thai¹	pi⁶	ki⁶

　　以上这些读送气音的显然是更早的常用词，用较早清化的送气音来表示，后起字则用晚期清化的不送气音来读。这就是用词汇的新旧来区别不同历史层次语音的办法。

　　另一种不同时期的读音保存在不同时期的词汇中可以"匣"母字为例。上古匣、群同声母的，两个声母的发音应该都是[g]，到中古匣读[ɦ]，群读[g]，在闽南话中，有些早期常用匣母字读为[k、kh]，而后期的字则读为[h]。例如：

读 [k、kh]	行~路	猴	咸~味	怀出~	糊	下悬~	厚~薄	含~水	寒~天	汗
	kia²	kau²	kiam²	kui²	kɔ²、khɔ²	ke⁶	kau⁶	kam²	kuã²	kuã⁶
读[h]	行~动	侯	咸~阳	怀~念	胡	下上~	厚忠~	含包~	寒~流	翰
	hiŋ²	hau²	ham²	huai²	hɔ²、ɔ²	ha⁶	hɔ⁶	ham²	han²	han⁶

　　另一种办法是用文白异读对应把不同历史时期的读音叠置起来，做到兼容并存。仍以厦门话为例（四等字取的是厦门郊区同安音）：

		单	炭	烂	拦	散	肝	寒	安	汗	看
山开一	文	tan¹	than⁵	lan⁶	lan²	san⁵	kan¹	han²	an¹	han⁶	khan⁵
	白	tuã¹	thuã⁵	nuã⁶	nuã²	suã⁵	kuã¹	kuã²	uã¹	kuã⁶	khuã⁵
		产	山	晏	盏		间	闲	拣	裥	眼
山开二	文	san³	san¹	an⁵	tsan³		kan¹	han²	kan³	kan³	gan³
	白	suã³	suã¹	uã⁵	tsuã³		kiŋ¹	iŋ²	kiŋ³	kiŋ³	giŋ³
		棉	变	连	钱	展	扇	箭	浅	缠	毡
山开三	文	bian²	pian⁵	lian²	tsian²	tian³	sian⁵	tsian⁵	tshian³	tian²	tsian¹
	白	mĩ²	pĩ⁵	nĩ²	tsĩ²	thĩ³	sĩ⁵	tsĩ⁵	tshĩ³	tĩ²	tshĩ¹

续表

		千	莲	前	先	肩	茧	研	筅	
山开四	文	tshian¹	lian²	tsian²	sian¹	kian¹	kian³	gian³	sian³	
	白	tshāi¹	nāi²	tsāi²	sāi¹	kāi¹	kāi³	ŋāi³	tshāi³	

山摄字在中古一等为ɒn，二等为an，三等为ian，四等为ɛn。厦门话一二等白读 uā 是从 ɒn 变来的，应早于 an，三等 ĩ 是从 ian 简化而来的，晚于 ian，同安音的 āi 是早期从 ɛn 变来的。

又如歌、戈韵字的文白异读：

		拖	舵	笔	歌	可	我	何	破	簸	过
果开一_歌（合一）_戈	文	tho¹	to⁶	lo²	ko¹	kho³	ŋɔ̃³	ho²	pho⁵	po⁵	ko⁵
	白	thua¹	tua⁶	lua²	kua¹	khua³	gua³	ua²	phua⁵	pua⁵	kua⁵

		螺	脶	坐	锅	科	果	火	和	课	祸
果合一_戈	文	lo²	lo²	tso⁶	ko¹	kho¹	ko³	hɔ̃³	ho²	kho⁵	ho⁶
	白	le²	le²	tse⁶	e¹	khe¹	ke³	he³	he²	ke⁵	e⁶

中古歌为 ɒ，戈为 uɒ，今厦门话的 ua 是从 ɒ 变来的，o 是宋元后高化的音，e 则是从 o 变为 ə（如泉州话）再变为 e 的，是后起的音变。可见，闽南话的文读系统基本上是唐宋时期的音，而白读音则有更早或更迟的。这就是通过文白异读形成了不同历史层次的语音的叠置。

闽南话的第二次变异和整合发生在从泉漳地区分化之后。

闽南先民大约在宋元两代陆续向南迁徙的。从下面的人口统计比较可以看出，这三四百年间的南迁是先到潮州而后到了雷州和琼州：

	泉州 县/户	兴化 县/户	漳州 县/户	潮州 县/户	雷州 县/户	琼州 州/户
唐天宝元年 （742 年）	4/23806	与泉州合计	3/5846	3/4420	3/4320	3 州/4858
北宋崇宁年间 （1102—1106 年）	7/201406	3/63157	4/100469	3/74682	2/13784	1 州 3 军/ 10337

	泉州县/户	兴化县/户	漳州县/户	潮州县/户	雷州县/户	琼州州/户
元 （1280—1368 年）	7/89060	3/67739	5/21695	3/63650	3/89535	3 军/90805
明 （1368—1644 年）	33330 户	24420 户	35090 户	34870 户	31080 户	45430 户

资料来源：唐天宝元年（742 年）数据依《旧唐书·地理志》，北宋崇宁年间（1102—1106 年）数据依《宋史·地理志》，元代数据依《元史·地理志》，明代数据依《读史方舆纪要》。

　　以上数字出于不同时代的统计，宽严不一，但各自内部应是一致的。从总体上看，宋元之后闽南是不增反减，粤海则按潮、雷、琼的顺序大幅度增加。自然，粤海所增未必全来自闽南，但大势是由闽南流向粤海应无问题。有两条书证，南宋王象之《舆地纪胜》"化州卷"说："化州以典质为业者，十户而闽人居其九，闽人奋空拳过岭者往往致富。"关于潮州，则说："初入五岭，首称一潮，土俗熙熙，有广南、福建之语……实望南粤，虽境土有闽、广之异，而风俗无漳、潮之分。"①

　　那 800 多年间，闽南人是越走越远了。到了现在，潮、雷、琼形成的闽南话是走得越远，差异越大。走到新地，远离故土，极少再回头的。为了适应新的环境，和当地人及后来者相处，语言的变异是不可避免的。从本书第二章可以看到这番变异的大概。这里再列举一些常用词的差异。

　　潮州历来属广东，与粤语区的人交往多，一千年来潮州话吸收了一些粤方言词，例如：

睇（看）	啱啱（刚好）	煲（熬，久煮）
士的（文明杖）	番鬼（洋人）	马蹄（荸荠）
火水（煤油）	波鞋（球鞋）	单车（自行车）

----

① 王象之：《舆地纪胜》卷一百十六《化州》，卷一百《潮州》。

樽（瓶子）　　　　飞鼠（蝙蝠）　　蜜糖（蜜蜂）

雷州地处亚热带，许多植物有特殊名称，也有些词是受粤方言、客方言影响的，例如：

仙桃（芒果）　　酸饼（干柿果）　　柴冬瓜（木瓜）

麻籽（荔枝）　　番豆（花生）　　　加定（海滩上红树）

番鬼火（火柴）　番鬼碱（肥皂）　　番丈（一种姜）

显（漂亮）　　　耳婆（耳朵）　　　倾偈（聊天）

琼州的词汇也有不少特色，如海口话：

埠砵（陶砵）　　　　埠下（地下）

埠契（田契）　　　　埠租（地租）

埠公仔（泥人）　　　埠虫（沙虫）

埠罐（陶罐）　　　　埠工仔（建筑小工）

伯姄团（伯母之子女）　　孥姑（最小的小姑）

姨媤、姑媤（妹子）　　　爹姄（夫妻）

这次变异分化之后，又是如何整合的呢？这里只谈两条，一是保住常用的特征词，一是借用共通语。

1994 年，李如龙带着几位学生做了闽粤琼三省的闽南方言的词汇比较研究，共调查了包括泉州、漳州、潮州、雷州、海口、万宁、乐东等七个点，比较了词汇 2150 条。结果发现：宋代之后，从莆田到漳州，人口南流的甚多。从七点词汇的比较可以看出，外流的闽方言总的来说是很保守的。离开近千年，走了几千里地，在两千多条语词中至今仍有近 500 条语词和闽南本土的说法完全相同。其中大量保存的是基本词汇，有构词能力的单音词。这些词不少在其他方言（如吴、粤、客等）都是未见或罕见的，或者用法有异，可以看成是闽南方言的特征词。① 文中罗列

---

① 　参见李如龙等《闽粤琼闽语词汇比较研究》，《第四届国际闽方言研讨会论文集》，汕头大学出版社，1996 年。

了这类特征词 150 条，如果扣除在粤东方言也用的词目，在闽南方言区通用的单音词就有 46 条，现将这些条目开列如下（为便于理解和控制篇幅，只标厦门音）：

园（旱地）$h\eta^2$　　物（东西）$m\bar{i}?^8$　　糜（粥）be^2

脜（奶）$n\bar{i}^1$　　裘（棉袄）hiu^2　　镭（钱）lui^1

蟳（梭子蟹）$tshi?^8$　　枋（木板）$pa\eta^1$　　礐（粪坑）hak^8

齿（牙齿）khi^3　　孪（幼小）$ni\bar{u}^1$　　橜（木桩）$khit^8$

醪（浑浊）lo^2　　芳（香）$pha\eta^1$　　瘖（瘦）san^3

澹（湿）tam^2　　健（雌童鸡）$nu\bar{a}^6$　　埔（平地）$p\bar{o}^1$

卵（男阴）lan^6　　寒（冷）$ku\bar{a}^2$　　狭（窄）$ue?^8$

衰（倒霉）sue^1　　痀（驼背）ku^1　　记（痣）ki^5

丛（棵）$tsan^2$　　栈（楼层）$tsan^6$　　惮（懒）$tu\bar{a}^6$

笡（斜）$tshia^5$　　漖（稀）ka^5　　煞（结束）$sua?^7$

晏（迟）$u\bar{a}^5$　　放（拉屎尿）$pa\eta^5$　　脝（膨胀）$ph\bar{o}\eta^5$

截（切）$tsue?^8$　　戳（粗话骂人）$tsho?^7$　　烘（烤火）$ha\eta^1$

搭（贴）$ta?^7$　　燃（烧火）$hi\bar{a}^2$　　烧（发热）sio^1

绞（碾米）ka^3　　绾（成串）$ku\bar{a}^6$　　徙（移）sua^3

扼（折）at^7　　捻（摘）$liam^5$　　着（对）$tio?^8$

趖（爬行）so^2

进入现代社会，由于人员流动性大，信息交流频繁，方言词汇普遍都在萎缩。许多方言特色词同时通行着普通话的说法，这便是全国方言向共同语靠拢的整合方式。在闽南方言各点，都有许多方言词与通语词并行并用的，例如（以下例词中前者是普通话说法，后者是方言说法）：

老实——古意　　地方——所在　　整年——归年

前面——头前　　茶杯——茶瓯　　身体——身躯

潮水——流水　　芒果——檨仔　　老板——头家

渡口——渡头　　竹席——篾席　　尼姑——菜姑

车轮——车輦　　树下——树骸　　拖鞋——鞋拖

结冰——结霜　　生意——生理　　钱——镭

能干——本事　　邻居——厝边　　里面——里底

床——眠床　　　中秋——八月半　健康——勇壮

后来——路尾　　去年——旧年　　书——册，书册

甘蔗头——蔗头 乡村——乡里、乡社 花生——塗豆、地生

这种情况在潮、雷、琼各地更加多见，这显然是因为移出故土，更多接触外方言区的人，只好更多改口说共同语。

由于词汇是为了表现生活，是语言中最活跃的成分，因此词汇上向共通语借用的现象有较多的表现。其实，在语音上也可以看到这种借用，借用久了也可能发生系统的变化。这一点可以举一个典型的例子。在闽南地方韵书中关于［iaŋ］韵的产生就有很明确的记载。

清嘉庆五年（1800 年）前后，泉州人黄谦所编的《汇音妙悟》为当时的泉州语音定了 50 个韵母。其中的"商"韵只收了24 个字：这些字中的"亮、江、讲、先、赏、勇、用、清、香、唱"等字在右上角标有"正"字样，说明这些字读为［iaŋ］，是受"正音"（官话）的影响（另有凉、掌、想、倡、乡、响等字未注"正"）。从来源说，这些字和"香"韵的许多字都是古宕、通二摄字，泉州音多读为［iɔŋ］，后来，属于宕摄的字，受官话影响读为［iaŋ］，通摄字还读为［iɔŋ］，这就是现代漳州音和龙岩音的情况。换言之，宕摄字从［iɔŋ］变为［iaŋ］是 200 年前从泉州音开始的，100 年前的漳州《十五音》就完成了，全部读为［iaŋ］。

如果说，这种共用并逐渐被替代是内部的整合，则还有另一种外部的整合，就是在使用方言的同时也使用民族共通语。这种情况在明清时期就逐渐发生了，上述［iɔŋ］变为［iaŋ］就是一种信号。正由于老百姓有学官话的需要，明清漳州才有蔡伯龙所编

《官音汇解》和漳浦人张锡捷所编的《官音便览》这类帮助闽南人学普通话的书。上文提到的卢戆章创制切音字也是为了帮助闽南人学官音。正由于有这种学习官话的传统，在新加坡、马来西亚的闽南人社区，辛亥革命之后华人学校教学中文课一开始就使用官音进行教学。在闽南各地，识字正音也是同时进行的。这种用学习官话语音（国音）来识字读书的传统，后来不论是在闽南本土还是在外省、外国，都一直保持下来了。20 世纪 50 年代之后在闽南地区（如大田县）还多次成为全国性的"推广普通话"的红旗单位。

二、闽南文化的多元复合与开拓回归

闽南文化的变异和整合也有前后两个阶段，也各有不同的内容和形式，而且方言和文化的这些表现是相应相似的。

方言的形成和文化的形成应该是同步的。闽南的方言和文化都形成于唐五代时期。在闽南文化形成、发育的阶段（宋以前），它的变异和整合表现为吸收、兼容和创造发展。在移民社会多元组合的过程中，多种文化在此兼容并存，其中有变异也有整合。为了适应本地自然和社会的特点，必定要图谋新的发展、开拓新的途径，其中则主要是整合，也一定要有新的变异。

如本书第一章所述，进入闽南的汉人来自中原，也来自古楚地和古吴地。汉人来前，此地已经有属于古百越族的居民。可见，从地点说，至少四个来源。从时代说，南下的汉人，有六朝时代移民来的，也有初唐和晚唐来的，至少有三个不同的时期。不同地区、不同时代的移民带来了不同的文化，到了新地，不同的文化自然是逐渐要融为一体的。北方汉人多因战乱或灾荒而南下，历经千里，其艰难行程造就了吃苦耐劳的性格自不待言。现在看来，原来闽越族的文化背景，也十分值得重视。北人南下，从辽阔的中原，来到丘陵起伏的闽南，面对潮汐汹涌的大海，要立足新地，只能向早就在这里定居的闽越族人学习适应大自然的生活经验。而且，在混居合作中，血统上也逐渐融合了。

那么，古闽越族人究竟有哪些特殊的文化特征呢？

《汉书·严助传》载："越非有城郭邑里也，处溪谷之间，篁竹之中，习于水斗，便于用舟，地深昧而多水险。"《后汉书·郑弘传》则说："旧交趾七郡贡献转运，皆从东冶泛海而至，风波艰阻，沉溺相系。"又，《文选·吴都赋》（左思）也有记述："弘舸连舳，巨舰接舻……篙工楫师，选自闽禺。"《越绝书》则云："越人谓船曰须虑，长即舟舿艒。"关于这种"舿艒"，直到宋代的《太平寰宇记·江南东道·泉州风俗》还有记载："泉郎即此州之夷户，亦曰游艇子，即卢循之余。晋末卢循寇暴，为刘裕所灭。遗种逃叛，散居山海，至今种类尚繁……其居止常在船上，并结庐海畔，随时移徙，不常厥所。船式头尾尖高，当中平阔，冲波逆浪，都无畏惧，名了鸟船。"①

闽越人的这种"习于水斗，便于用舟"的特征，正是来自北方的平原和江南丘陵地带的人所不可能具备的。人们来到闽南地区之后，数百年间人口增加，耕地不足，吸收闽越人习水用舟的特质，面对着海洋，开辟新的生活门路就成了顺理成章、水到渠成的事了。可见，宋元形成的闽南海洋文化正是这各种来源的文化复合而创造出来的。陈支平曾对此做过很好的概括："福建的汉民系统是一种多源的复合体，它的人文性格吸取了不同地域、不同民族、甚至不同国家的多种文化成分，并经过福建特定地域和社会的不断磨合、扬弃，以及历史时代的千锤百炼，最终形成了一些兼备南北、糅合汉回越各族的人文性格特征……宋明以来福建民间生业的多样化，以及屡屡敢于突破政府的禁令，天南海

---

① 转引自蓝达居《闽越海洋人文初论》，《闽越文化研究》，第 220 页，海峡文艺出版社，2002 年。

北，搏财于惊涛骇浪之中，便是这种多源复合型人文特征的一个重要表征。"[①] 应该说这种多源复合的文化特征，尤其是向海洋的开拓发展，在闽南方言区的表现是最为突出的。

在闽南文化的进一步发展之后，其变异主要表现于播散与传扬；其整合主要表现于在外的互济共荣与对待故土的向心回归。

所谓播散与传扬就是闽南人走出闽南本土之后，总是顽强地把自己的语言和习俗保留下来，在新地生根开花。上文已经提到，登上海南岛的闽南人，相去千里，分别千年，在海岛上又和诸多少数民族和外方言区的人一起生活。在这种情况下，数百万海南人还没有忘记"福建故地"，一贯自称"祖上来自福建莆田"，从未怀疑自己的方言是属于闽语，而且还保留着那么多的闽南方言特征词。这种语言的"忠诚"实在是很少见。至于同样形成于漳泉的厦门话和台湾闽南话，就更是令人难以置信了。经过日本殖民者半个世纪的高压统治以及之后约40年的隔绝，20世纪80年代厦门建特区，台商开始来厦门办厂时，竟无法理解何以来了厦门仍然像住在台湾一样，语言风俗了无差异。

语言的忠诚和文化的忠诚都来自一种信念，这便是坚定自信的理念。只有成熟的地域文化，只有形成了稳定的思想和行为规范并被认为是合理、正确、有益、值得自豪的，才能够形成这种信念。闽南人远渡南洋时，何以自称"唐人"，自称来自"唐山"，不愿脱下"唐装"，世世代代说"唐人话"，年年岁岁过"唐人正（农历春节）"，就是因为盛唐给闽人留下了不可磨灭的记忆，并使他们以此为荣。

关于闽南文化的传扬，最值得思索的莫过于"妈祖文化"了。

---

① 陈支平：《福建六大民系》，第 265—266 页，福建人民出版社，2000 年。

　　妈祖这个名闻天下的女神，名林默，自幼好道多能，能护婴、救灾、御敌、占卜吉凶、保护航船、救人于溺，后得观音菩萨超度成了女神。据《圣墩祖庙重建顺济庙记》记载，人们"岁水旱则祷之，疠疫降则祷之，海寇盘亘则祷之，其应如响。故商舶尤借以指南，得吉卜而济，虽怒涛汹涌，舟亦无恙"。北宋末，徽宗下诏封为"湄州神女"，南宋朝廷又封为灵惠夫人，至宋末，历经皇帝封号 14 次，元代升级封为"护国明应天妃"，清代再提升封为"天后"，成了至高无上的海神。① 到南宋末年，东南闽浙粤台琼各省都有了妈祖崇拜，甚至包括客家所处的内陆地区。妈祖显然上升为一切水域的最重要神明。就民间诸神来说，可以说，北有关帝，南有妈祖，二者都是神中泰斗。明清之后，中国境内，甚至是四川、陕西、天津等都有妈祖庙（或称天妃宫、天后宫），当然，香火最盛的自然是闽台两省（仅台湾一省就有900多座，福建莆田则一县之内就不下百座）；在国外还遍布日本、越南及东南亚各国乃至南亚的印度，欧洲的法国、丹麦，美洲的美国、巴西、阿根廷等 26 个国家和地区，妈祖庙达 2500 座左右。②

　　妈祖信仰和崇拜之所以从闽南开始向外传播，显然与闽南人的航海、营商和外出定居有直接关系，这个过程也正是中国古代海洋文化生成和发展的象征。这一民间女神之所以能拥有如此崇高的地位，至今还有兴盛的香火，从更深层的意义上说，其原因还在于这女神所代表的是一种慈祥、无私、救人于难而从不索取回报的崇高的母爱；她所代表的海洋文化则是一种和平往来、自

---

　　①　转引自徐晓望《妈祖信仰及其文化精神》，《莆仙文化研究》，海峡文艺出版社，2003 年。

　　②　童家洲：《日本、东南亚华侨华人的妈祖信仰》，《莆仙文化研究》，第 366 页，海峡文艺出版社，2003 年。

由贸易、平等待人、互惠共荣的文化。华夏文化的主体是以祖国大陆为中心的文化，海洋文化只是其中一种后起的附加的文化。比较而言，在古代欧洲，从希腊、罗马发展起来的主体文化是海洋文化，那里的海洋文化所形成的崇拜是男性的威武的战神及其所带来的征服和掠夺。正如黑格尔说的"大海邀请人类从事征服，从事掠夺"[①]。马克思谈到荷兰人远涉重洋殖民爪哇时说："展示出一幅背信弃义、贿赂、残杀和卑鄙行为的绝妙图画。"[②]表面上看来，西方的海洋文化似是强者的文化，能创造物质财富的文化；而妈祖文化则是弱者的文化，是无法获得收益的文化；但如果站在历史的长河上看，从创造人类文明的宏伟前途上看，妈祖信仰所代表的海洋文化实在是真正体现着人道主义、人性本真、人类之爱的崇高的精神文化，是可以经得起历史的考验、能给后人留下有益的启发的历史遗产。也正因为这一点全人类相通的常情，妈祖信仰才能如此跨越国度、走遍海洋，为人们所接受。我们应为妈祖文化的传扬骄傲。

闽南文化既有变异——向外的播散和传扬的一面，也有另一面，即整合的表现——共荣与回归。所谓共荣，指的是闽南人走出本土之后，走到东南沿海以及东南亚各国，所到之处都能与"外江人"和平相处，学习当地语言，和当地人通婚，尊重当地文化习俗，同他们一起共建当地的家园。例如，在南洋各地的闽南人，除了饱受西方殖民者压迫和剥削，历史上未曾有过与当地人的重大争端和冲突。抗日战争中，华人在和东南亚各国诸多民族共同承受日本侵略者铁蹄下的灾难的同时，还大力支援祖国的抗战。1938 年在新加坡成立的"南洋华侨筹赈祖国难民总会"选

---

① 黑格尔著、王造时译：《历史哲学》，第 134 页，生活·读书·新知三联书店，1957 年。

② 马克思：《资本论》（第一卷），第 820 页，人民出版社，1972 年。

举公认的华侨领袖陈嘉庚为主席，之后每年筹赈一亿六千余万元。[①] 1939 年，中国沿海被日寇封锁，南侨总会组织了九批机工和司机多达 3000 多名，经由缅甸进入云南支援祖国抗日。不仅如此，新马华人还和马来人共同组织"马来亚人民抗日军"。[②] 在北马的丛林中，华人和马来人共同组织的抵抗日寇的游击队，在数年的时间里，风餐露宿在一起，浴血奋战在一起。

抗日战争胜利后，南洋华人经过多年努力，完成了从"落叶归根"到"落地生根"的思想转变，实现了对当地民族独立国家的政治认同，选择了入籍当地国家，与当地民族同化、融合，努力建设共同的家园，为东南亚许多国家的经济、文化发展做出了重大贡献。这就是海外华人与当地人民的互济共荣。

闽南文化在闽南本土以外的整合表现为与当地人民的互济共荣，在对待闽南故土上则是向心回归——与本土文化相整合。

福建人，尤其是闽南人，在追溯祖先血缘时，几乎无不自豪地要宣称自己的宗族出自中原地区的名门世族。一旦移居异地，只要形成一定社区，便要着手建祠堂、办同乡会，逢年过节则总是忘不了在门口悬挂大红灯笼，上面工工整整地写着自家姓氏的堂号。直到改革开放之后，还有不少移居境外、海外的华裔，千里迢迢返回祖居地，续修族谱、建造祖祠、祭祀祖先，为家乡青少年设立各种奖学金。其实，许多姓氏的旧谱牒上所追溯的源流，特别是宋代以前的追溯，大多已经难以稽考。对福建省内很多主要族姓的谱牒做过深入研究、写过专书《福建族谱》的陈支平说："到了宋代以后，汉族的所有姓氏，已经很难再有所谓'纯正'、'正统'汉族血缘的痕迹。""我们今天讨论福建的汉人

---

① 谢诗坚：《马来西亚华人政治思潮的演变》，友达企业有限公司，1984 年。

② 林运辉、张应龙：《新加坡马来西亚华侨史》，广东高等教育出版社，1991 年。

民系，切不可忘记北方汉民入迁福建之前，就已经是一种多民族血统混合同化的综合体这一历史事实。"古来就有、于今不衰的"纯正、正统"的观念，一方面"反映了福建姓氏家族与中原汉族姓氏密不可分的血缘联系"，一方面也反映了"他们对于中原炎黄文化经久不衰的向心观念"。① 这种分析是十分正确的，如今已经成为史学界的共识。

正是这种血缘上的认同、心理上的"向心"情结，不论是移居台湾或移民东南亚，多数闽南裔后人，都还十分明确清楚地记得，三五代甚至十几代以前的祖宗是从闽南的某个县过来的，不少族姓至今还在用世代相传的字辈为下一代儿孙起名。只要是双方政府允许，在外的闽南人一旦挣了一些钱，便寄回闽南本土养家糊口，有了余剩便为故乡修桥造路、办学校、建医院。最近的几十年间，不论是台商、港商、还是东南亚华裔，都越来越热心地回家乡开公司办工厂。许多老一辈海外华人有感于青少年忘却了故国语言和中华文化，千方百计动员他们回国学习中文，不但为他们支付了重金而且亲自送他们回国。多年以来，按省市县举办的投资洽谈会，按姓氏举办的恳亲会，一个接一个，连续不断。这种向心力和回归热不正是一种强力的文化整合吗？

第三节　方言词语反映的闽南文化意识

语言是思维的工具，也是思维的成果。地域文化中的观念、意识都是用方言词语表达出来的。这些观念和意识有体现民族文化的共性的，也有体现地域文化的个性的，透过方言词语，尤其是经过长年锤炼过的成语、谚语，可以突显许多地域文化的特

---

① 陈支平：《福建六大民系》，第 267—271 页，福建人民出版社，2000 年。

点。本节罗列一些闽南方言特有的俗语，分为奋斗人生、道德修养、生活经验、信仰习俗等四类，取材于闽南方言的各个小区，参考了许多记录这些俗语的书，但未能一一注明出处。俗语只注汉字不标音，凡是用词句式和含义与普通话相同的，一般不再列举。

1. 有关奋斗人生的：

闽南话里有许多鼓励人们经受艰难困苦，仍要勤劳勇敢、奋斗前行的词语，充分地反映了闽南人奋斗不息的精神和吃苦耐劳的性格。例如，关于拼搏的说法就很多：

劳生拼死，劳冥拼日（拼命苦干、日夜操劳）

犁头戴鼎（不畏艰险、埋头苦干）

一支草一点露，壁边草，坦横雨（天无绝人之路，墙头草也有斜雨浇）

山悬无有骹悬（山虽然高，脚可以爬得更高）

少年唔拍拼，食老无名声（少时不拼搏，老来没好名声）

有山就有路，有溪就有渡（车到山前必有路）

水遘船就浮，鸭仔落水身就浮（水到船自浮，小鸭遇水身自浮，奋斗赢得人生）

船遘桥头自然直（顺理可以成章）

手勤唔惊穷（勤劳就不会穷）

天地无饿死侬，天公疼歹命侬（天无绝人之路，老天专疼穷苦命蹇的人）

尽力拼无囥命（竭尽努力，不遗余力）

穷无穷根，富无富种（贫富不是命中注定）

甘愿作牛马，唔愿做奴才

骨力食力，贫惮吞喇（"骨力"，勤劳。勤快有东西吃，懒惰吞口水）

艰苦头，快活尾（开头艰苦奋斗，就会有快活的结尾）

三分天注定，七分靠拍拼（事在人为）

做侬着拖，做牛着磨（人生少不了磨炼）

有心做牛，免惊无犁拖（艰苦劳动，就可找到生路）

喙齿拍折连血吞（遇到打击和不平而忍受坚持）

虎唔惊山悬，鱼唔惊水深（要奋斗就不怕艰难险阻）

2. 有关道德修养的：

有些关于道德修养的谚语正是旧时的书面语，例如"三人行必有吾师"，"知足常乐"；当然，在方言地区更多的是在口语中加工提炼的。这类道德谚语在地方上往往已经成为公众的信条，可以引用来分辨是非，可以用来教示后辈。应该说，在文字尚未普及的年代，这就是世代相传的思想道德教科书。例如：

贪字贫字壳（贪心的人最终往往会变穷）

徛厝着好厝边，千银起厝，万银买厝边（应该以邻为善，莫以邻为壑，待邻居要好）

细汉偷割瓠，大汉偷牵牛（小时偷针，大时偷金）

兄弟同心，乌坔成金，众侬一条心，田涂变成金（"乌坔"，黑土）

穷无穷种，富无富长（富贵不是天注定）

书山曲海谱无底（学文从艺，深不可测）

恩狗上灶，恩囝不孝（"恩"，宠爱、放纵；"囝"，小孩儿。喻不能溺爱孩子）

入风随俗，入港随湾（出门到外地要尊重异地风俗习惯）

拍虎搦贼着亲兄弟（打虎、抓贼之类有风险的事要有同心兄弟合力去做）

万般生理路，唔值掘田涂（务农为本，风险小）

船过水无痕（讽人知恩不报、过河拆桥）

量大福大，一分度量一分福（乐善好施必有后福）

好头唔值好尾（开头好不如结果好）

离乡不离土，离亲不离祖（外出的人不能忘本）

有千年山，无千年官（乡亲百姓才是根本，莫趋炎附势，见官就拍马屁）

做种着暴伊燋（要做种子就得晒得够干，谓对子女教育要从严）

头顶有青天，举头三尺有神明（做事要能自律，慎独）

山悬遮𣍐着日头（山高不能遮住太阳，谓强权不能胜过公理）

乞侬骗好食好睏，骗别人𣍐食𣍐睏（行骗不能心安）

栽花分侬插，种刺凿侬骸（劝人多栽花、少种刺）

忍气求财，激气相刣（"相刣"，互相残杀。劝人要善容忍）

允侬恰惨欠侬（应允之事要做到信实）

修心恰好食菜（品德好胜过吃素示善）

一样生，百样死（劝人行善，否则不得好死）

严官府出厚贼（酷刑不如德政）

唔通偏侬烂涂无刺（"偏"，欺侮。别把人看扁，别欺侮人）

家自刣，趁腹内（自家宰猪不卖下水儿，讥人内耗自伤残害）

3. 有关生活经验的：

好天着存雨来粮（"着"，应该。指居安思危）

上山莫问落山侬（行难莫问易）

行船走马三分命（远航风险大）

有心拍石石成针（铁杵可以磨成针）

软土深掘（软弱受人欺）

忠臣死无粕（一味愚忠，多半惨死）

赊死卡强现剖（"卡"，比较；"剖"，杀。谓先留得青山）

三年水流东，三年水流西（沧海桑田）

圆依会扁，扁依会圆，有时日光，有时月光（世事变化无常）

心肝大，无造化（贪多求大往往没好结果）

孔子公唔值钱（知识和修养不能变为财富）

古意乞依看作瘩胚（厚道被人看成傻子）

水汊汊，流落下（志气、地位、本事低下都会受欺侮）

工夫在手，不论早晏（掌握了技术，早晚都有用）

千斤力唔值四两命（徒有力气没有命运和机遇也没用）

嫌货正是买货依（想买的人才会嫌货不好）

有千年亲堂，无千年亲情（远亲不如近邻永久）

天顶天公，地下母舅公（舅父与母同辈，应多尊重）

破鼓救月（废物姑且应用〔旧俗以月食为天狗食月，应击鼓救月〕）

依着妆，佛着扛（人要成功要有人扶持、提携，菩萨要灵得有人抬着游行）

依离乡俗，物离乡贵（"俗"，贱。人离开家乡到外地乏人关照，土产卖到外地变贵）

食紧弄破碗（"紧"，快。欲速则不达）

有风唔通驶尽帆（风大不能张大帆，以求安全航行）

戋瓜无瓤，戋团无肚肠（"戋"，不成熟的。谓幼稚的孩子无心计）

食省草，犁势走（吃草不多，拉犁快跑，比喻不计报酬而能干的人）

相分食有伸，相抢食无份（谦让分赏有余剩；抢着吃，

到头来大家都吃不上）

　　紧行无好步，慢行好步数

　　同行不如同命（一条路上走的要同心协力）

　　穷厝无穷路（居家省俭，出门勿俭省）

　　买卖算分，相请无论（人情与生意分别处理）

　　做贼一更，守贼一冥（"冥"，夜晚。防不胜防）

　　穑牛踏无粪（人多事杂反办不好事）

　　鸡卵密密也有缝（万事皆有漏洞，秘密的事都会败露）

　　近溪搭无渡（近在河旁搭不上渡，谓优势成劣势）

　　好曲免惊无侬听

　　獪晓驶船嫌溪弯（埋怨条件不好）

　　有惮侬，无惮田（人不懒，地上庄稼不误人）

　　瘔马也有一步踢（瘔：瘦。每人都有一点长处）

　　胀猪肥，胀狗瘔，胀侬大肚桶（谓人食多无益）

4. 关于信仰风俗的：

　　钱找侬财王，人找钱发狂（发财靠运气和机遇）

　　失德钱，侥幸了（缺德赚来的钱，往往没好结果）

　　有烧香就有保庇（劝人信神，也引申为要懂得疏通关节）

　　一喙水，二风水（一靠口才善交际，二靠风水灵通）

　　神佛兴，弟子穷（宗教迷信过甚，百姓遭穷）

　　近庙欺神，近香烧无芳（庙旁神不灵，香火不旺。义近"墙内开花墙外香"）

　　仙侬拍鼓有时错（神仙亦非万无一失）

　　得罪土地公饲无鸡（地头蛇得罪不起）

　　交官穷，交鬼死（勿与官家和魔鬼打交道）

　　跋缴是讨债，点薰是应世（赌钱必输，吸烟尚可交友）

　　心肝若好，风水免讨（行善比找风水更重要）

爸母无舍赐，送因去搬戏（旧时当戏子十分艰苦，社会地位又低，故有此说）

心中无邪唔畏鬼（心胸坦荡，就什么也不怕）

过番唔是掘金（出洋挣钱不易）

番盼钱，唐山福（出外华侨挣了钱，总忘不了养家糊口、造福乡土）

神仙难医无命侬（命该终，无药可治）

看命讨烦恼（相命是自寻烦恼）

食菜会成佛，牛马也会上西天（"食菜"，吃素）

求神不如求人，供神也着敬人

千算万算，唔值挂撞（"挂撞"，碰巧获得机遇）

食教食教，死无侬哭（信基督教的人办丧事不哭丧，此为抵制西教之谚）

做天也赡中众侬意（众口难调）

恶狗惊槌，恶侬惊雷（俗称心性不好的人会遭雷击）

行山唔辞山，行海唔辞海（创业必须敬业）

秀才无假，把戏无真（读书人不会作假，变把戏全是哄人的）

以上所列俗语只是举例。从使用上说，都是较为常用的；从分布说，是各地闽南话普遍都说的；从内容上说，大多是思想健康的；从形式上说，大多是比较生动的，往往节奏分明、句末押韵、朗朗上口。从总体上说，作为地域文化的载体，能够普遍流传、习闻常见的，总是内容健康、形式优美的俗语、俚语。语言也是优胜劣汰的。这类词语既是优秀文化的记录和传承，也是方言表达手段的艺术提炼。因此，它应该是文化语言学多多关注的研究对象，这是值得强调的。

第四节　闽南文化特征所决定的
闽南方言的文化类型

　　1992 年，李如龙首先提出了从语言的外部考察方言的文化特征。① 从 1994 年到 1997 年，他又先后提出了，方言文化特征可以从五个方面进行考察，从而归纳出不同的文化类型：从方言的整合力看，有单纯型和驳杂型之别；从方言之间的聚合力看，有向心型和离心型之别；从方言接触中的竞争看，有扩展型与收缩型之别；从方言使用中的活跃度看，有活跃型和萎缩型之别；从方言的演变速度看，有稳固型和变异型之别。就闽南方言区的文化特征说，其属于单纯的、向心的、扩展的、活跃的和稳固的类型。② 下文对此再进行一些叙述。

　　第一，从闽南方言的形成说，它是多来源的，但为什么说它又是单纯型的方言呢？主要是因为它在形成过程中有强劲的整合力。这种整合力来自五代之后，尤其是两宋之间泉州地区的文教事业的兴旺发达。五代王氏治闽，与民休息，致力于发展文教。入宋之后，尤其是南宋迁都之后，政治中心南移，仕宦文人的诸多名家纷纷入籍福建，加以朱熹闽学的兴起，理学书院自闽北向闽南延伸，泉州、漳州、兴化建立的书院就有十家之多，因而科举一时之间十分兴盛。两宋的三百多年间，全闽考中进士人数达 5986 人，占全国进士近五分之一。其中泉州一带占了小半，仅是莆田、仙游两县就有千名以上，像蔡襄、刘克庄、蔡京、郑樵、

---

　　①　李如龙：《论语言的社会类型学研究》，香港《语文建设通讯》1992 年 3 月。

　　②　李如龙：《方言与文化的宏观研究》，《暨南学报》（人文科学与社会科学版）1994 年第 4 期。李如龙：《福建方言》，福建人民出版社，1997 年。

黄公度等都是全国知名的赫赫大家。① 宋代正是《广韵》重修并作为科举作诗押韵依据的"官韵"被普遍推行的年代，在闽中，这时兴起的文化教育高潮中，《广韵》的影响自然是十分深刻的。现今闽南话里的文读音系统正是以当时的标准音为根据的。此前方言中保留的早期字音则属丁白读音系统。文白异读的系统整合就是在这个时期完成的。现今的全国汉语方言中，文白读两大系统普遍存在并形成规整的对应的，首推闽南方言。闽南方言存在文白对应的字音在一半以上，二者之间有系统明确的对应规律。拿文白的系统对应来整合多来源多层次的旧音和当时推行的官音，这种整合方式在汉语方言语音发展史上是一种创举。在后代的方音史上，文白对应系统的继承和延续，形成了一种强有力的重视通语、学习通语的传统。晚近所实行的通语和方言的双轨制的语言生活，正是这种传统的深远的影响。

这就是地域文化所决定的方言的强劲的整合力和整合方式——系统的文白异读。这种整合又决定了闽南方言单纯型的文化特征，这里说的"单纯"不是指组成来源的单一，而是语音系统本身具有明确而严整的对应系统。和其他东南地区方言相比较，粤方言也是单纯型的，但那里属于另一种单纯：来源的单纯。宋代共同语的语音系统把先前入粤的早期语音特点全面覆盖和替换了，因而它与千年前的通语的对应也是比较严整的，属于单纯型方言。在闽南方言内部的其他小区，例如莆仙话、潮州话、雷州话和海南话，语音的内部对应就没有漳、泉、厦地区的对应这么严整。这是因为各个小区的地域较小，地理环境和社会文化背景各异，语言上又与外区方言有多种接触，因而小区闽南话往后又都发生了许多新的变异，论方言的文化特征，就没有像闽南方言的发源地和中心区所表现的那样严整和单纯，这是容易

---

① 参见徐晓望主编《福建思想文化史纲》，福建教育出版社，1996年。

理解的。

第二，所谓向心型是指同区方言中，小方言点和有代表性的中心区方言之间是向心的，更多地体现中心方言的特征。上文已经说过，就像海南闽语和本土闽南话已经分手千年，又是远隔千里之外，竟然还有大量方言特征词和本土方言相通；海峡对岸的台湾闽南话也经历过近百年的隔离，却依然是十分相近的"漳泉滥"。这两种很不相同的情况同样有力地说明了闽南方言的向心型特征。从这里也可体会到，向心型方言所以向心，不在于距离的远近和"分手"的早晚，而是在于其内在的整合力的大小和语言意识的强弱。整合力强的方言内部系统严整，对周边小方言的辐射力就大。语言意识则反映了人们对母语的忠诚，凡是母语意识强的，对中心区方言背离和变异就少，有更强烈的向心倾向，保持一致的就多。若论地理距离的远近，徽州方言的各个点都集中在皖东南的一个角落，但向心力并不足，内部分歧不小；论分隔时间的长短，西南官话从江淮官话分离出去也只有两三百年，和海峡两岸闽南话的分隔时间相当，但闽台之间的闽南话显然比江淮官话和西南官话之间的差异小得多。闽南方言内部的这种向心力正是因为其语言系统是严整的，人们语言意识是强烈的。闽南人的乡土意识和方言意识的浓厚在东南方言之中和客家话、粤方言相比，可谓不相上下，都很突出。客家人说"宁卖身，不卖音"，"宁卖祖宗田，不忘祖宗言"，闽南人则到处都说"离乡不离腔"。至今为止，到了外地，闽南人并不以说自己的方言为耻，反以为荣。

第三，在语言接触中，闽南方言一直是强势的扩展型方言。不论是分布地域大小，使用人口多少，外播的闽南话都是难以磨灭的。不说流到海外的闽南话，就说传到闽南区域之外的闽南话，不论是在闽东、浙南一带的沿海和邻近的小岛上，或是在武夷山两侧和广西腹地的一些小村落，有连串的"群岛"，也有孤单的"小屿",不少至今还存活着。在粤西地区,粤、闽、客三大方言穿插并存,尽管不可能完全没有相互影响和吸收,但分布的界限还是很清晰的。不但连片的雷州话能够独立成区,甚至在电白县城所通行的闽语,尽管区域不大,也还是没有被周边的闽语或其他方言所同化,依然带着鲜明的莆仙话的特征。如上文所述,那里的居民是数百年前的兴化人移民传下来的后代。

其实,更准确地说,扩展型方言还是称为强势方言好。因为从总体上看,方言的扩展期已经成为历史。在现代化步伐不断加快的当代社会,再强势的方言也很难继续"扩展"了。这个时代,举国上下的语言生活正在急剧地整合变化,如今迅速在扩展的是汉语普通话,方言在现代生活中能得以保持、存活就很不容易了。在这种情况下,显然不宜侈谈方言还在"扩展",只能说方言的收缩有的快些,有的慢些,有的还没有明显地收缩。

第四,方言的活跃与萎缩同方言的扩展与收缩往往是相关、相应的。活跃指的是在语言生活中的应用指数,扩展指的是方言分布地域的扩大。凡是方言的运用依然活跃的,就可能有所扩展,而语言生活中被闲置的,从内部结构说必定逐渐把方言特点消磨缩减,在分布地域上也会逐渐缩小范围。

闽南方言在闽南人所居住的地区,在东南亚一些国家(如印尼)和省外一些小的方言岛,已经出现了明显的萎缩,因为那里有更强势的语言包围着,有的则是受到当局语言政策的影响。除此之外,大多数闽南方言区,本地人之间的交际至今还是以闽南话为主。多数状况下还是属于活跃型的。之所以会如此活跃,当然也出自文化的原因:分布地域集中,使用人口较多,语言意识较强,语言表达手段也比较丰富。本书之后将会介绍闽南地区的儿歌、山歌、说唱和戏曲,这些地方文艺虽然也在走向衰落,但到现在为止,还有相当的上座率和收视率,这些方言艺术加工的作品的存在和使用,也是保持闽南方言的活跃度的重要因素之一。

第五，稳固和变异是相对的概念。变异是方言的本性，从形成、发展、流播到萎缩、消亡，方言无时无刻不在变异。而方言的稳定性较之有书面语约束的通语也是有过之无不及的。但是确实有的方言变得慢，有的方言变得快。闽南话、福州话、广州话、苏州话都是属于变得慢的稳固型方言。像上海这样的大都市，人口来源杂，而且居住十分密集，各种方言之间相互影响，就容易发生变异。湘赣方言，一些小地方的方言岛、边界方言也因为不同方言的接触，总是经历着较多的变异。以厦门话为例，100 多年来，在语音方面，只是把字数不多的 dz 声母并入 l 声母，其余就是一些字音的变读，年轻一代有把 o 韵读为 ə，则只是音值的变化。苏州话 100 年间语音的变化也只有三点：ɛ、ɜu 变为 e、ue，ɥ 变为 ɿ，大多也只是音值的变化。[①] 这都属于变化慢的方言。而上海话在 160 年间的变化是：声母减少了两个，声调由 8 类合并为 5 类，韵母则从 63 个并成 32 个。[②] 显然就变得快多了。

厦门话之所以变化少、显得稳固，是因为它形成时是由漳、泉二州的移民带来的两种方言腔整合而成的（和台湾的闽南话相同），整合后也只有 100 多年的时间。这两个方言片的使用人口加起来有上千万之多，又是作为闽南方言的代表点，所以近 100 年来变化不大。漳州、泉州两地的口音各自也没有发生多少变化，泉州只是阳上调和阴平调（22 和 33）合并。从整体上看，闽南方言区内，各个小区方言大体上都是稳固型的，其原因和上文所述的单纯型、向心型、扩展型、活跃型各种特点是相关联的。方言是稳定还是多变，从历史原因说，与居民来源是否稳定有关。从现实情况说，周边方言复杂的小方言、普通话普及地区的方言往

---

① 参见丁邦新《一百年前的苏州话》，上海教育出版社，2003 年。
② 参见钱乃荣《上海语言发展史》，上海人民出版社，2003 年。

往变动大，社会生活自成体系的大方言区、普通话尚未普及的地区则往往比较稳定。当然，强势方言、向心型方言、整合力强的方言，也有利于稳定；反之，弱势方言、离心型、整合力差的方言，则多属变异型方言。[①] 闽南方言之所以稳定，和这里提到的多种文化原因是相吻合的。闽南话跟广州话虽然都是稳固型，二者之间还是同中有异：闽南地区普通话已经相当普及，但仍实行双语制，普通话并没有取代方言；而广州话所以稳定，则和那里的普通话尚未普及有很大的关系。

从方言的文化类型来说，闽南话和其他闽语有相同点，也有相异点。

闽东方言和闽南方言一样是属于单纯型、稳固型、向心型的，因为福州是千年省会、历史文化古城，形成的历史也长，很早就是闽东方言的中心点；但是它的扩展力和活跃度就比闽南方言差些。因为它的海洋文化的发育不如闽南方言区充分，地方文艺也不如闽南区多样和发达。闽北方言虽有建瓯古城，但经济、交通的发展滞后，作为中心城市的辐射力不足，因而各地小方言对它的向心力有限，各小方言之间仍有较大差异。距建瓯不远处的石陂话就还保留着全套浊音声母；相邻的建阳话也与建瓯话差别较大，一般人甚至不大听得懂。因此，在闽方言中，闽北方言是离心型的；又由于元明之后客赣方言区的移民陆续入住，在与外区方言及共同语的接触中，同化别人的少，受外方言的影响而发生的变异也比较多，例如词汇方面就吸收了不少赣方言的词汇。相对而言，闽北方言整合力不足，应该属于变异型、收缩型的方言；普通话普及之后，闽北方言的特点已经丢失了不少。例如入声字都丢失了塞音韵尾，也不再读为短促调，显然属于萎缩型。

---

① 李如龙：《汉语方言学》，第 268 页，高等教育出版社，2007 年。

　　和闽语以外的方言相比，吴方言和粤方言是向心的，它们的代表方言苏州话、上海话和广州话对周边小方言都有很大的影响力。苏州话比上海话稳固，但上海话比苏州话更具扩展力，广州话则更为活跃和稳固。总体上看，粤方言和闽南方言的类型比较接近。但闽南方言区早已形成双语制，这却是粤语还没能做到的。近江的徽州方言、湘方言和赣方言大体都属于向心力不足、内部分歧大、变异多、整合力差、扩张力不足的类型。由于交通方便，来往频繁，近江方言（吴语、徽语、赣语、湘语）与官话区大量接触，普通话的影响不断使方言特点萎缩，地方文艺又欠发达，这些也都是决定方言文化特征的因素。

第四章

闽南方言的读书音与读书传统[①]

　　作为地域文化的一部分，方言是人们感知地域文化的最初印象，就像一张语音制作的"名片"。初到闽南的人，最先感受到的闽南文化，就是富于地方色彩的闽南话。我国是个方言特别复杂的国家，方言之间的差异非常之大，真可谓南腔北调，有的甚至达到面对面无法交流的地步。其中闽南话和官话区方言，就是差异最大的一组，彼此之间几乎不能通话，闽南话也因此落下个"佶屈聱牙"、"南蛮鴃舌"的古怪名声。雍正六年（1728 年），清世宗召集天下臣工，商议政事，结果发现唯独跟闽粤两省的官员语言不通，致使圣谕无法传达无碍，天音不能流通四海。他担心语言不通将导致官民之间的悬隔，官不晓民意，民不知官情，于是降谕：

　　　　凡官员有莅民之责，其语言必使人人共晓，然后可以通达民情，熟悉地方事宜，而办理无误。是以，古者六书之制，必使谐声、会意，娴习语音，皆所以成遵道之风，著同文之治也。朕每引见大小臣工，凡陈奏履历之时，惟有福建、广东两省之人仍系乡音，不可通晓。夫伊等以现登仕籍

---

① 本章由闽南师范大学杨伟忠撰写。

之人，经赴部演礼之后，其敷奏对扬，尚有不可通晓之语，则赴任他省，又安能于宣读训谕，审断词讼，皆历历清楚，使小民共知而共解乎？官民上下语言不通，必使吏胥从中代为传述，于是添饰假借，百弊丛生，而事理之贻误者多矣。且此两省之人，其语言既皆不可通晓，不但伊等历任他省不能深悉下民之情，即伊等身为编氓亦必不能明白官长之意。是上下之情扞格不通，其为不便实甚。但语言自幼习成，骤难改易，必其徐加训导，庶几历久可通。应令福建、广东两省督抚转饬所属各府、州、县有司及教官，遍为传示，多方教导，务期语言明白，使人通晓，不得仍前习为乡音。则伊等将来引见殿陛，奏对可得详明，而出仕地方，民情亦易于通达矣。特谕。①

雍正皇帝认为，由于语言不通，闽粤两省的士子出任地方要员，不能与民众对话，势必为胥吏于中间挟持，百弊丛生。另外，来闽粤为官的异地流官，同样也会因为语言的问题同民意相隔绝。他意识到了语言不通的严重危害，借此我们也从侧面了解到闽南话早期给人的"佶屈聱牙"的刻板印象。

雍正六年（1728 年）的事件从另外一个方面提醒我们这样一个事实：闽南人既然不能操一口流利的官话，甚至完全不晓官话、只操乡音，那又是怎么通过层层选拔的科举考试，脱颖而出的呢？直到"陈奏履历"之时，雍正才发现闽南人不会讲官话，不禁感慨"夫伊等以现登仕籍之人，经赴部演礼之后，其敷奏对扬，尚有不可通晓之语"。在语言不通的情况下，闽南士子竟然能够通过层层阻碍抵达权力的终端——皇帝的跟前，这一点确实

---

① 《广东通志》，《四库提要著录丛书》史部第 56 册，第 41 页，北京出版社，2010 年。

让他吃惊。要解答雍正帝内心的困惑，我们就必须了解闽南话特有的文白异读，它就是解开这些疑团的钥匙。

在进入主题之前，我们应该先确定我们的方法。文白异读向来是作为一个语言学的课题而为人所知的，研究的方法也是跟随语言学的一般传统。我们看到的研究成果，最多的是描述性的，以语音为主，分别从声母、韵母、声调总结归纳闽南话的文白对应规律。首先，我们必须肯定这类工作的基础性和重要性，它奠定了文白异读研究的基础。另一方面，我们也要看到，进一步从社会历史的角度讨论文白异读的成果仍然是凤毛麟角，而从历史学对闽南话的文白异读进行考察，将是我们的主要研究方法。

第一节 文白异读的"名词史"

闽南话文白异读真正进入现代学术的视野，是发生在语言学学科内部。我们先了解一下"文白异读"作为术语进入现代学术的历史。首先必须强调一点，在"文白异读"作为语言学术语被提出之前，文白异读的现象已经存在很长时间了，一开始我们讲的雍正帝下谕旨的故事，就暗藏了这个观点，古人对这一现象，也以他们特有的方式有所反映和认知。总之，文白异读绝非现代语言学家的突然发明。只是从现代学术的角度来看，"文白异读"这一名词是很晚近才提出来的。

因为"文白异读"一般作为语言学的专业术语被使用，现代学者习惯将最早提出文白异读的"鼻祖"，追溯到1928年出版的赵元任的《现代吴语的研究》和1930年出版的罗常培的《厦门音系》这两部杰出的现代语言学专著。赵元任紧扣"文白"二字的雅俗色彩差别，最早指出文白之异是语用之别：

> 文言白话音。在中国好些方言当中有些字读书或"joai文"时是一种念法，说话时又是一种念法。现在简单用小

"文，白"字样注它。什末音有文白两读是一个地方一个样子。①

因为罗常培先生研究的是厦门话，跟我们是完全切题的，他就特别注意到闽南话文白异读规模之大、系统之完整，与汉语其他方言是如此的不同。他说道：

> 各系方言的读书音跟说话音往往都有些不同，但是很少像厦门音系相差那么远的。厦门的字音跟话音几乎各成一个系统，所以本地人发音时特别要声明"孔子白"怎么读，"解说"怎么读。②

在两位中国现代语言学拓荒者的倡导之下，学界似乎渐渐形成一种默契，使用"文白异读"一词指称汉语的一种异读现象。1957年李荣在《中国语文》发表《方言里的文白异读》，1963年李如龙发表在《厦门大学学报》（哲学社会科学版）的《厦门话的文白异读》，1979年黄典诚发表的《闽南语典》，一时间文白异读成为讨论的热点，这一术语也逐渐固定下来。

以上便是最简略、最粗糙的文白异读的"名词史"，而且是限定在现代学术的短暂历史里头的。先于此，作为一种语言现象，它早已长期存在，古人也以他们自己的方式表达他们对此的认知。

明清时期，福建民间涌现了一大批方言韵书，福州有《戚林八音》，建瓯有《建州八音》，泉州有《汇音妙悟》，漳州有《雅俗通十五音》。其中署名谢秀岚著作的《雅俗通十五音》通过红黑两色套印，区别了文读音和白读音。我们所见到的最早版本是1818年文林堂的版本。由此可见，最晚到19世纪初人们对文白异读已有深刻认知。仔细阅读谢秀岚的著作，我们可以确定古人

---

① 赵元任：《现代吴语的研究》，第16页，科学出版社，1956年。

② 罗常培：《厦门音系》，《罗常培文集》（第一卷），第59—60页，山东教育出版社，1999年。

对于文白异读的具体划分，有着他们自己的标准。不过，今人以今日的音韵知识去检测它，发现其中多有不合理之处。黄典诚先生就认为谢秀岚的《雅俗通十五音》"训读和白读混而不分，这是方言韵书在历史局限中的缺点，《戚林八音》、《汇音妙悟》都不能免，谢秀岚的《十五音》当然也不能例外"①。李如龙也认为"这类字书所反映的方音系统大致是可信的，但用字则十分杂乱。虽然也分别了一些文白读，但多与新造俗字、异体字、同音字及训读字混用，并未建立完整而科学的书写系统，也没有在社会上起规范作用。那些字源不明的方言词又收得不全（这也难怪，因为它是字书而不是词书），许多方言词还常常找不到字写"②。局限于时代，在今人看来，古人对文白异读的认识有诸多不严密之处，以今视昔，多少有点不公平。不过，对我们来说，更重要的是借由古人的著作，了解到古人对闽南话的文白异读是切切实实早已自觉的。

那么，到底什么才是文白异读呢？让我们看看几位出色的语言学家的总结。

徐通锵在《历史语言学》中认为，文白异读在汉语中是一种常见的语言现象，是语词中能体现雅/土这种不同风格色彩的音类差异。平常说的"白读词"、"文读词"之类的说法是模糊的，不确切的，因为文白异读的"异"不是词的"异"，而是词中的某一个音类的"异"。离散式音变的音变单位是音类，文白异读的"异"也是音类，表面上看起来似乎一样，但实际上相互有原则的区别。文白异读的"异"能体现风格色彩的差异，一般说来，土词多用白读形式，使其具有"土"的风格色彩，而新词、

---

① 黄典诚：《漳州〈十五音〉述评》，《黄典诚语言学论文集》，第269页，厦门大学出版社，2003年。

② 李如龙：《论闽方言的文白异读》，《汉语方言研究文集》，第199页，商务印书馆，2009年。

书面语词以及在比较正式、庄严的交际场合多用文读形式，使其具有"雅"的风格色彩，甚至于某些语词只能用白读形式，有些语词只能用文读形式，相互之间不能替换。①

　　李如龙在《论闽方言的文白异读》中提到，按一般的理解，文白异读是同一个字在书面语和口语各有不同的读音。这样的说法也不能算错，但是，闽方言的文白异读远没有这么简单。他总结了五点。第一，闽方言的文白异读未必都是文与白的对立。文读在民间又称读书音、书音、字音、孔子白，白读又称说话音、话音、土音、解说。有些字的异读在方言中都用于口语，而有些书面语词里用的又是白读音。第二，有些字并非异读而只有一读，但是从系统上说应该归入文读或白读，换言之，可以有文读或白读，却未必有并存的白读或文读。这种"缺对"形式的读音如果不承认是文读或白读，文白对应的系统性又成了问题。第三，在其他方言，文白异读通常只有两读，有时，在同样语词中文白两读还可以自由变读，而闽方言的文白读都可以不止一种，而且在具体语词中往往不能随意变读。第四，不同的语词读不同的音，可能是不同年代约定俗成的，但有些明显是运用文白对应的变读来区别词义或构成新词的。闽南话甚至还有用文白两音连读来构成新词的。第五，在其他方言，一个字的文白读之异，通常只是声韵调中的一项，闽方言则常常不止一项，有时文白读会面目全非，难以识别其间的对应。②

　　张振兴在《漳平（永福）方言的文白异读》中提到，文白异读是指意义上有关联的两个或两个以上不同的读音，具有相同的来历，即在《切韵》系统里具有完全相同的音韵地位。文白异读虽然在意义上有关联，但并不相同，就是说在口语里一个字文白

　　①　徐通锵：《历史语言学》，第 348 页，商务印书馆，1991 年。
　　②　李如龙：《论闽方言的文白异读》，《汉语方言研究文集》，第 195—197 页，商务印书馆，2009 年。

的不同读音在具体词汇里一般是固定的，不能替换的。极个别的情况下文白读可以互相替换，但这些词一般都不是口语里常用的。因此，文白读具有区别意义的作用。文白异读还是一种系统性的又音现象，指的是《切韵》系统的一类音（如一个声母或一个韵）在今方言里有两种不同的分化方式，其中一种是文读，另一种是白读。[①]

根据以上各家的观点，我们对文白异读就有了一定的了解，为了配合我们以后的论述，在这里我们还是要为"文白异读"做出定义：闽南话的文白异读是同一个汉字、相同音韵地位的同一语义单位，在方言里具备雅俗两种色彩的不同读音。对于存在语义互补功能的，我们不认为是文白异读，实际上那是两个不同的语词，只是没有创造出新的汉字去追认罢了。在我们看来，文白异读最核心的区别就在于"文白"二字，也就是雅俗之别，因此，从语义上看，文白异读就是一种赘余的形式。

第二节　文白异读的现代诠释——历史层次理论

闽南话文白异读真正受到关注，主要归功于现代语言学的艰辛探索，文白异读的研究势必跟随学科的动向在语言学的道路上不断深化。其中比较重要的发展，就是将文白异读应用于语言的历史比较研究，形成历史层次理论的研究热点。这里我们还是有必要简单介绍评价语言学的历史层次理论。

徐通锵认为历史比较法有一个根本性的理论缺陷，即构拟的原始语是同质的、平面的，这跟多层次的、叠置的语言事实是相违背的。因此，合理地运用文白异读，可以弥补历史比较法的缺

[①]　张振兴：《漳平（永福）方言的文白异读》（一），《方言》1989 年第 3 期。

陷，赋予语言层次丰富性，也就更接近事实，向历史语言学的科学发展多迈进一步。

根据我们对文白异读的定义，现代语言学的历史层次说，其实就是在文白异读的定义之下所做的全新探索，早就逸出"文白"一般的字面意义。历史语言学认为语音的演变分为内部演变和外部竞争两种形式。其中语言的竞争，指的就是文白异读之间的竞争，然而竞争必然是将不同的语言放置于相同的时空背景之下进行考察，与历时的考察本来并无关涉。实现由共时到历时的转变，本来就是印欧语言学的强项，并由此诞生历史比较语言学；但是将不同语言之间的关系，内化为系统内部的层次关系，理论上并没有经过深刻的检验。将文白异读应用于历史层次何以有效，并不简单。

徐通锵认为通过文白异读可以"把共时音系中的历时的要素找出来，排列出发展的层次，使共时音系历时化，以弥补内部拟测法不能弄清语言发展的时间层次的缺陷"[1]。这种被挑出来的"共时音系中的历时的要素"的历时性从何而来，并没有真正被交代。其实，不管是文读层还是白读层，本身并无时间性，它们共处于一个共时系统之中，想要梳理出不同的时间层次，只有跟现代学者已经构拟的上古音系、中古音系进行比较，根据文读音与白读音在具体音类的分合上的不同，文白异读才能进入时间的序列。历史层次说的提出，是本着补充语言系统同质说的目的出现的，在具体的运作当中，实际回避了检验层次说的历史性前提。

虽然语言学家们都非常清楚文白异读具备雅俗语体的色彩差，但是在历史层次的理论框架下，文白读音基本上等同于新旧异读，从新命名的新文读、旧文读、旧白读、新白读的名称，也

①　徐通锵：《历史语言学》，第371页，商务印书馆，1991年。

可以从侧面说明问题。历史层次所讲的文白异读，毋宁说是"新旧异读"更准确些。

"叠置，它本身就隐含着发展的时间层次，""文读形式的产生在系统中出现了叠置，但文读形式本身的地位并不是一成不变的，随着社会条件的改变、文化中心的转移和权威方言的更替，语言中可能会出现新的文读形式。这样，新的文读形式会迫使旧的文读形式退入白读层，使叠置的层次呈现出复杂的状态"。[①] 在这里，历史层次的形成模式，变成不同时期的不同文读的分别输入和堆积，以及旧文读的不断被贬为白读这样一种生成机制。历史层次理论的文白异读生成机制，本意是想把文白异读彻底纳入语言本体的研究之中，实际依然无法回避社会历史的人文事实。所谓"随着社会条件的改变、文化中心的转移和权威方言的更替"，简单的一个事实陈述，实际上才是整个历史层次说的理论支撑。

由于历史层次说始终无法绕开社会历史的文化事实，其理论支撑还是建立在一个社会变迁、权威方言更替的假说之上的，因此便需要借用社会历史来佐证语言本体。其中最重要的就是借用移民史的研究成果。

梅祖麟、罗杰瑞等人将闽语大致分析为三个层次：秦汉层、南朝层、晚唐层，分别对应上古音，六朝江东方言和长安音。这是比较细致的划分。根据我们对文白异读的定义，我们讲闽南话文白异读，主要就是文读和白读两层，很粗略地讲，分别对应的就是中古音和上古音。"文读系统大体上接近于中古音的系统，它是直接从中古音继承下来的；白读系统则反映了方言开始从共同语分化出来到以后整个历史发展过程中演变的情况。"[②] 著名语

---

① 徐通锵，《历史语言学》，第 365 页，商务印书馆，1991 年。

② 李如龙：《厦门话的文白异读》，《厦门大学学报》（哲学社会科学版）1963 年第 2 期。

言学家黄典诚先生比较早利用移民史来论证闽南话文白异读的形成，后来的著作论调也大体一致。因为语言学著作的重心主要在语言本体，移民史的引用一般都极其简略。1982年黄典诚先生的《闽南方音中的上古音残余》写道：

> 闽南方言是怎样形成的呢？这得从闽南方言的使用者——闽南人的历史说起。闽是福建的古称。《说文》中就指出："闽：东南越，蛇种。"在周朝的时候，福建属于七蛮的地方。到了秦朝，在这里建置了闽中郡，嬴秦末年，闽越族领袖无诸随刘邦起义，秦亡之后，刘汉封无诸为闽王。无诸死后，闽越因内讧不已为汉所废，越人或被迁往江淮间，或逃避入山谷。汉于其地设侯官。秦汉既以闽中入版图，当然要派官遣将，出兵屯田。这样闽中虽为东南越之地，而成批的汉人也就移居进来了，而上古汉语也被移植过来了。三国吴孙休永安三年（260年）始于闽中置建安郡。西晋武帝司马炎太康三年（282年）于建安之外，更置晋安郡。
>
> 西晋末年，胡羯入侵，怀愍亡尘，晋室东移。难民南奔，多如过江之鲫。当时，有陈、林、黄、郑、詹、丘、何、胡八姓，扶老携幼，逾岭越江，远征闽地。这批人带来的是三世纪的河洛官音，因被称为"河洛话"，而操其语的人也被呼为"河洛人"。经过一个时期的生聚教训，发展了地方经济，人口渐多，汉人不得不从闽东北向闽西南发展。原来的建安、晋安二郡，已经落在形势之后了。南朝陈武帝霸先于永定元年（557年）不得不更置南安郡以适应客观的需要了。唐兴，改郡为州，遂于闽北置建州，闽东置福州，闽南置泉州。
>
> 闽南方音中为什么有前《切韵》的残余，读者可以从上述简史中找到解释。
>
> 唐高宗总章二年（669年）因"蛮獠啸乱"，命光州固始

县人陈政、陈元光父子率五十八姓征蛮，经过几年的苦战，地方才平静下来。武后垂拱年间（685—688 年），因陈元光的疏请，才在泉潮间增置一人漳州行政区。陈元光遂被后代人尊称为"开漳圣王"。

唐末，天下大乱，光州固始人王潮、王审之兄弟自河南故乡举义，远征福建，建立了一个小小的闽国，延揽一批从中原避难南来的人才，先后经营了半个世纪（893—945 年）。王氏既利用一隅的偏安之局和闽地的山海之利，遂使经济、文化都得到一定的发展。如果要问为什么闽南方言中有文、白两读之对应而文读音又如此符合唐宋韵书的体系，我们将以闽国时期的文化教育实施的史实来解释。①

黄典诚先生大致勾勒了北方移民南下的历史，以及南方建置、纳入王朝国家的进程。这是正确的。而闽南话文白异读的语言现象，其中文读音"符合唐宋韵书的体系"，这也是正确的。问题在于移民史与语言现象之间没有理性地、科学地搭建桥梁，二者之间实质上没有必然的联系。简单地说，二者之间是人为地、感性地、实用主义地临时附会在一起的。也就是说，移民史并不能为闽南话文白异读的形成提供真正的理论解释，也不能成为语言学理论的社会历史的事实支撑。我们国家任何一个南方省份，都深受几次大规模北方移民的影响，并形塑其今日的面貌，为何只有闽南方言形成大规模的、成系统的文白异读，而粤语、湘语、吴语等其他南方方言却没有呢？可见，利用移民历史来论证闽南话文白异读的形成是不成立的。历史层次理论固然是一种精密的学说，但是它并不能解释闽南话文白异读的全部意义——尤其是文化上的意义，也不一定真正地适用于闽南话的文白异读。

---

① 黄典诚：《闽南方音中的上古音残余》，《黄典诚语言学论文集》，第 208—209 页，厦门大学出版社，2003 年。

第三节　闽南方言的读书音与读书传统

近年来，社会各界人士常常鼓吹"闽南话是古汉语的活化石"，为闽南话贴上了一张复古的标签。万历年间，闽人陈第提出"时有古今，地有南北，字有更革，音有转移"，可谓长夜明灯，照彻古今。在欧洲近代，语言的发展不平衡，有些语言特征变，有些语言特征不变，这一伟大发现促成了印欧语系历史语言学的科学化。但是语言由古人传承到今人，是跟着时间迈进的，并不是时间的免疫物；可以说，有古老的语言特征，而没有古老的语言。只要是口头上还在使用的语言，就是现实的语言、当代的语言。所谓"活化石"的说法，是跟陈第的精神相违背的。

人们为"活化石"提出的一个重要论据是：用闽南话读唐诗音韵更加和谐、声音更加动听。音韵和谐这一点，是值得我们肯定的，也是客观事实。但是音韵和谐就能证明闽南话是古汉语的活化石吗？答案显然是否定的。如我们上面所述，语言会发展，没有不变的"化石"语言。但是为什么用闽南话读唐诗音韵更加和谐，更有古意呢？这就跟闽南话的文白异读的性质密切相关。

虽然底子还是历史层次说，但是在一段论述中王福堂指出了闽南话文读音的文化根源：

宋元以来闽方言区普通的识字教育会造成这样的读书音。和其他地区一样，闽方言区的儿童启蒙时要在私塾中学习四书五经。复杂的方言使人们特别注意字音。学习中，解释经书用口语音（厦门话就叫"解说"），诵读经书则用读书音（厦门话就叫"孔子白"）。这种读书音参照隋唐以来《切韵》、《广韵》等韵书的反切，与韵书字音的声韵相近，而与口语音不同，其中有些字音与变化了的口语音相比还更为古老。随着时光的变迁，这种读书音通过塾师的世代相授流传下来，成为方言音系的组成部分。它的来源固然不是当时的某个异方言，但就其外来的性质和生成读书音的作用而言，古代韵书的语音系统也可以认为是一种权威的异方言。①

因为唐诗的创作是遵循古代韵书的格律的，而读书音又是"参照隋唐以来《切韵》、《广韵》等韵书的反切，与韵书字音的声韵相近"，闽南话读唐诗是要用文读音，不能用白读音的，那么两者同源，音韵和谐自是情理之中。在这里，闽南话的文读音指的就是读书音。因此，用闽南话读古诗音韵和谐不能证明闽南话是汉语的活化石，而是证明闽南话的读书音传统跟唐诗的创作原则相符，古老的不是语言，而是传统。

闽南话的读书音是人们根据韵书中的反切折合而成的，其他一些学者也注意到了这一点。李如龙认为闽南话口语中不用的字音，其实是经由反切、或普通话影响下推导出来的。②"长期以来，中国人是靠读书来识字的，古来的识字课本，不论是四书五经或是三字经、百家姓、千家文，全是些陈旧的书面语、经过雕琢的共同语，识字要从学这些书面共同语的读音开始。这种文读音便靠着隋唐以来的韵书的反切的规范，由塾师们世代相因地传授下来。"③

杨秀芳认为闽南话的读书音"和汉民族发达的文字系统、丰富的古典文献有很密切的关系。一方面语言随时间不断往前变化，一方面古代语言又被文字记录在典籍之中，后人以其'今音'要去阅读'古语'文献，自然会发生种种问题。因此中国自

---

① 王福堂：《文白异读中读书音的几个问题》，《语言文字学》2006年第9期。

② 李如龙：《厦门话的文白异读》，《厦门大学学报》（哲学社会科学版）1963年第2期。

③ 李如龙：《论闽方言的文白异读》，《汉语方言研究文集》，第198页，商务印书馆，2009年。

古就有读书音的传统，借直音、譬况、读若、声训、反切等方法，将经师代代相传的读书音记录下来。《经典释文》中便转录了许多这样的'书音'。这一种读书音和口语音相较，口语音是随时间不断演进而变化成形、活跃在唇吻之间的声音；'书音'虽然也会被不同时代的'今音'诠释读成不同的音，可是因为它在古代就被记录为纸上材料，多少能够保持古代音类的格局。可以说，这类文白异读在时间上表现的应该是文读为较古的形式，白话为新近的形式"①。

陈泽平特别强调需要小心使用"文白异读"一词。他说："在各地的方言调查报告中大家都使用'文白异读'这个术语，但由于方言性质不同，这个术语在具体运用中内涵也不尽相同。闽方言的文读音不是在现代官话口语的直接影响下形成的，而是按语音对应规律'折合'出来的读书音，通过书面语的中介进入方言。福州话的文读音系统与中古音系有比较整齐的音类对应关系，而具体音值与现代官话往往并不相似，甚至差别很大。官话借词则是在口语层面上直接借用，具体音值与官话相似，而音类上不合方言与中古音的对应规律。"②

中国古代的教育建立在识别汉字的基础之上，可以毫不夸张地说仅仅数千字的文言文常用字支撑了古代中国的知识传承、科举选拔和文书运作的很大一部分。读写这套常用汉字是如此关键，因此闽南话发展出了自己独特的读书音，即今人所说文白异读中的文读音。

根据笔者亲身访谈，这种根据韵书反切折合成的读书音，还

①　杨秀芳：《论文白异读》，丁邦新主编《历史层次与方言研究》，第84页，上海教育出版社，2007年。

②　陈泽平：《闽语新探索》，第82页，上海远东出版社、上海三联书店，2003年。

保留在部分老人的口中。① 他们或者是赶上私塾的末班车，或者曾受教于私塾出身的旧文人。此外，还有寺院里念经的和尚，都是读书音的能手，在社会上极受尊敬。除了韵书之外，儒家经典和佛教典籍还保存着大量的"音义"和反切，这些都是读书音借以存留、传播的重要载体。

古人读经的时候，用的是读书音，而且不是生硬地去读，与之相关联的还有严格的诗词格律、吟诵的曲调、雅集聚会等形式内容，相互配套形成整体的读书传统。因此，何为读书音，并不能简单地按字面上去理解。它背后还有相当丰富风雅的文化传统。看书、念书、读书、说书，不是简单的一字之差。根据施榆生的回忆，用读书音吟诵的时候，还分为很多种调子，其中有一种叫私塾调："前几年我们有一个老先生就是纯粹私塾调的，而且传承比较久远的，可惜已经去世了。他诵诗就是非常严格的，他当时说他们老师这样教，一定要这样读，好多字就是破读。这个私塾调是从宋代就传下来的，朱熹在漳州的时候传承的理学，一代一代传下来。他这个赋、古文，像《论语》、《孟子》都这样读，而且读起来也是很好听，像长句子，可以把它分割，它停顿起来也跟读诗文一样。这个我们都没有去认真学，因为我们都是专注吟诗方面。古文方面我们不能吟的，而他都是吟诵的。"② 可见，读书音吟诵调不仅跟文体相关，还跟理学的传承有一定的渊源。另外，板桥林家的菽庄花园便是当时闽南最重要的雅集之一。文人骚客，多会于此，当时所吟诵的语音，也一定是使用这套读书音的。读书音、经典、格律、吟诵、雅集、理学传承等等，这些都不是孤立的存在，而是共同构成闽南古代完整的、生

---

① 2014 年笔者调查长泰话发音人杨竹安老先生，当年 82 岁，读过私塾。

② 施榆生：《施榆生先生论吟诵》，《吟诵经典、爱我中华——中华吟诵周论文集》，2009 年。

动的读书传统。

　　古代的文教传统与闽南的文化相遇，竟建构出一种特殊的读书传统，通过折合古代韵书创造出一套属于自己的读书音。闽南的读书音是最完整的、也是最严密的，跟口语音对应的系统也是独一无二的。但是从创造读书音的角度来看，在我国的少数民族地区有相类似的情况，只是没有闽南方言那么完整和成功。解放前广西的壮族人聚居区存在很多旧式的私塾，一样是教读四书五经等一系列儒家经典。1988 年谢建猷使用《方言调查字表》调查了广西壮族自治区武鸣县两江乡陆西村私塾传承的读书音（谢建猷称之为"汉字音"），发音合作人谢振安，陆西村壮族，记音时 80 岁，曾跟随岳父在私塾教书长达 30 年。不大会说汉语。①这套壮族的读书音，它的底子也是利用壮语本有的声韵调系统，折合韵书反切去读的，跟闽南话一样，读书音的声韵调没有超出本身固有的语音系统。我们猜测壮语读书音也有吟诵等相应的传统，很可惜谢建猷的报告并没有注意这点。通过谢建猷的报告，我们得知当 1953 年新式学校取代私塾时，陆西村私塾的读书音也从此失去传承。读书音是依附于文教传承的，我们必须正视的是，今天闽南话的读书音，同样面临着消亡的危机，绝大部分的新生代、包括未进过私塾的老一辈，对曾经家弦户诵的"孔子白"闻所未闻。

　　最后，回到我们最初的讨论，为什么闽南人不谙官话，却能通过科举的层层筛选呢？原因就在于这套有着读书传统支撑的读书音。雍正六年（1728 年），雍正的圣谕转入部议，大臣们也对闽粤两省的"乡音"展开激烈的讨论：

　　　　伏读上谕，广东、福建人多不谙官话，著地方官训导，

---

　　①　谢建猷：《广西陆西村壮族私塾所读汉字音》，《民族语文》1991 年第 1 期。

仰见圣天子睿虑周详，无微弗照，欲令远僻海疆，共臻一道同风之盛。查五方乡语不同，而字音则四海如一，只因用乡语读书，以致字音读惯后，虽学习官话，亦觉舌音难转。应令该督抚、学政，于凡系乡音读书之处，谕令有力之家，先于邻近延请官话读书之师，教其子弟，转相授受，以八年为限。八年之外，如生员贡监不能官话者，暂停其乡试，学政不准取送科举，举人不能官语者，暂停其会试，布政使不准起文送部；童生不能官话者，府州县不准取送学政考试，俟学习通晓官话之时，再准其应试。通行乡音之省，一体遵行。①

大臣们已经意识到读书的传统"四海如一"，只是读书音传统与口语交流毕竟不同，因此闽粤的士子纯以"乡语读书"，大可以做到通读经典，而不必学习官话。这又是时人所不能理解的。

闽南方言在顽固地保存着乡语土音的同时，还能够创造一套完整的读书音，很好地继承了中原的大传统。如果我们只是囿于语言本体去思考这问题，必然落到"只见树木不见森林"的境地，只有跳出本体，从整体的文化视野来看待这件事，问题才能豁然开朗。陈支平先生认为"闽南文化是一种二元结构的文化结合体。这种二元文化结合体既向往追寻中华的核心主流文化，又在某种程度上顽固地保持边陲文化的变异体态；既依归中华民族大一统政治文化体制并积极为之作出贡献，又不时地超越传统与现实的规范与约束；既有步人之后的自卑心理，又有强烈的自我表现和自我欣赏的意识；既力图在边陲区域传承和固守中华文化早期的核心价值观念，却又在潜移默化之中造就了诸如乡族组织、帮派仁义式的社会结构。这种二元结构的文化结合体，可以

---

① 嘉庆十五年御纂《学政全书》卷五九。

把许多看似相互矛盾、相互排斥的人文因素，有机地磨合和交错在一起。也许正是这种二元文化结合体，在一定程度上滋生了闽南区域文化及其社会经济的持续生命力，从而使得闽南社会及其文化影响区域能够在坚守中华文化核心价值的同时，有所发扬，有所开拓。"① 正是闽南文化的这种悖论式的二元结构，才使得闽南方言在保留自身的乡语土音的情况下，还能非常完美地接受文教传统，在闽南大地上不断传诵"中原雅音"。

———————

① 　陈支平、徐泓：《闽南文化丛书·总序》，李如龙、姚荣松《闽南方言》，福建人民出版社，2008 年。

第五章

闽南地方文艺与方言艺术

第一节 语言和方言的艺术提炼

任何语言都是人们在社会生活中为了认识客观世界、也为了人们之间的沟通不断创造出来的。初始创造的语言总是日常生活中诉诸口耳的有声语言，这种原始语言只是一些杂乱堆砌、形态无定的词句。任何语言或方言在定型的过程中都离不开科学的规整和艺术的提炼。英国文学理论家 L. A. Richards 说："一个陈述可以因它所引发的指涉的缘故而使用，无论指涉是真是假，这是对语言的科学使用。但陈述也可以因它所引发的指涉所造成的情感和态度的效果而使用，这是对语言的情感的使用。"在科学使用过程中，同一语言社团的人逐渐使语词和句型达到系统的规整，形成一定的规律，达到规范化和科学化；在情感的使用中则使这些词句能够适应表达各种复杂的思想感情的需要而达到多样化和艺术化。总之，在日常口语的基础上，经过无数的言语实践形成了科学语言和艺术语言，然后又回到生动活泼的口语之中推行、陶冶、改进，如此不断循环的结果就使语言得到健康的发展。这就是日常口语和科学语言、艺术语言（或称文学语言）之间的关系：

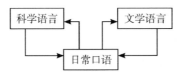

教科书、辞书、学术著作是对语言做科学规整的基本途径，各类文学作品则是对语言进行艺术加工的主要场所。

在为语言进行艺术提炼上，民族语言和方言有很大差异：民族语言的艺术提炼主要是通过大量的书面语进行的，而方言则主要是在口语之中进行创造、试验和加工的。尤其在汉语的历史上，共通语的书面形式源远流长，所积累的经典作品更是汗牛充栋，对历代的口头语（包括通语和方言）都具有很大的影响力。而大多数方言则缺乏书面形式，尤其是那些通行面窄、分歧大的方言更是难以书写，只有口语的交际形式，这类方言的艺术加工的力度就相对小得多。

语言是千百万人的行为，每个人的言语都是千差万别的，从总体上看，似乎是杂乱无章的，科学上的规整和艺术上的提炼是使语言保持生命力的必不可少的条件。有的语言没有形成书面语，科学的规整只能靠漫长的时间里的"约定俗成"，而艺术的提炼就只能靠口头文学艺术来完成了。可见，口头文学对语言的加工提炼是广泛存在的，其对语言的发展产生了重要的动力，因而也更值得研究。

汉语方言的口头文学最常见的是歌谣、曲艺、民间故事和戏曲四大类。歌谣是唱的和吟诵的韵文，又有童谣、儿歌、山歌、情歌等小类，主要依内容的不同而分类。曲艺是说唱兼有，韵文、散文相间，具体的形式各地有同有异，各有不同的名称。例如北方的快书、评书、大鼓（鼓词）、快板等，南方的评弹、吴歌（苏州）、仈唱、评话（福州），龙舟、粤讴、斗歌（广州），南音、锦歌、搭嗳鼓（闽南），山歌、踏歌、采茶歌（客家地区）。民间故事在民间口口相传，没有固定的情节，有古代传下的历史故事、神话传说，也有据本地人物、事件、山川风物、习俗民情等等所编造的内容。戏曲则是戏文对白、唱腔音乐、科步武术兼而有之，综合而成的声情并茂的艺术。不论南方北方，戏曲多是以方言为表达载体的，是对各地方言的深度的艺术加工。

第二节　闽南方言地区的方言文艺及其特点

闽南方言地区的方言文艺可以说是品种多、水平高、历史长、流传广。

论品种，上文所述的歌谣、曲艺、民间故事和戏曲在闽南方言地区都有，尤其是歌谣和戏曲，更为突出。

闽南方言的歌谣又可分为儿歌、童谣、山歌、歌仔、风俗歌谣几类，原本只是口头诵读、世代相传的，20 世纪 20 年代之后，有人搜集整理、印刷成册。现在看到的最早的文本是厦门中学教师谢云声先生所编的《闽歌甲集》（顾颉刚 1928 年作序）、《台湾情歌集》（1927 年钟敬文作序），都是流传于当年少年儿童之中的歌谣和青年人之间传诵的情歌，前者是供学话儿童诵读的长知识、学方言的口头教本，后者是反映青年情爱生活的山歌。20 世纪 30 年代之后，在闽南乡间流传过许多“歌仔册”，篇幅稍长，除了青年男女传诵的情歌之外，还有根据历史故事和本地传说、故事编成的韵文，全是七字句。坊间印刷装订为小薄本，便于随身携带，随处吟唱，既可识字学话，也可获得不少历史知识，得到为人处世的道德教化。50 年代之后，由于社会生活发生了重大的变化，闽南的“歌仔册”已经绝迹，但在台湾还有人不断翻印，稍加收集还有数百种之多。

除了歌谣、歌仔之外，还有在各种民俗活动中流传的“送嫁歌、哭嫁歌”，是婚嫁过程中姑娘家唱的，丧事活动中眷属为缅怀死者也随口编成长长短短的韵文哭唱。这些俗歌大多没有固定内容，也未曾编成唱本，只是现编现唱，有的民俗调查的人做过一些记录，并未整理流传。

曲艺方面除了上文所述的南音、锦歌之外，还有各地都曾流行过的"讲古"，在厦门发展为韵白兼有、以反映现代生活为主的"搭嗼鼓"。

至于戏曲，由于教戏师傅必须有戏文依据，历来就有编导人员把它记录下来在演员中传抄，后来也有整理编印成册的。至今流传的大量抄本还可以让我们看到当年方言戏曲流行时的盛况。

闽南方言的戏曲有"偶戏"和"优戏"两大类。偶戏是木偶戏，木偶闽南话称为"嘉礼"。最早的嘉礼演的是"目莲救母"的故事，又称"目莲嘉礼"。木偶有近一米高，头像服饰固定，专业主演者提线操纵木偶动作。木偶戏的情节比较简单，主要是敬神、祭祀时演出，伴有庄严肃穆的吹打器乐。后来又有高度为三四十厘米的提线木偶（俗称"抽线嘉礼"）和20厘米长短的、可更换头像和服饰的、在五指之间操作的"布袋木偶"（俗称"布袋戏"）。这种中小型的木偶戏有很多是根据历史故事和戏曲剧目改编的，有情节、唱词和道白相间的戏文。《旧唐书·音乐志》称其"本丧家乐也。汉末始用之于嘉会"，"作偶人以戏"。可见，这种偶戏历史很长了，闽南的"嘉礼戏"之称应该与此有关。

闽南的优戏是从偶戏衍生出来的。闽南俗语"前棚嘉礼后棚老戏"就是说明这两种戏可以同时演出，嘉礼庄重严肃，宜于祭祀神明；老戏生动活泼，宜于娱乐大众。高甲戏还有"嘉礼丑"、"嘉礼步"，说的便是模仿傀儡戏的丑角的动作。

用闽南方言演唱的优戏品种之多，是其他任何方言所难以企及的。

早期闽南的戏曲都曾称为"百戏"。《景德传灯录》曾有福州玄沙宗一法师"南游，莆田县排百戏迎接"的记载。宋元之后，昆腔、弋阳腔、徽腔陆续传入福建，闽南的本地剧种在吸收外来剧种的营养后逐渐成形，由于方音的差异，在莆仙一带称为兴化戏，在泉州一带称为梨园戏，到了潮汕地区称为潮剧，在雷州叫作雷剧，到了海南岛称为琼剧。单唱不演在泉州称为"南音、南曲"，在漳州一带的叫作"锦歌"，在潮州称为"潮音、潮乐"。锦歌传到台湾后加上动作另创了"歌仔戏"，回传到漳州地区后又称为"芗剧"。泉州的梨园戏多是文戏，入清之后，又派生了以武打见长的"高甲戏"（进入台湾后被称为"九甲戏"）。戏班组织形式因角色人员多少和专长又有"打城戏、老戏、戏仔、七子班"等称呼。

正由于戏曲的普及，唐代著名乐工雷海清在闽南各地都被尊为戏神，称为祖师。在莆田、仙游、泉州、厦门均立有庙宇，尊为"相公宫"、"元帅庙"。

上文所述的"老戏"即"梨园戏"。相传唐代时属于泉州府的兴化美女采蘋被选调入皇宫，得到李隆基宠幸，赐其"梨园"班子带回兴化宴乐，这个传说说明了梨园戏可能与唐代的音乐机构"梨园"有关。

入宋之后，闽南地区的戏曲就相当繁荣。最早成形的闽南戏是莆仙戏，在宋代称为兴化戏。宋代泉州港兴起之后，温州南戏传入泉州、莆田一带，和本地的小戏相结合，形成了兴化戏。一开始就席卷了兴化全境，演艺场上热闹非常。莆田著名诗人刘克庄有不少诗句反映了当时他的家乡的这种情景，字里行间还反映了一些不满和抨击。例如："儿女相携看市优，纵谈楚汉割鸿沟，山河不暇为渠惜，听到虞姬直是愁。"（《田舍即事十首》之九）"抽簪脱裤满城忙，大半人多在戏场。"（《即事三首》之一）"棚空众散足凄凉，昨日人趋似堵墙，儿女不知时事变，相呼入市看新场。"（《无题二首》之二）。

　　明清之后莆仙戏大发展，据 1962 年调查，莆田戏保存下来的宋元南戏的戏文就有 81 个，流传的抄本则有 57 个之多。康熙年间"各戏班妆架共有三十六台，十分华丽……道光年间，仅仙游一县就有戏班六十多个……从清中叶到清末莆田仙游两县的戏班达到一百五十多个……众多的戏班，悠久的历史，使莆仙戏长期以来积累了大量的传统剧目，据统计共有五千多个，八千多本，数量之多，冠于全国"。①

　　由于大规模、长时间的演唱加工，莆仙戏达到很高的艺术水平。著名剧作家老舍 1962 年看了莆仙戏后题诗赞道：

　　　　可爱莆仙剧，风流世代传。弦歌八百曲，珠玉五千篇。
　　　　断魂团圆后，神移笑语前。春光芳草碧，莺啭艳阳天。

　　南宋末年，随着海上丝绸之路的兴起，从浙江传来的南戏在泉州一带衍生了"上路戏、下南戏、小梨园"三种本地戏，后来形成了以"下南腔"为主体、泉州音为正宗的梨园戏。梨园戏不但以历史悠久闻名遐迩，更以保存着大量的南戏剧目而赢得"活化石"之美誉。梨园戏以其封闭式、凝固性的特点而成为戏剧舞台上的活化石，既不被别的剧种所异化，也不去同化别的剧种，始终保留着它顽强的、单传的独立性，以至七八百年来能够保存自己的风格。②

　　明代之后漳州港兴起，商业繁荣之后的漳州，也是一反历来的男耕女织、循规蹈矩的古制，设场演戏风靡一时。提倡"澄心默坐"、"存天理，灭人欲"的道学家朱熹任漳州知事时为此曾"劝谕禁戏"，其弟子陈淳更是以"淫戏"论之，嗤为"陋俗"，严加贬责："秋收之后，优人互凑诸乡保作淫戏，号'乞冬'，群不逞少年，遂结集浮浪无图数十辈，共相唱率，号曰'戏头'，

---

　　①　陈雷等：《福建地方戏剧》，第 22—23 页，福建人民出版社，1997 年。
　　②　陈雷等：《福建地方戏剧》，第 27—30 页，福建人民出版社，1997 年。

逐家哀敛钱物，豢优人作戏，或弄傀儡筑棚于居民丛萃之地，四通八达之郊，以广会观者。至市廛近地，四门之外，亦争为之，不顾忌……其实所关利害甚大。"他在《上傅寺丞论淫戏札》中列举了八条"利害"之后，提出："案榜市曹，明示约束。并贴四县，各依指挥，散榜诸乡保，申严止绝。"①朱熹另一位大弟子真德秀在泉州任太守也曾规劝百姓"莫看百戏"。

明代嘉靖年间，《荔镜记》诞生，用泉州和潮州的声腔演唱，剧中的爱情故事富有浓郁的地方特色，数百年间盛演不衰，传唱不绝。清代泉州诗人龚显曾描写当时的盛况："喧喧萧管逐歌讴，月落霜深剧未收；一曲分明荔镜传，换来腔板唱潮州。"在潮州则有流传甚广的民间歌谣："东畔出有苦孟姜，西畔出有苏六娘。北畔英台共山伯，南畔陈三共五娘。"②

早在明代万历年间，陈懋仁的《泉南杂记》就记载了："迎神赛会，莫盛于泉，游闲子弟，每遇神圣诞期，以方丈木板，搭成抬案，索绚绮绘，周翼扶栏，置几于中，加幔于上，而以姣童妆扮故事。"这种抬阁而演的故事就是"宋江戏"。道光年间南安的宋江戏和漳州的竹马戏合办了三合兴班，搬演梨园的传统剧目，后来，到了清末民初又吸收了北方传来京剧的武打，很快就形成了与梨园戏风格不同的"高甲戏"。由于近音附会，也有写为"戈甲戏"、"九角戏"的。这个新的剧种，从宋江戏扩展成包括文戏、武戏、家庭戏、公案戏在内的多种内容；形式上有连台戏，也有折子戏；表演方面又擅长于武打和丑角的夸张，科步活泼多样，节奏加快，和缓慢、庄重、带着几分沉闷的梨园老戏相比，确实是有不少新的花样和气氛，因此一开始就受到海峡两岸广大受众的欢迎。在闽南地区发展很快，台湾也很快时兴起来。

---

① 《北溪大全集》卷四七，《上傅寺丞论淫戏札》。
② 转引自陈雷等《福建地方戏剧》，第 28 页，福建人民出版社，1997 年。

19 世纪中叶就有福金兴班、三合兴班到泰国、越南、新加坡、印尼、马来西亚等国演出。据统计，从清道光到民国的 100 年间，出国演出次数最多、时间最长、剧目最丰富、影响最大的要算高甲戏了。1962 年，邓拓在北京看了《连升三级》后作诗赞曰：

三百年前唱宋江，闽南村社梨园腔。泉州处处传高甲，水浒家家话晚窗。

莫怪舞台常有丑，从知艺技本无双。远来京国殷勤意，相祝何须倒一缸！

到潮汕平原去的闽南人是两宋时期陆续到位的。那里的耕地多，韩江水量充足，很快发展了自己的经济文化，逐渐形成的潮汕方言也与闽南本土有了不少差异。到了明代，形成了南戏的一支，用潮州话，唱潮州调。据嘉靖《广东通志》记载："潮俗多以乡音搬演戏文"，当局和漳州官府一样，也曾宣布"禁淫戏"，但"屡行禁约不止"。明清之交的屈大均《广东新语》云："潮人以土音唱南北曲者，曰潮州戏。"看来三四百年前就形成稳定的表演形式了。现在所见闽南戏最早流行的戏文《荔镜记》、《金花女》、《苏六娘》都是在潮州一带先流行印制的。后来陆续编出的潮剧传统剧目多达 1200 多个。潮人明清之后大量移居泰国，还把潮剧带到泰国。据英国人布赛尔所述，1686 年前后，法国路易十四的使节来泰，还看过闽粤人演的戏曲。①

入粤的潮人后来又沿着海岸线向雷州半岛和海南岛迁徙。清代之后，还先后形成了雷剧和琼剧，它们都是在当地民歌和潮剧的基础上吸收傀儡戏和道坛乐曲的特征而形成的。康乾年间就有雷州歌班，后来到了民国初年就有琼崖土戏改良社开始编演现代戏。这种旧瓶装新酒的做法对于闽南戏曲来说颇有开创意义，后

---

①　布赛尔：《东南亚的中国人》，《南洋问题资料译丛》，1958 年第 Z1 期。

来在台湾兴起的歌仔戏也是沿着这条路子走出来的。

随着闽南人和潮、雷、琼、粤人的出洋，在东南亚各国，如马来西亚、泰国等华人社区，几乎所有的闽南戏曲，如高甲戏、梨园戏、木偶戏、莆仙戏、潮剧、琼剧等，都曾流行过。起先大多作为华人社区酬神祭祀或是盂兰会上作为禳灾、祈福、镇它、还愿的活动方式，后来也作为义演集资兴办华文教育的活动方式，当然也可以适应休闲娱乐之需。①

清代之后，移居台湾的人以泉、漳、潮籍为主。他们立足之后，随即将本地戏曲、说唱也操办起来，并且场面之热烈丝毫不亚于闽南本土，在歌仔戏基础上还有创造发展。据连横《台湾通史》所述，台湾的戏曲也是品种繁多的："台湾之剧，一曰乱弹；传自江南，故曰正音。其所唱者，大都二簧西皮，间有昆腔……二曰四平，来自潮州，语多粤调，降于乱弹一等。三曰七子班，则古梨园之制，唱词道白，皆用泉音，而所演者则男女之悲欢离合也。又有傀儡班、掌中班，削木为人，以手演之，事多稗史，与说书同……又有采茶戏者，出自台北，一男一女，互相唱酬。"至于演出盛况，该书也有描述："台湾演戏，多以赛神，坊里之间，醵资合奏，村桥野店，日夜喧闹，男女聚观，履舄交错，颇有欢虞之象。"实际上，除连横所述，在台湾流行的还有白字戏、九甲戏、车鼓戏、皮影戏、京剧、潮剧、艺旦戏、滑稽戏等等。②

歌仔戏的形成过程，可以说是两岸的闽南人经过互动互学共同创造的过程，对此，有必要作一番专题介绍。

---

① 赖伯疆：《东南亚华文戏剧概观》，中国戏曲出版社，1993 年。
② 陈耕：《闽台民间戏曲的传承与变迁》，第 30—31 页，福建人民出版社，2003 年。

第三节　闽台戏曲文化交流的
结晶——歌仔戏

　　谈到闽南话的艺术提炼，关于海峡两岸说闽南话的人群共同锻造歌仔戏的历史过程值得专节论述，因为这是闽台两地戏曲文化交流的光辉艺术结晶。

　　歌仔戏是在歌仔传唱的基础上形成的。歌仔早期发源于漳州一带，九龙江流过漳州后称为"锦江"，那里的民歌因此称为"锦歌"。在泉州一带民间的山歌称为"褒歌"、"相诮歌"。两地的民歌原来有两大类：一是抒情的山歌小调，一是有情节的叙事歌谣。前者大多是四句的七字格，如"五更调"、"过番歌"一类，后者由民间故事编成长篇，如《英台歌》、《孟姜女》、《雪梅思君》，也有《廿四孝》、《鸦片歌》之类劝人为善的中篇，多半也是七字句的长调，每句平仄相间，讲究押韵。19世纪厦门开埠后，有石印书坊，把它印成歌仔册出售，歌仔逐渐在民间传唱开来。开始时，有词无谱，大多套用山歌调随口自由吟唱。后来设立了"歌仔馆"，有专门的乐师教唱，也逐步配上南曲、锦歌同类的弦管伴奏，简易的还有抱琴艺人走村串巷四处卖唱。移台闽粤人中有百分之十几的客家人，也是爱唱山歌的，客家情歌多半也是按口语组织的每句七字的小调，体裁和闽南山歌相近，看来台湾歌仔也融入了客家山歌的风格。歌仔的句型就是以七字调为基础的。

　　据《宜兰县志》所载，歌仔戏原系宜兰地方一种民谣曲调。阿助幼好乐曲，每日农作之余，辄提大壳弦，自弹自唱，深得邻人赞赏。好事者劝其把民谣演成戏剧，初仅一二人穿便服分扮男女，演唱时以大壳弦、月琴、萧、笛等伴奏，并有对白，当时号称"歌仔戏"。宜兰是漳属人聚居之处，歌仔戏以漳腔闽南话入戏，与此传说是相符的。其中所说"阿助"，就是民间传说的"歌仔助"，原名欧来助，1871 年生于宜兰员山乡头份村。很快地，歌仔戏所唱的七字调在 20 世纪开头十几年间就传遍台湾全岛，1918 年厦门开始出现唱台湾歌仔戏的"仁义社"。[①]

歌仔戏的唱词是彻底的闽南话口语，绝无文言词语，也不像梨园戏那样坚守古音，因此朗朗上口，易学易唱，好懂好记，不少人也学会跟着唱。下文是著名演员赛月金（生于1910 年）口述的《英台三伯》中的一段：

> 英台刺绣在大厅，听见外面地叫名；（地：在）
> 放落针线看啥物，莲步来到门口埕。（埕：场院）
> 鹦哥见娘飞落木，英台出手甲伊摸；（鹦哥：八哥儿。
> 甲：把）
> 摸着鹦哥的翅股，一张批信看就知。（翅股：翅膀）

正由于方言贴近大众生活，歌仔戏很快就比乱弹、四平、梨园戏、高甲戏、潮州戏等更受欢迎。原来唱那些旧式传统戏曲的演员也纷纷学起七字调。后来，祖国大陆的一些京剧、闽剧剧团赴台演出，歌仔戏又吸收了一些外来的剧团的布景技术，演出效果更佳，乐师们也陆续创造了许多新曲调，尤其是打造了多种多样的"哭调"，《三伯英台》有"哭墓"，《孟姜女》有"哭长城"，《五子哭墓》更是集哭调之大成。于是"苦旦"（青衣）成了大明星，"苦情戏"成了流行剧，其苦切的悲愤引起了日本殖民统治之下饱受民族压迫的乡人的共鸣，经常是演戏的和看戏的，台上台下哭成一片。后来又编演了许多取材于当代社会生活的剧目，歌仔戏愈加成熟，也更加贴近现实，因而受到百姓的欢迎而风靡一时。虽然1930 年前后受到日本殖民统治当局的攻击和禁演，这

---

① 柯子铭主编：《中国戏曲志·福建卷》，第 663 页，文化艺术出版社，1993 年。

把艺术之火还是没有熄灭，反而在海峡两岸，尤其在厦门更加猛烈地燃烧起来了。

厦门话和台湾闽南话一样都是"漳泉滥"（漳腔和泉腔的混合），口音最为相近，文化习俗也一直是相通的，两岸之间的沟通，数厦门港最重要，水路早已畅通，民间往来始终未曾断过。早在 1920 年前后就有台湾艺人、乐师陆续来厦门演唱和教授歌仔戏，如王银河、矮仔宝、温红涂、月中娥、陈月朝、曾琛、天连叫、青春好、锦上花等，都成了厦门人所熟悉的明星。[①] 这时，刚刚十来岁的厦门人邵江海（1914 年生）很快就迷上了歌仔戏，并且勤学苦练，艺高一筹。1931 年起他也当起了师傅，到漳州一带授戏，在反复的艺术实践中，他把闽南本地歌仔的风格和台湾歌仔相融合，创造了和大哭调相异、更加具有轻松活泼气氛和灵便的格式的"杂碎调"、"改良调"。突破了七字四句的定格，延伸了长短句的表现空间，然而又保留了纯正的方言口语和题材的现实性。这就使歌仔戏在漳、厦一带很快风行起来，连梨园、高甲的故地泉州一带也波及了。

20 世纪 30 年代之后，台湾和厦门的许多戏班还把歌仔戏带到东南亚的华侨社区，获得极大好评，也同样"夺取"了旧戏班的阵地。

50 年代，人们考虑到歌仔戏发源于芎江，将其定名为"芎剧"。但民间还习惯于称为"歌仔戏"。成熟起来的歌仔戏以其鲜活的口语、反映现实的清新内容，灵巧而贴近生活的表演艺术，在闽南久已传播的许多传统戏曲之中独树一帜，具有高度的感染力和强盛的生命力。虽然此前经历过日本侵略者的摧残和民不聊生的困境，歌仔戏在闽台两地还是得到了良好的发展。数十年间创造了《三家福》、《火烧楼》、《安安寻母》、《加令记》、《状元与

---

①　参见陈耕《闽台民间戏曲的传承与变迁》，福建人民出版社，2003 年。

乞丐》等一大批脍炙人口的剧目。

两岸恢复沟通以来，1992 年，台湾歌仔学会首次派出专家前来厦门与厦门市台湾研究所、厦门市歌仔戏剧团交流。1995 年，应台湾"中华民俗艺术基金会"的邀请，福建省派出专家赴台访问，参加首次"海峡两岸歌仔戏学术研讨会"。1997 年、1999 年及 2001 年后又有多次研讨会在厦门和新加坡举行。两岸的艺人和学者的经常交流、会演、聚会论艺，往来之频繁、交谊之深挚，是行外人士难以体会的。

歌仔戏就是这样在祖国大陆传去的漳州锦歌的基础上加工形成，又回到祖国大陆锻造扩充，它是两岸艺人和民众共同培育出来的艺术之花，是海峡两岸同胞用血泪浇灌出来的相思花。

原中国艺术研究院副院长、著名戏剧理论家郭汉城曾为歌仔戏作诗两首：

> 玲珑剔透听歌仔，贻荡亲情动远思。好藉东风飞海峡，殷勤着意拂离枝。

> 同根共土一般香，挈得春光忆更长。莺舌流珠如传话，相思格调不寻常。

第四节　闽南歌谣对闽南口语的加工

闽南的歌谣曾经是口口相传、经久不衰的。从内容上说，儿歌是传授知识、学习方言的好教材，情歌则是表达情爱的好方式。从语言形式说，都是从口头语言取材，经过加工，不论是诵读或者是配曲歌唱，都是节奏有致、韵脚分明、朗朗上口的。可以说，歌谣因方言而美，方言的朴实清新为歌谣的创作做了贡献；一旦进入歌谣，许多方言词便进入基本词汇的范围，被定音、定形、定义、定性了，因此，民间歌谣也对方言的定型和扩展做出了贡献。

　　闽南歌谣中最具魅力的是儿歌和情歌。以下主要以厦门市闽南文化研究所所编谢云声在 20 世纪 30 年代所搜集的《闽歌甲集》和《台湾情歌》为例，说明其文化价值与艺术成就。

　　儿歌往往是儿童在学龄前从长辈那里学会并在童伴中传诵的。好的儿歌，使儿童获得知识，也学到语言。其知识包括对自然世界的认识，也包括对社会人情的理解，在语言上则包含着方言的语音、词汇和语法的全面训练。

　　在闽南方言地区，《天乌乌》和《月光光》都是几乎无人不知的儿歌：

(1) 天乌乌，卜落雨 $[hɔ^6]$，（乌：黑。卜 $[beʔ^7]$：将要）

　　　揲锄头，巡水路 $[lɔ^6]$，（揲：举着）

　　　巡着一尾鲫仔鱼唎娶某 $[bɔ^6]$。（唎 $[leʔ^7]$：正在。娶某：娶妻）

　　　龟吹箫，鳖拍鼓 $[kɔ^3]$，

　　　火萤担灯来耀路 $[lɔ^6]$，（耀 $[tshio^6]$：照）

　　　水鸡扛轿目吐吐 $[thɔ^3]$，（水鸡：田鸡）

　　　田嫛揲旗喊辛苦 $[khɔ^3]$。（田嫛：蜻蜓）

(2) 月光光，秀才郎 $[lŋ^2]$，

　　　骑白马，过三堂 $[tŋ^2]$。

　　　三堂官，官真浮，触着牛 $[gu^2]$。（浮：轻浮。触：碰到）

　　　牛喂喂，触着鸡 $[kue^1]$。

　　　鸡血流，触着猴 $[kau^2]$。

　　　猴放屁，叫汝买猪肝，汝去买猪肺 $[hui^5]$。

　　　叫汝分人食，汝家己巴囵做一喙 $[tshui^5]$。（家己：自己。一喙：一口）

　　这种儿歌都取材于日常生活，以方便儿童认识身边的事物及最常见的生活动作，前者一韵到底，后者按"顶真格"换韵，都

十分便于记忆。儿歌的三字句多，幼童容易诵读，两个三字句加上停顿，和七字句也能达到和谐。

（3）天顶一块铜，落［lak］落［loʔ］来损着人［laŋ²］。（损［kɔŋ⁵］：撞）

　　　人会走，损着狗［kau³］。

　　　狗会吠，损着碓［tui⁵］。

　　　碓卜春，损着宫［kiŋ¹］。（卜：要）

　　　宫阁起，损着椅［i³］。（阁：再）

　　　椅咧坐，损着被［pheᵉ］。（咧：正在）

　　　被着甲，损着鸭［aʔ⁷］。（前一个"着"：应该。后一个"着"：打中）

　　　鸭卜刣，损着死奴才［tsai²］。（刣：杀）

（4）一个乞食头，撑一支锄头，

　　　行到后路头，踏着一只狗，

　　　跳去山仔头，徛伫墓仔头，

　　　掘着一个死婴仔头。（婴仔：婴儿）

　　　捧倒来佣兜，放伫灶后头。（佣兜：他家）

　　　煮煮七八碗，捧来去请乞食头。

　　前三首是训练单音词的，也是顶真格，其中包含着不同虚字的变换，如能愿动词"会、卜、着"，副词"阁"，助词"咧、着"。第四首用了八处"头"，字音相同，却表示不同的意义："锄头"、"后路头"、"灶后头"是名词的后缀，"乞食头"指的是"头子"，"山仔头"、"墓仔头"是表方位的"顶上"，"婴仔头"指的是名词"脑袋"。这类儿歌都是儿童训练方言词汇、语法的成功教材。

（5）阿达子，做人新妇八道理［li³］。（阿达子：一种热带植物。新妇：儿媳）

晏晏眠，早早起 [khi³]。（晏：迟）

落灶骹，洗碗箸 [ti⁵]。（灶骹：厨房）

上大厅，拭桌椅 [i³]。

入绣房，做针黹 [tsi³]。

阿咾兄，阿咾弟 [ti⁶]，（阿咾：赞扬）

阿咾父母势教示 [si⁶]，（势教示：很会教育）

阿咾丈夫好八字 [li⁶]。（好八字：命运好）

(6) 阿娘我唔嫁，我卜勤勤做工课 [kʻe⁵]。（做工课：干活）

我对今日起，也唔顶家盘下家 [ke¹]，（盘：过）

我卜勤勤来纺纱 [se¹]。

阿囝汝着嫁，有头有对则是家 [ke¹]。

好翁好婿来相趁 [te⁵]，（趁：跟随）

卡好在家家己坐 [tse⁶]。（卡：更加。家自：自己）

阿娘汝讲我也知 [tsai¹]，

出嫁不比在家里 [lai⁶]，

大家若好无么事 [tai⁶]，（大家：婆婆）

大家若歹拍甲狮 [sai¹]，（甲：和。狮：甩打）

小姑小叔搬喙舌 [tsiʔ⁸]，（搬喙舌：挑拨是非）

大家千般来凌迟 [ti²]。

这两首是教小女孩念的，其中包含了一些社会生活的道理，前者一韵到底，表示文意连贯，后者多次换韵和对话换人，和文义转接相应。在句式方面，多数还是三、五、七相间。

(7) 乌薰食了真有势，出门相趁十几个 [e²]。（乌薰：鸦片。相趁：跟随）

有的手提乌薰管，有的身背家俬袋 [te⁶]。　（家俬：家具）

死钱食了有终尽，一个一路来比并 [piŋ⁶]。　（比并：攀比）

塍园厝宅卖了了，某团标致别人个 [e²]。（塍园：田园。厝宅：房产。某团：妻儿）

单身流落无倚煞，啥人免去入养济 [tse⁶]。（倚煞：依靠）

(8) 风飏捻断腹内空 [khaŋ¹]，

厦门水路透番邦 [paŋ¹]。（番邦：南洋）

哥汝许久伫外头 [thau²]，（许久：好久）

想着心酸目屎流 [lau²]。

封封批头一到厝，（批头：侨批送信者）

护娘带念在心头 [thau²]。（护 [hɔ⁶]：被）

这两首分别是讽喻、言情的七言诗，是成年人的歌谣，有时也在少年之中传诵，押韵也是两种，和诗意分隔有关。

(9) 茉莉开花白丝丝，谁人侥心路旁尸 [si¹]。（侥心：变心）

是汝当初对面讲，讲卜共阮结百年 [nr²]。（卜共：要跟）

(10) 塗豆卜食粒粒芳，迎新弃旧唔是人 [laŋ²]。（塗豆：花生）

向望兄哥相痛疼，痛疼阮身诸娘人 [laŋ²]。（向望：盼望。阮：咱。诸娘：妇女）

(11) 为娘割吊桃花痟，倒落床中直条条 [liau²]。（割吊：糟心。痟：发疯）

朋友若来真见笑，起来无拐倚袂朝 [tiau²]。（见笑：丢脸。倚袂朝：站不住）

(12) 哥啊现时真歹运，向望娘团牵成君 [kun¹]。（牵成：提携）

牵成我身若出运，唔敢船过水无痕 [hun²]。（出运：摆脱厄运）

　　这些七言四句、三句押韵的歌谣和古时的绝句相似，也是情歌常见句式。以上情诗男女分唱，使用了许多方言常用词和成语。如"路旁尸"是咒骂人"半路死"，"当初"、"现时"、"痛疼"（疼爱）、"见笑"（丢脸）、"倚袂朝"（站不住）、"牵成"（提携）、"出运"（摆脱厄运）、"向望"（盼望）、"阮身"（咱，指我）都是常用词，"船过水无痕"是常用成语。

　　闽南歌谣的另一个大类是"歌仔"，用韵文形式讲故事，一般只念不唱，因为篇幅长，难以背诵，所以地方书局印成小册子流传，称为"歌仔册"。其中语言全然是地道方言口语，用字很不讲究，随意书写，同音字、训读字、俗字都有，因为贴近口语，识字不多的家庭妇女、半文盲都可以勉强地阅读和念唱。有的操持家务的媳妇不但用它来解闷、调情，还用它来识字，熟能生巧，不认识的字多读几遍也就认得了。歌仔的故事有的是根据本地流传的剧目改编的，如《陈三五娘》、《英台三伯》，有的是据历史故事改编的，如《妲己拜纣王》、《大舜耕田》、《郑国姓开台湾》，还有一些是时事新闻编成的。除了七字一句、句句押韵之外，语言上并无更多的艺术想象和加工提炼，只是节奏整齐、韵脚清楚、朗朗上口而已。它的最大优点是文化不高的人易于听懂。就语言艺术说，较之童谣、情歌，稍逊一筹。下文略举数段，可见一斑：

《郑国姓开台湾歌》：

　　　　原早台湾无人管，平洋矿土专生蕃。
　　　　明末清初天下乱，国姓即来开台湾。

　　　　成功汉人不降满，带兵即来开台湾。
　　　　清朝光绪日本反，鸿章写字去下关。（写字：签写字据条约）

台湾兄弟众同胞，束缚日子今过头。（今：现在）

日本今朗总赶走，永远不肯带咱兜。（朗总：全部。带：住在。咱兜：咱家）

爱国也着人尽忠，国家则有出英雄。（则 [tsia?⁷]：才）

流传万国人敬重，不比日本即奸雄。（即 [tsia?⁷]：这么）

《劝世了解歌》：

做人不通想偏私，带只世间无几年。（带：在）

人那卜死目一尔，万事免甲人相争。（尔 [ni?⁷]：眨眼。甲：和）

万般是人个命运，不是人势钱着春。（个 [e²]：的。势 [gau²]：能干）

咸万不煞免食睏，有个偆着讲万银。（不煞：岂不。偆 [tshun¹]：余剩）

有人一生尽忠义，富而无怨贫无欺。

甘愿度苦过日子，干苦永有出头天。（干苦：艰难受苦。永：往往）

《三伯探英台歌》：

英台捧酒教梁哥，田庄烧酒有恰薄。（恰：比较）

见哥一面足烦恼，心肝无人我个糟。（足：很）

三伯想着流目屎，手牵贤妹坐过来。

乎我愈想愈无采，不敢放开汝英台。（无采：无奈）

杭州三年同床枕，自返病甲只当今。（甲：到。只：这）

小妹险险不成样，我比梁哥恰格心。（恰：更。格心：伤心）

步入现代社会之后，共同语逐渐普及，百姓文化程度不断提高，家庭妇女从厨房里解放出来了，歌仔册在海峡两岸渐趋沉寂，在台湾还有些出版家抱着怀旧之心印了一些，坊间也都难觅了。另一方面，用载歌载舞伴随演奏的综合艺术形式来取代徒口念唱，也成了歌仔册淡出人们视野的原因。但是经过歌仔册加工定型的许多生动活泼的方言词语，却更加牢固地在方言口语中常驻了。例如：

意爱（心里喜爱）	无彩（无可奈何）
配插（匹配）	参详（商量）
了戆工（白费力）	尫婿（夫婿）
觅亲情（找配偶）	上好额（很富裕）
讲𣍐行（说不通）	势凸风（会吹牛）
存意（立意）	幼声（轻软说话声）
目转轮（眼珠转）	相牵手（携手）
无药医（无药可治）	无歇睏（不停歇）
惊歹势（不好意思）	超工来（特意来）
安尼生（如此这般）	侥悻（伤心，倒霉）
娘嫡（娘子和丫头）	有盘头（有利可图）
三舍（三少爷）	罩发落（帮忙备办）

第五节　闽南戏曲对方言的提炼

闽南戏曲之所以会发展成为艺术珍品，主要是因为其吸收了大量在民间已经流传许久的歌谣，对于已经定型千年的闽南方言又进行了反复的锤炼。这里以明代嘉靖四十五年（1566 年）刊本

"重刊五色潮泉插科增入诗词北曲勾栏"《荔镜记戏文》为例，原文照录不同角色的唱词和道白若干段，入韵处标以国际音标，以见一斑：

第一出　辞亲赴任

【一封书】（末——陈三之父陈志忠）：

我分付二仔儿 $[li^2]$，

只去路上着细二 $[li^5]$。

去做官，管百姓 $[si^5]$，

莫得贪酷不顺理 $[li^3]$。

做官须着辨忠义 $[gi^6]$，

卜留名声乞人上史记 $[ki^5]$。

第三出　花园游赏

【粉蝶儿】（旦——黄五娘）：

巧韵莺声 $[sia^1]$，惊醒枕边春梦。起来晏 $[ua^5]$，

日上纱窗。（贴——益春）见窗外尾蝶，双飞相赶 $[kua^3]$。

日头长，春花发得通看 $[khua^5]$。

【锦田道】（旦）：

入花园，嫡相随 $[sui^2]$。

满园花开蕊 $[lui^3]$，

红白绿间翠 $[tshui^5]$。

双飞燕，尾蝶成双成对 $[tui^5]$。

对只景，怃人心憔悴 $[tshui^5]$。

（贴——益春）白：

娘身是牡丹花正开 $[khui^1]$，

生长在深闺 $[kui^1]$。

好时节，空虚费 $[hui^5]$。

怨杀窗外啼子规 $[kui^1]$，

枝上莺声沸 [hui⁵]。

一点春心，今来交付乞谁 [tsui⁵]？

第五出　邀朋赏灯

【四边静】（净——林大）：

拙年无某守孤单 [tuā¹]，

青青冷冷无人相伴 [puā⁶]。

日来独自食，冥来独自宿。

行尽腌臜路，踏尽狗屎干 [kuā¹]。

盘尽人后墙，屎肚都蹂破 [phua⁵]。

乞人力一着，鬃仔去一半 [puā⁵]。

丈夫人无某，亲像衣裳讨无带 [tua⁵]。

诸娘人无婿，恰是船无舵 [tua⁶]。

第十一出　李婆求亲

（丑——李婆）白：

当初十七八岁 [he⁵]，

头上缚二个鬃袋 [te⁶]。

都少人问我乞生月 [geʔ⁸]，

我拣选卜着处 [te⁵]。

今老来无理会 [hue⁶]，

人见我一面亲像西瓜皮 [phe²]。

从以上唱词和对白可以看出，《荔镜记戏文》的语言正是对当年闽南话的相当完美的加工。从韵律看，不仅唱词全部押韵，连道白也不少是押韵的，按民间说法，不论说和唱，押韵才能"落句"。从句式看，有比较工整的七言诗（如开头所引陈志忠所唱诗），也有三字句、四字句、五字句，或成对仗或不成对偶，错落有致。从语体说，按不同角色的性格，偏向书面语（如净、旦）或多用口头语（丑、占）皆有讲究。从用词说，有通语与方言共用的（如当初、孤单、日头、窗外、飞燕、憔悴、深闺、吩咐、做官、忠义、满园、花开、相伴、春花、春梦、花园、相随），日常所用口语则大多直接采用方言词语，例如：丈夫人（男人），仔儿（儿子），诸娘仔（女儿），某（妻子），生月（生辰八字），尾蝶（蝴蝶），细二（小心，仔细），力（抓捕），亲像（好像），紧（快），今（现在），嫡（丫头），晏（晚，迟），盘（翻越），卜（要），只（这），冥（夜），乞（给，被）。

正是因为对方言的加工比较完美，既可以唱起来、读出来，又能让本地人听得懂、理解得快；也可以使舞台表演韵律分明，节奏整齐，富有多样而和谐的音乐性，使受众得到艺术的欣赏。各种地方戏曲数百年来才会受到如此众多闽南人的欢迎，许多唱段早已在民间传唱，许多剧中常用词和常用句式也在日常生活中得到了普遍的应用。

由于地方戏曲乃至各种说唱在闽南地区的普及和盛行，这些方言艺术已经不止是点缀生活的文化娱乐活动了。从婚丧喜庆、逢年过节敬拜祖宗、超度亡灵到各类地方神祇的祭祀活动，都少不了"搬戏"唱曲。直到中华人民共和国成立初年，闽南各地县市所在的城镇都有专业的剧团，乡间还有许多脱产与不脱产的大小戏班，演戏、唱曲成为一种谋生的职业。这种广泛多样的文化娱乐活动不但是各种民俗活动不可缺少的内容，而且成了男女老少普遍喜爱的生活娱乐方式。老人喜欢观看木偶戏，主要是听老艺人讲故事，获得历史知识；青年男女看大戏、"趁戏旦"（捧星、追星），也是交友择偶的一种方式；有的少年儿童则热衷于看武打、学功夫。在私塾弃除、新学尚未普及的年代，教育尚未普及、文盲充斥的乡间，看戏盛于赶集，看完回家还要请大人给小孩"讲戏出"。因为是用大家惯熟的方言讲的，听起来有趣、好懂，实际上成了普及历史知识、传授道德信条、扬善贬恶的一种常见的传习教育的方式。久而久之，许多戏文里惯常听到的语言也就很自然地进入方言口语了。其中有不少是浓缩了戏文故事情节、剧中主人公的姓名以及体现了某种道德训条的谚语。下文试举一些例子。

关于看戏演戏的：

（以下通行于泉州）

人做戏，戏做人（戏是人演的，看了戏之后人也会受戏文影响）

搬戏痟，看戏戆（演戏的如疯子，假事真做；看戏的如傻子，假事当真）

棚顶做戏棚下有（剧情中的故事常常会再现于日常生活）

无丑唔成戏，无技唔成丑（闽南戏重丑角，丑角最需要好演技）

本地戏恶（难）做（本地剧团的演员观众太熟悉，爱挑剔）

搬戏状元才（好演员必定知识面广，演技高，有才气）

看戏的都是忠臣（观众受戏文影响能分善恶、表爱憎）

戏仔弄破鼓，老戏亵查某（小戏锣鼓喧天，大戏挑逗妇女）

戏话无真言（戏文并非正道真言）

好戏着有鼓师，也着有好生旦（鼓师是导演，但是要演好戏还得靠好演员）

三年会出一状元，十年恶（出）一小生（小生要成为名角必须久经磨炼）

会上目莲棚，则会做嘉礼师（能演目莲救母，才称得上是傀儡师傅）

嘉礼戏换头，布袋戏换衫（傀儡戏换头不换服装，布袋

戏反之）

装娘易［kue⁶］装嫡恶［扮娘容易，扮婢女难（丫头往往聪明灵活，因而动作复杂）］

装生成生，装旦成旦［扮生扮旦都应该到位（喻演员演戏时必须投入）］

臭戏加诙谐（蹩脚的戏班或剧团只能靠插科打诨来取悦观众）

千斤白，四两曲（唱功比道白重要，但是也更难）

三分戏品，七分人品（要想演好戏，演员先要人品好）

痞［phai³］戏拖棚（差劲的剧团动作缓慢只会拖时间）

痞戏锣鼓稽［tsue⁵］，痞馆家伙全（差劲剧团锣鼓总是不少，弦管乐团演奏不好但乐器总是齐全的）

搬戏头，乞食尾（许多乡间戏班的班主后来往往腐化堕落，最后沦落为乞丐）

嘉礼骹，嘉礼手，嘉礼步（走路的动作如傀儡戏中的木偶一般）

掠人做嘉礼弄（拿人家当傀儡操纵）

嘉礼马，免食会走（谓不必给俸禄就可以差使）

三十六仙嘉礼当百万官兵（木偶戏班共用傀儡三十六尊，可演出大场面，谓以少代多）

目莲看唔煞见鬼有日（演傀儡戏《目莲救母》总要请鬼邀神，故有此说）

（以下通行于潮州）

静过老三正（老三正为旧时潮州名剧团，该剧团演出时台下总是一片寂静）

好戏双爿听（两边的对台戏都应该听）

无戏无出（无所作为）

装旦惜曲，补篮惜竹（名旦不轻易卖唱）

好戏候棚（演技好的高档剧团开场锣鼓往往打得久，出演慢）

戏歇棚拆（谓事情办完毕了）

抽歌拔曲（高声唱歌，也讥笑人说话造作、不自然）

书头戏尾（说书的开头，演戏的末尾，喻指无关紧要的铺垫部分）

老老戏唔知挂须（老演员了还不知道要挂胡须，讥笑人老糊涂）

阿斗衰尾（败家子没落之意）

清丑好口白（赞赏人口才好、善应答）

食鱼爱食马鲛鲳，看戏爱看苏六娘（《苏六娘》为潮剧里家喻户晓的著名剧目）

千日琵琶百日筝，半世三弦学唔成（学筝易，学琵琶难，弹三弦更难）

未学弹三弦，先学捻药丸（学弹三弦要先训练三指灵活）

揭手遘目眉，分手遘肚脐（双手科步要有分寸）

花旦平肚脐，老生平下颏，乌面（花脸）平目眉，老丑四散来（生、旦、净的动作、手势各有严格限制，只有丑角不论，可以自有发挥）

花旦射目箭，小生揭白扇，乌衫目汁滴，乌面比架势（旦重目神，生举白扇，青衣要善于洒泪，净角则比身段架势）

前棚嘉礼后棚戏（如同时演两场戏，主场必是傀儡戏）

（以下通行于莆田）

旦角行骸仪（旦角走步有一定规矩，谓办事有条理）

尾折画面（莆田戏最后一折直是过场收摊，不必化妆，刻意化妆是要求太高）

关于戏文内容和人物的：

（以下通行于泉州）

程咬金尽弄三下斧头（讥笑人武艺有限）

黄忠不认老（表扬人老当益壮）

蒙正家伙大（反语，剧中吕蒙正一贫如洗）

五虎死了了，魏延升大将（"蜀中无大将"之意）

桃园三结义，关张扶刘备（有本事的要扶助无能的）

马中赤兔，人中吕布（良马有赤兔，名将有吕布）

有人救李世民，无人救秦叔宝（感叹世人趋炎附势）

（以下通行于莆田）

陈三磨镜（陈三为了追求五娘，故意打破铜镜到黄家为奴，谓"另有图谋"）

益春留伞（找借口，另有目的）

陈三面，五娘声（两人都有情意，又都说不出口，遮遮掩掩，所说的话让人捉摸不清）

郑恩拍乞食（莆仙戏《洪武君拍布鼓》中好人做了坏事）

蒙正住瓦窑（谓一时落魄，日后当有出头之日）

买臣嫂劳扫帚（为女人怨命蹇）

伯喈一心跨双头（讥笑人心不足，贪心）

米澜思妻（褒奖不忘糟糠之妇的男人）

未出草庐先定三分（借孔明出山前先定三分天下之计，谓做事必须先有计划）

包龙图逮风（讥笑人捕风捉影）

食酒的有，移尸的无（交酒肉朋友，遇到困难时不会有人来帮忙）

（以下通行于潮州）

绣球掷乞吕蒙正（谓善于识别好人和能人）

曹操一笑三败（讽刺曹操败走赤壁还在自骄，实是十分无能）

王藏生进酒（礼薄义重）

专点潘仁美（故意刁难）

歹过金章婆（恶婆莫过金章婆）

要娶雅姆苏六娘（想娶漂亮老婆就要找像苏六娘那样有德有才的）

　　这些方言词语都形成在地方戏曲盛行的年代，当时的地方戏是男女老少所熟知的，这些生动活泼的戏谚很能勾起看戏听戏时的戏中情，因而成了人们喜闻乐见的常用词，从而也增添了方言词语的艺术性。

第六章

闽南方言的科学研究

第一节　闽南方言研究概况

一、传统的韵书编纂和语源考释

在以雅言为中心的古代，方言的研究是没有地位的，因此传统的汉语方言学并不发达。闽南方言的研究亦不例外。

闽南方言的研究，是从编写韵书开始的。福建最早编出的韵书是记录福州话的《戚林八音》。在该书的影响下，闽南方言各地相继出现了各种韵书。泉州话有《汇音妙悟》（黄谦，1800）、《拍掌知音》，漳州话有《雅俗通十五音》（谢秀岚，1818）、《增补汇音》（1820），厦门话则有《渡江书十五音》、《八音定诀》（1875），后来又有潮州话韵书《潮声十五音》（张世珍，1913）、《击木知音》（又名《汇集雅俗通十五音全本》，马梓丞，1914）、《潮语十五音》（蒋儒林，1921）等等。

闽南话的韵书中，编得最早、影响最大的是《汇音妙悟》。此书编写的目的是帮助农工商贾"因音以识字"。兴安府学官黄大振为《汇音妙悟》所作的序云："盖不独学士大夫执笔为诗，有所补益，即农工商贾阅之，于俗语俗字，所不经见者，亦出其中。则是书之为用，实韵学之指南。"编者乃黄大振之侄黄谦，他在《自序并例言》中说，此书就是按照"因音以识字，使农工商贾按卷而稽，无事载酒问字之劳"的需要而编的。关于该书的体例，他又说："以五十字母为经，十五音为纬，以四声为梳栉，俗字土音，皆载其中，以便村塾事物什器之便。悉用泉音。"① 旧时的读书人写诗填词都得依据《平水韵》，闽方言和这套官音之间的差别是很大的，用方言韵书和官音作对比有利于了解字的正音。尤其是和农民生活在一起的私塾先生，更是经常要用它来按音查字的，黄典诚说："辛亥革命前漳州地区的塾师，案头都要置备一部《十五音》，以便随时请教，以免被人问倒。"② 总之，这些韵书受到民众的广泛欢迎，因而被多次翻刻，并流传至今，为我们保留了 200 年前各地闽南方言的原貌。

早期的闽南方言研究还有一个方向，即为方言词语考释词源。从事这项研究的主要是泉州的民间学者，现存的著作有蔡鸿儒的《晋水常谈录》和庄俊元的《里言征》。

《晋水常谈录》两卷，现存为手抄本，由福建省梨园戏剧团1962 年 11 月抄录。作者蔡鸿儒，晋江人。抄本卷一首题"桐鲤常谈录"，卷二首题"鲤桐常谈录"。该书辑录并考释了词语和俗谚 200 多条。作者《自序》曰："古人读书识大识小，皆关考据，如王厚斋之《困学纪闻》、洪景庐之《容斋随笔》、顾亭林之《日知录》，间有稽考俚语，但不多见耳。余读书之下，有得辄录，多桑梓旧谈及风俗细事，稍及考证，亦不必一一溯源，命曰《晋水常谈录》。……是虽不免夎鄙乎，然以授儿辈，使记览之，亦

---

① 转引自黄典诚《泉州〈汇音妙悟〉述评》，《黄典诚语言学论文集》，第 251 页，厦门大学出版社，2003 年。

② 黄典诚：《漳州〈十五音〉述评》，《黄典诚语言学论文集》，第 266页，同上书。

殊胜于废书不观者。"由于作者"有得则录",故书中并非全为本地方言俗语,如该书所收"天下本无事,庸人自扰之"、"识时务者为俊杰"、"多多益善"等条,显然是各地汉语共用的。

将本书与《康熙字典》比较,可以看出,词语的解释很多与《康熙字典》雷同,现举数例:

(1)日晡:俗谓午饭后为日晡。宋玉《神女赋》:晡夕之后。李善注:晡,日昳时也。《淮南子·天文训》:至于悲如,是谓晡时。顾野王《玉篇》:晡,申时也。

《康熙字典·辰集上·日字部》晡:《玉篇》申时也。《前汉·五行志》日中时食从东北,过半,晡时复。《淮南子·天文训》:日至于悲谷,是谓晡时。

(2)造塔造到尖:俗劝人行盛德事,须有始有终,每曰"造塔造到尾"。按,《五代史》李崧言:镇太原非石敬瑭不可,瑭深德之,曰:为浮图者,必合其尖,盖欲崧始终成己也。

《康熙字典·寅集上·小字部》尖:……《五代史》李崧言,镇太原非石敬瑭不可。敬瑭深德之,曰:为浮图者,必合其尖,盖欲崧始终成已也。

(3)襶襶:俗谓人不谙事理者曰"襶襶"。按"襶襶",不晓事也。《篇海》谓当暑人乐袒裸,而固盛服请见也。程晓诗:今世襶襶子,触热到人家。然则以襶襶为不晓事者,特取义耳。《天香楼偶得》乃云:襶襶,衣厚貌,一云不晓事。非也,此读书之泥耳。

《康熙字典·申集下·衣字部》襶:《集韵》:丁代切,音戴。《类篇》:襶襶,不晓事。《篇海》:谓当暑人乐袒裸,而固盛服请见也。魏程晓诗:今世襶襶子,触热到人家。

(4)婶姆:《集韵》:俗呼叔母曰婶,又呼夫之弟妇亦曰婶姆,音毋。妇人谓夫之嫂曰姆。《紫微杂记》:吕氏母母,受婶房婢拜,婶见母母房婢拜,即答。今俗兄妇呼弟妻为婶婶,弟妻呼兄嫂为姆姆，即母母也。据此，则弟妻谓夫之嫂曰姆，兄妇呼弟妻曰婶。今泉人侄呼伯母曰姆，呼叔母曰婶，妇人既抱子，妯娌间亦间以婶姆相呼，意似从子称呼，不知婶姆本，宛若相称之义。

《康熙字典·丑集下·女字部》姆：……同姥。女师也。妇人五十无子出，不复嫁，以妇道教人者。又弟妻谓夫之嫂曰姆。吕祖谦《紫薇杂记》：吕氏母母，受婶房婢拜，婶见母母房婢拜，即答。今俗兄妇呼弟妻为婶婶，弟妻呼兄嫂为姆姆，即母母也。

由上可见，《晋水常谈录》的解释多参考《康熙字典》。大概本书主要内容就是作者读《康熙字典》，联系本地俗语所作的笔记。作者能够联系方言词语，相互印证，"礼失而求诸野"，难能可贵。本书所记录的方言俗语，对于今人研究 200 年前的泉州方言词汇具有一定的参考价值。本书的缺点是条目少，编排没有一定的顺序，查阅不便。

《里言征》，现存民国三十四年（1945 年）晋江文献会抄藏本。作者庄俊元（1803—1879），字克明，号印潭，清代泉州人，道光十六年（1836 年）进士。书中引用的《闽小纪》出版于 1868 年，据此，该书最早应是成书于 1868 年以后。

书前有《里言征小引》，叙述本书取材于方言，认为方言中有海阔天空的意蕴："方言掇拾，遂阅居诸。……我泉人也，姑言泉欤。海阔天空，何所不储，巨为鲲鲸，庸有王余。无用之用，聊饱蠹虫。"该书收录的词条比《晋水常谈录》丰富得多，共有 808 条，按字数分为四卷：卷一为单字条，卷二为二字条，卷三为三字条，卷四为四至十字条。有的条目还附上反切或以同音字注出方言读音（尤其是卷一）。举例如下：

（1）龟脚_{泉呼鸡给，一声之转}：闽中海错蚌蛤之属，形绝类龟脚，亦名仙人掌。潮涨时舒五爪，如掌亦如葩。郭璞《江赋》：石砝应节而扬葩。《闽小纪》谓即是物。

（2）杜狗_{蝼蛄也,泉呼土猴,音转}：《方言》十一：蝼蛄，南楚谓杜狗。《本草》：穴土而居，有短翅、四足，雄者善鸣而飞，雌者腹大羽小不善飞。

（3）土笋冻_{笋,泉呼蒜}：《闽小纪》：生于海滨，形类蚯蚓。煮冻肥美，性大寒。《宁波志》曰：沙噀谢，在杭作泥笋，乐清人呼沙蒜。

（4）指头伸出有长短：《曲洧旧闻》：建隆间，竹木务监官奏剪截，俾齐太祖批状曰：汝手指宁无长短乎？胡不截之。曹植诗：十指有长短，痛惜皆相似。

二、传教士的闽南方言研究

如本书前文所述，早在唐宋时代，就有不少闽南人定居于东南亚各国。早期来到东南亚的西方殖民者，是最早一批接触中华文化和闽南方言的西方人。

据已经知道的情况，西人调查闽南方言，始于 16 世纪的菲律宾。西班牙的奥古斯汀会、多明我会和耶稣会于 1565 年至 17 世纪初抵达菲律宾传教。根据马西尼（2004），西班牙传教士在 16 世纪末至 17 世纪初编出了至少 10 种闽南话辞书，今存至少 6 种。① 其中，西班牙耶稣会的契林诺（Pedro Chirino，1557—1635）的《闽南方言与西班牙卡斯蒂利亚语对照字典》（*Dictionarium Sino-Hispanicum*）编成于 1602 年。该书稿现藏于意大利国家图书馆，88 页（83 页有文字），共收 1920 个字，966 个词，另有 6 个短语，116 个句子。每个字用 Castillian 语言翻译，译文写在左边，该书使用一种罗马字拼音系统。汉语的罗马字拼音系统是西方的拼音文字与汉语接触的产物，看来这种接触始于与闽

---

① 马西尼：《罗马所藏 1602 年手稿本闽南话—西班牙语词典——中国与西方早期语言接触一例》，邹嘉彦、游汝杰主编《语言接触论集》，上海教育出版社，2004 年。

南方言的接触。到了 1605 年，利玛窦的《西字奇迹》为官话制定了一个拼音方案。

另外，西班牙奥古斯汀会的拉达（Martin. de Rada，1533—1578）曾于 1575 年和 1576 年两度到达福建旅行，所著《中国语言词汇集》（*Arte y Vocabulario de la lengua China*）可能是第一部中外合璧的字典（闽南话和西班牙文），惜已逸失。①

五口通商之后，西方传教士陆续来到中国传教。语言是沟通的媒介，传教士首先必须解决语言障碍，了解当地文化，才能顺利传教。传教士中往往就有受过语言学训练的学者，一到本地就调查方言，编写方言词典，翻译《圣经》等有关读物，既供传教士传教，也供商人学习本地话以便于通商。

来到厦门的传教士很快就向本地人学会了厦门话，制定出闽南方言的罗马字拼音系统，编撰了一系列的词典、教材，发行了大量的方言《圣经》译本。拼音系统的拟定为进一步描写语言提供了可靠的工具，词典和教材的编纂反映了他们对方言语音、词汇和语法的描写，大量的《圣经》译本和其他读物，则可以看成闽南方言的长篇语料。这些材料为后代保存了 100 多年前的闽南方言的面貌。因为他们以 19 世纪在欧洲诞生的语言科学为基础，因此学术水平极高。② 值得注意的是，传教士也参考了传统的研究成果，他们往往先根据地方韵书整理出音系，有些辞典的内容甚至直接取材于地方韵书。这一做法也保证了他们的记录、拼写材料不至于出大问题。

---

① 据吴孟雪《明清时期欧洲人眼中的中国》第 6 页（中华书局，2000 年）："第一部中外合璧的字典，是 1575 年到达福建沿海的西班牙奥斯定会会士拉达（M. de Rada）根据泉州土音（闽南话）用西班牙文编著的《华语韵编》。"邹嘉彦、游汝杰翻译马西尼（2004）一文时，将字典名翻译为《中国语言词汇集》。又据马西尼（2004）称，拉达的字典已经逸失。

② 游汝杰：《汉语方言学教程》，第 235 页，上海教出版社，2004 年。

下表列出这个时期传教士的各类著作：

地　区	词典类	语法类	语音类	课本类	《圣经》译本
厦、漳、泉及台湾	18	0	3	5	186
潮汕	9	1	1	4	60
海南	1	0	2	4	19
莆仙	0	0	0	0	26

资料来源："词典类"（厦、漳、泉及台湾）、《圣经》译本（厦、漳、泉及台湾、海南、莆仙）的数据据张嘉星的《闽方言研究专题文献辑目索引（1403—2003）》整理，其余各类根据游汝杰的《西洋传教士汉语方言学著作书目考述》整理。

除了《圣经》译本外，传教士的各种研究中，"词典类"最多，其中又以"厦漳泉及台湾"为最。以下介绍"厦漳泉及台湾"的几本较为重要的词典：

1. 1831 年，《汉语福建方言字典》（*A Dictionary of the Hok-keen Dialect of the Chinese Language*），麦都思（Walter Henry Medhurst，1796—1857）编，东印度公司出版社。两册共930 页，收约 10500 个汉字，记录漳州音，材料大部分来自谢秀岚的《雅俗通十五音》。

2. 1853 年，《翻译英华厦腔语汇》（*Anglo-Chinese Manual with Romanized Colloquial in the Amoy Dialect*），① 美国归正教传教士罗啻（Elihu Doty，1809—1864）编，鹭门梓行出版，是一本英厦分类词汇，共分宇宙、物质、食物、官员等 26 部分。该书前言说明了编写此书的用意，是为了帮助那些有机会和厦门人进行日常说话的人，也希望能对那些打算将本地所说方言作为一种严肃的研究对象的人有所帮助。词典前言还介绍了厦门话的发

---

① 《翻译英华厦腔语汇》及以下的《英厦词典》、《厦门音的字典》、《中西字典》所依据的版本均来自"台语文记忆"计划网站所提供的扫描本。

音要点。正文共 214 页，分三栏，左栏英语单词，中栏列汉字，后栏用白话字拼注厦门音。

3. 1873 年，《厦英大辞典》（*Chinese-English Dictionary of the Vernacular of Spoken Language of Amoy，With the principal variations of the Chang-chew and Chin-chew dialects*），杜嘉德（Carstairs Douglas，1830—1877，一译道格拉斯）编，由伦敦杜鲁伯那公司出版。全书 612 页，收录 4 万余词。此词典一出版便大受欢迎，成为学习闽南方言的必备工具书。杜嘉德在《序言》中说，中国的"书面语言"是一种已死的语言，它和中国的各种各样口头语言的关系，类似于拉丁语和西南欧诸语言的关系。《厦英大辞典》没有汉字，他认为，大量的词汇（估计有四分之一或三分之一）根本就找不到对应的汉字。厦门语是一种独立的语言，其存在不须仰仗汉字。

4. 1882—1892 年，《荷华文语类参》（*Nederlandsch-Chineesch Woordenboek met de Transcriptie der Chineesche Karakters in het Tsiang-tsiu Dialekt*），薛力赫（Schlegel Gustaaf，1840—1903）编，由莱顿布理尔出版社分册刊行。全书四卷，以收漳州话读书音为主，用罗马字拼出。

5. 1883 年，《英厦词典》（*English and Chinese Dictionary of the Amoy Dialect*），麦嘉湖（John Macgowan，一译马约翰）编，厦门英国长老会出版。杜嘉德在其词典序言里说："有厦英而无英厦词典是一个缺点，英厦词典待另编写。"此词典参考的主要是杜嘉德的《厦英大辞典》。词典正文共 603 页，先列英文单词，再用汉字列厦门话词语及白话音，另有附录"*A number of questions & c., on various diseases for the use of medical men*" 13 页，为供医生看病的问句。

6. 1891 年，《中西字典》（*Chinese Romanized Dictionary of the Formosan Vernacular*），加拿大长老会传教士偕睿理（George

Leslie Mackay，1844－1901，一译马偕），上海美华书馆复板。封面题《中西字典》，正文第 1 页上题 "*Chinese Romanized Dictionary of the Formosan Vernacular*"。偕睿理在《序言》中说，1874 年，他收到上海的 "长老会出版社所使用的汉字字体列表"，共有按笔画编排的 6664 个字，他将这些字用罗马字注音并予以解释，后来又逐渐增订至 9451 字，于 1876 年完成该字典。字典正文有 226 页，后有部首 2 页。正文先列汉字，再列汉字的白话字音，画 "＝" 号，然后用白话字进行解释，如：

中 Tiong＝tiong-ng

7. 1894 年，《厦门音的字典》（*Ê-Mn̂g Im Ê Jī-tián*），美国归正会传教士打马字（John Van Nest Talmage，1819－1892，一译打马基）编，大美国归正教的公会印行。该词典是打马字的遗稿，后来由来坦履（Daniel Rapalje）做了补编，予以出版。

词典印出后大受欢迎，1913 年第 3 次印刷增加了一些字，新增加的字附在原字典后，此版本序言及体例 2 页，正文 454 页，目录 81 页。字典先列汉字，再列白话音，最后是注释（注释也用白话字）。字典正文用汉字白话音的音序（a～u）排列，目录以汉字部首顺序排列。

8. 1913 年，《厦门音新字典》（*A Dictionary of the Amoy Vernacular Spoken Throughout the Prefectures of Chin-chiu Chiang-chiu and Formosa*），英国长老会传教士甘为霖（William Compbell，1841－1921）编，台湾教会公报社发行。甘为霖于 1871 年到台湾，本词典以打马字的《厦门音的字典》为蓝本，收约15000 个汉字，多从《康熙字典》和谢秀岚的《雅俗通十五音》选出，注解也用白话字。这本字典被认为最为实用，在海峡两岸流布很广。

9. 1923 年，《厦英大辞典增补》（*Supplement to Dictionary of the Vernacular or Spoken Language of Amoy*），巴克礼

（Thomas Barclay，1849—1935）编，台南英国长老教会出版。杜嘉德的《厦英大辞典》使用一段时间后，由于社会生活的变化，新出现了许多词汇。本书是巴克礼对杜嘉德词典所做的增补。增补本的序及说明 5 页，词典正文 276 页，3600 条，每个字标出汉字。

语法类的仅有 1 本，即威廉·耶士摩（William Ashmore，1824—1909）的《汕头话口语语法基础教程》（*Primary Lessons in Swatow Grammar*），英国长老会教会出版社于 1884 年出版。全书共 36 课，课文之前有"简介"和"语法"，之后有"潮州方言音节表"。① 该书实际上是一本方言教材。

语音类共 6 篇，其中厦门话有 3 篇：

1. Hon. Charles W. Brandley, *Chinese Local Dialects Reduced to Writing*：*An Outline of the System Adopted for Romanizing the Dialect of Amoy*, Journal of the American Oriental Society. Vol. 4（1854）. pp327—340. New York.

2. P. W. Pitcher，厦门语罗马拼音的历史目的和结果（*Amoy Romanization*，*Its History*，*Purpose and Results*），China Review 32：567—573.

3. W. B. Cole, *Romanized Script in Fukien*，China Review，1920，856—858.

海南话 2 篇：

1. S. Dyer, *Remarks on the Hainanese Dialect*, China Repository，1835，4，172—176.

2. Frank P. Gilman, *Notes on Hainanese Dialect*, China Review 1891，191—194，Hongkong.

---

① 林伦伦：《从〈汕头话口语语法基础教程〉看 120 年前的潮州方言音系》,《语言科学》2005 年第 2 期。

潮汕 1 篇：

John Steele，《潮正两音字集》（*The Swatow Syllabary*，*with Mandarin Pronunciations*），Shanghai：The Presbyterian Mission Press，384p，1924.

此外，各类词典前一般也会有关于语音系统的说明，如高德（Goddard Josiah）所编的《汉英潮州方言字典》（*A Chinese and English Vocabulary in the Tie-chiu Dialect*），其导言便有关于语音的描写。[①] 前文提到的威廉·耶士摩的《汕头话口语语法基础教程》课文之前也有"简介"（字母发音、声调、元音数量、发音变异）。麦嘉湖的《英厦词典》序言中也有关于厦门话连读变调的描写。

学习一种语言离不开一本词典，词典的编撰者往往也正是"课本类"的编者。如词典《翻译英华厦腔语汇》的作者罗啻也编过教材《英中厦门本地话指南》（1855），《英厦词典》的作者麦嘉湖就曾经编过《英华口才集》。

《英华口才集》（*A Manual of the Amoy Colloquial*），1869 年初版，1892 年为第 3 版。第 1 节是语音。第 2 至 40 节主要是词汇学习，先罗列一些词语，再造简单的句子。其中，2 至 14 节是入门性的词语，15 至 40 节是分 18 个主题，如"家庭事务"（household matters）、"时间和季节"（times and seasons）、"旅行"（traveling）等等。之后是"各种主题的会话"（conversations on a variety of subjects），会话一问一答，每课 10 至 20 个句子。最后附录简单的词表，分"厦门话主要的动词和形容词词典"（A dictionary of some of the principal Verbs and Adjectives in the Amoy dialect）及"补充的名词"（A short supplementary list of Nouns）两部分。

---

① 李竹青、李如龙：《潮州方言语音的演变》，《潮州学国际研讨会论文集》，暨南大学出版社，1994 年。

厦门话除了以上两本课本外，还有以下 3 本：

《厦门话三字经》（*The Trimentrical Classic in the Amoy Dialect*），1894 年出版于上海。

George Thompson Hare ［editor］，*The Hokkien Vernacular*，Singapore Government Printing Office，1897－1904，2v. Part 1. Chinese text；Part 2，English text

Warnshuis，A. Livingston and H. P de Pree，《厦门口语课程》（*Lessons in the Amoy Vernacular*），1911 年，共 30 课，附录单字表和分类字表。①

除了以上几类外，传教士编写出大量的《圣经》译本，供信徒阅读。除《圣经》外，他们还使用白话字翻译中国古籍，发行历史、地理、数学等各类科普读物。这些读物对于在掌握白话字的信众中普及科学知识发挥了一定的作用。其中，古籍多采用汉字和罗马字对照的方式排版，对于识字教育也有帮助。

据黄典诚 1955 年的调查，用闽南罗马字拼注或拼写的各种圣经、教义故事、教会刊物、启蒙、科普读物、字词典，100 多年间出版了 298 种，其中图书 120 多万册，报刊 110 多万份。② 这个数据仅仅是统计了当年在祖国大陆发现的出版物，至于台湾地区和国外的出版物，由于当时条件所限，未在统计范围内。大量的读物对于白话字的普及产生了巨大作用，早年闽南地区（包括厦门与附近省市）学会使用闽南白话字（罗马字拼音）的人数在 3 万人以上。

三、日本殖民时期的台湾闽南话研究

从 1895 年至 1945 年，日本侵略者盘踞台湾 50 年，日本殖民

---

① Henning Klöter：《*The History of Peh-Oe-Ji*》，台湾罗马字教学及研究国际学术研讨会论文，2002 年。

② 转引自许长安：《厦门话文》，第 76 页，鹭江出版社，1999 年。

政府强行推行日语教育，取缔中文教育，一度还禁止使用闽南话。但是，为了统治需要，官方组织了对台湾闽南话的调查研究。这一时期的研究亦以实用为主，成果多为词典、教材，其中又以词典的编纂最多，如《日台小字典》(1897)、《日台新辞典》(1903)、《日台人辞典》(1907)、《台日新辞书》(1931)、《台日大辞典》(上卷 1931，下卷 1932) 等等。这些辞典中，以台湾总督府编、小川尚义主修的《日台大辞典》和《台日大辞典》影响最大。因为参加工作的是训练有素的语言学家，其学术质量有所保证。

《日台大辞典》，正文 1183 页，共 42000 多条。绪言部分 212 页，详细介绍了闽南方言的语音系统，闽南方言比较、与汉语各方言及朝鲜、安南音比较，文读和白读比较，与中古音比较。这是汉语语言学史上古今汉字字音对应表的开创，比高本汉 1915 年的《中国音韵学研究》还早了 8 年。辞典所附的"台湾言语分布图"，是第一张台湾方言地图，也是第一张汉语方言地图。该辞典后来又经大幅修订，于 1938 年出版《新订日台大辞典》上卷，收词达 35608 条，但下卷未出版。

《台日大辞典》以闽南方言语音、汉字、日语解释、例句、例句的日语解释的顺序编排，正文共 1916 页，收条目 90000 多条，例句 90000 多条，是当时规模最大的闽南方言辞典。其中闽南方言语音使用日本的片假名来拼音，以厦门音为主，也收入泉州、漳州、同安、漳浦、安溪、长泰、灌口等地的不同口音。

日本殖民统治时期台湾的闽南话研究中，还有连横的《台湾语典》一书。作者《自序》云："余台湾人也，能操台湾之语而不能书台湾之字，且不能明'台语'之义，余深自愧。夫台湾之语，传自漳、泉；而漳、泉之语，传自中国。其源既远，其流又长，张皇幽渺，坠绪微茫，岂真南蛮鴂舌之音而不可以调宫商也哉！……台湾之语，高尚优雅，有非庸俗之所能知；且有出于周、秦之际，又非今日儒者之所能明。……余惧夫台湾之语，日就消灭，民族精神因之萎靡，则余之责乃娄大矣。"连横的爱国、爱乡、爱中华文化、爱方言母语的民族感情溢于言表。他给后人留下的《台湾语典》和《台湾通史》，都是经典名著，功莫大焉。《台湾语典》共四卷，共收1182条词语，其中大部分词语均进行旁征博引的考释。如：

> 　　八　识也。能辨别也。《说文》：八，别业，像分别相背之形。按八为仓颉初文，逮今五千年，中国久已不用，而台湾独存其语，音义不爽。
>
> 　　普　色不明也。呼正音。《说文》：普，日无色也，从日从并。朱骏声氏谓：并者，旁也；旁者，云旁薄也。俗作氆。按《字汇》：氆音榜，西番织绒也；音义俱异。【例】普色、普光。
>
> 　　据　为任之之意。《广韵》：据，依也。《易·困卦》：困于石，据于蒺藜。在为自在。

吴守礼的《近五十年来"台语"研究之总成绩》（1955）对于这一时期闽南话的研究曾经有比较全面的总结。

四、现代的闽南方言研究

中国的现代语言学建立以来，比较早问世的重要著作有：周辨明的《厦语入门》（1920）、《厦语的声调实验》（1929，英文，刊于法国的《通报》），林语堂的《厦门音发音及标音》（1924）、《闽粤方言之来源》（1928），叶国庆的《闽南方言与十五音》（1929），邱立的《闽南方言考》（1929），罗常培的《厦门音系》（1930），连横的《台湾语典》（1933），吴守礼的《福建语研究导论》（1949）、《台湾省通志稿·人民志·语言篇》（1954），黄典诚的《厦门话拉丁化新文字方案》（1950）、《闽南话》（1954），董同龢的《厦门方言的音韵》（1957）、《四个闽南方言》（1959），詹伯慧的《潮州方言》（1959），福建省汉语方言调查指导组和福建省汉语方言概况编写组的《福建省汉语方言概况讨论稿》（1963），丁邦新的《台湾方言源流》（1979）等等。

周辨明、林语堂是闽南本土生长而又最早研究自己母语的学者，他们的论著既能准确地反映本地方言的特质，又能运用现代语言学的先进研究方法，他们所创办的"厦语社"对后来的闽南方言研究有很大的影响。黄典诚、连横、吴守礼也是出生于闽台本土、从青年时期起就研究闽南话，而且锲而不舍地做出重大贡献的本地学者。

罗常培（1899—1958）是中国现代语言学的奠基人之一，1926 年到厦门执教，1930 年发表《厦门音系》①。该书是现代闽南方言研究的奠基作品，其研究方法也对汉语方言学有多方面的范式意义。该书既有共时的描写，也有与中古音的比较，还广泛"征集当地通俗韵书、里巷谣谚及教士所为罗马字注音诸书，互相参究"②。全书内容包括以下 5 方面：

1. 厦门的语音。包括声母、韵母、声调三部分，详细分析了声母（20 个），韵母（57 个）的音值，声调部分归纳出基本调类 7 个、轻声 1 种，整理出二字组连读变调。

2. 厦门话的音韵。制定出一套厦门方言罗马字系统，列表将该系统同周辨明与教会所制定的各类罗马字（Campbell、Douglas、Doty、Medhurst）进行比较。列出厦门话单字音表。分同声异韵、同韵异声和声韵俱异 3 类，总结文读音和白读音的对应规律，这是对方言文白异读现象的首次详细描写。

---

① 《厦门音系》，1930 年由中央研究院作为历史语言研究所单刊甲种之四初版，1956 年科学出版社再版，1999 年收入山东教育出版社的《罗常培文集》（第一卷）。

② 罗常培：《厦门音系》，《罗常培文集》（第一卷），第 7 页，山东教育出版社，1999 年。

3. 厦门音与《十五音》的比较。与谢秀岚《增注雅俗通十五音》所记录的漳州音进行比较，比较声母韵母分合情形，从中窥见厦门音和漳州音的异同。

4. 厦门音和《广韵》的比较。

5. 标音举例。举例含语助词故事 1 篇，歌谣 4 首。作者在《再版序言》中说："长篇故事和民间文艺的记录，对于研究词汇和语法的关系非常重大，这类材料记录的越多，研究的结果也越靠得住一点。……本书的五篇标音举例是有带头作用的。"①

董同龢的《四种闽南话》和《厦门方言的音韵》研究了厦门、晋江、龙溪和揭阳等地的闽南话，做了精到的分析，是 20 世纪 50 年代研究闽南方言的经典性著作，经常被后人引用。其研究方法对后来的闽南话研究有重大的影响。

1956 年，教育部和高等教育部联合指示，以市、县或相当于县的行政区为单位，每一单位为一个调查点，进行方言普查。1962 年和 1963 年，福建省汉语方言调查指导组和福建省汉语方言概况编写组编写出《福建省汉语方言概况讨论稿》，这是对福建省汉语方言的首次普查。此书与闽南方言有关的内容如下：

1. 该书总论的"福建省汉语方言的分区"采用"群—区—语—音"四个层级的分类法，将福建方言分为闽海方言群、闽中方言群和闽客方言群 3 个群。其中，闽海方言群又分为闽东方言区、莆仙方言区和闽南方言区 3 个区。

2. 第二部分分论是对各个方言区的描写，其中介绍了厦门、莆仙的语音系统、词汇语法特点，厦门话与龙岩话、大田话、尤溪话、泉州话、漳州话等的语音比较，并用国际音标记录了数篇厦门、莆仙的故事歌谣。

① 罗常培：《厦门音系》，《罗常培文集》（第一卷），第 6 页，山东教育出版社，1999 年。

3. 附录 1 是普通话与福建汉语方言字音对照表，收字 530 个。附录 2 是普通话与福建汉语方言词汇对照表，共列 352 条词汇。附录 5 分 3 类列出 50 张"福建汉语方言参考地图"，包括反映闽语系统和客话系统对立，反映闽海、闽中、闽客三群对立，反映各区间的差别的三类。其中语音条目 16 幅，词汇条目 34 幅。

4. 出于推广普通话的目的，本书第一部分还有"福建人学习普通话的主要难点及其克服办法"一章。

20 世纪 80 年代之后，海峡两岸及境内外研究闽南话的学者逐渐加强了学术交流。尤其是 1987 年李如龙在福州主办了第一届闽方言国际研讨会之后，该会议每两年一次，轮流在福建、广东、香港、海南等地开会。研究闽南话和大闽语的学者相互交流，加强了闽语之间的比较研究，这对于推动闽南方言的深入研究，起到了很大的作用。20 年来，闽南方言的研究，既注重方言点的描写，又注重方言间的比较和与古代汉语的比较，还注意方言与历史、文化的相互阐释。应该说，当代闽南方言的研究已是蔚为大观，在材料和理论上都有了进一步的深化。以下分几个方面说明：

1. 方言点描写

20 世纪 80 年代以来，举国上下都编了省、市、县志，在福建，有关部门规定，鉴于福建方言的歧异，各地所编的方志，都应有《方言志》卷。在闽南方言区的各县市，包括闽台及周边多省，都编了方言志。

如福建省内，泉州的泉州、永春、德化、南安、安溪、晋江、惠安、石狮、鲤城区均有对应的方言志；厦门的同安、厦门亦有方言志。在台湾，省志中有《台湾省通志稿·人民志·语言篇》（吴守礼）和《重修台湾省通志·卷三·住民志·语言篇》（丁邦新等），此外，宜兰、桃园、台南、高雄、彰化、新竹、台中、云林均有方言志。另外，包括广东、海南及浙江南部多县，也有方言志对当地方言加以记录。

总的来说，各地方言志篇幅长短不一，所采编内容也不完全相同，不过，大体上都有声韵调系统和"同音字表"，但是多数点所收的词汇和语法例句都偏少。

有一些方言点做了较为深入的调查研究，把所得的材料编成单刊。如：钟露升的《福建惠安方言》（1964），林金钞的《闽南语研究》（台湾，1975），顾百里的《澎湖岛方言调查》（1979），张振兴的《台湾闽南方言记略》（1983）、《漳平方言研究》（1992），李熙泰、陈荣岚的《厦门方言》（1994），马重奇的《漳州方言研究》（1994），郭启熹的《龙岩方言研究》（1996），杨必胜、潘家懿、陈建民的《广东海丰方言研究》（1996），林伦伦的《澄海方言研究》（1996），周长楫、欧阳忆耘的《厦门方言研究》（1998），周长楫、周清海的《新加坡闽南话概说》（2000），董忠司的《台湾闽南语概要》（2001），林庆勋的《台湾闽南语概论》（2001），陈晓锦的《马来西亚的三个汉语方言》（2003，其中讨论了马来西亚的潮州话），林伦伦的《粤西闽语雷州话研究》（2006），刘新中的《海南闽语语音研究》（2006）等。

而1991年出版的陈章太、李如龙的《闽语研究》和1998年出版的黄典诚、李如龙主编的《福建省志·方言志》，虽然是闽方言的整体研究，却包含有多种闽南方言的较为详细的比较研究材料，反映了20世纪闽南本土方言研究的总体水平。

2. 语音研究

方言研究中，语音方面的研究最多，上述方言志、方言分地研究都会涉及语音的描写和研究。此外，在传统文献、文白异读和声调三个方面的研究较为深入。

首先，对于传统文献的语音方面已有多方面的研究：

韵书方面，有各地韵书的比较研究，有各部韵书的深入研

究。各地韵书的比较研究有：村上嘉英的《通俗韵书に见られる中国人の闽南语研究》（1967），野间晃的《ビン方言の文献学的研究序説》（日本东北大学博士论文，2002）、《中国语闽南方言の音韵标记法について》，李如龙的《闽方言的韵书》（1991/1996），马重奇的《清代三种漳州十五音韵书研究》（2004）。

各部方言韵书的研究包括：

《汇音妙悟》的研究有王育德的《泉州方言の音韵体系》（1970），樋口靖的《闽南语泉州方言音系についての覚ぇ书》（1983），黄典诚的《泉州〈汇音妙悟〉述评》（1980/2003）等。

《雅俗通十五音》的研究有黄典诚的《漳州〈十五音〉述评》（1982/2003），马重奇的《〈汇集雅俗通十五音〉文白异读系统研究》（2004）等。

《八音定诀》的研究有吴守礼的《〈八音定诀〉与〈手抄十五音〉》（1960），李如龙的《〈八音定诀〉初步研究》（1981/1996）、郑碧娇的《〈八音定诀〉音系研究》（厦门大学硕士论文，2000）、元钟敏的《〈八音定诀〉研究》（台湾师范大学硕士论文，2001）等。

《渡江书十五音》的研究中，李荣的《〈渡江书十五音〉序》（1988）认为该书的音韵系统更接近于厦门。黄典诚的《关于〈渡江书十五音〉的"本腔"》（1994/2003）根据"糖"字有 $[th\mathrm{o}\eta^2]$、$[th\mathfrak{z}^2]$、$[th\eta^2]$ 三个读音，其中 $[th\mathfrak{z}^2]$ 注为"本腔"，认为渡江书的作者系漳州长泰县籍。李如龙的《〈渡江书十五音〉导言》（2001）通过将《渡江书》的语音系统与现代的漳州话和厦门话进行比较，又联系文献中所载 100 年来的厦门和漳州语音，确证该书为早期厦门话韵书，反映的是 100 年前的厦门旧音，并推测作者可能说的是带漳腔较多的杏林、海沧一带的厦门话。另外还有王顺隆的《闽南语韵书〈渡江书〉字音谱》（1996）、《〈渡江书〉韵母的研究》（1996），陈荣岚的《〈渡江书〉入声考》（厦门大学博士论文，1993）等。

此外，还有黄典诚的《〈拍掌知音〉说明》、陈君慧的《〈订正台湾十五音字母详解〉音系研究》（台湾"中山大学"硕士论文，2001）等研究。

对戏文中的语音探讨则包括：施炳华的《〈荔镜记〉音乐与语言之研究》（2000），王建设的《明刊闽南方言戏文中的语言研究》（暨南大学博士论文，2002）。王文分析了《荔镜记》和《满天春》两本明代戏文，认为前者泉州色彩重于漳州色彩，《满天春》则为泉腔、漳腔混合，在此基础上探讨了这两本戏文的语音、文字、词汇和语法现象的特点，并对闽南方言古戏文校注提供了一些建议。

传教士文献的研究有许长安、李乐毅的《闽南白话字》（1992），游子宜的《〈厦门音新字典〉中一字四音之多音字多音来源之探讨》（2000），林伦伦的《从〈汕头话口语语法基础教程〉看120年前的潮州方言音系》（2005），李如龙的《厦门话近两百年来的变化——两本教会语料的考察》（2006）。近年来，传教士文献受到越来越多的重视。

其次，对于文白系统的研究也比较充分。如上所述，罗常培的《厦门音系》就十分重视并介绍了厦门话的文白异读。此后，更系统地描写文白系统的是李如龙的《厦门话的文白异读》（1963）。戴庆厦、吴启禄的《闽语仙游话的文白异读（上下）》（1962）是较早系统描写莆仙话文白异读的。潮汕闽南话的文白异读相关研究中，较早发表的是张盛裕的《潮阳方言的文白异读》（1979），他提出，文读音和白读音是词汇层次的差别，而不是简单的使用范围、词汇色彩的差别，文章分析了潮阳话的文白异读的声韵调差别，一字三音、四音、五音的异读层次。粤西和海南闽南话的文白异读则有何大安的《澄迈方言的文白异读》

（1981），余霭芹的《遂溪方言里的文白异读》（1982），冯成豹的《海南琼海话声母的文白异读》（1996）。

此后，人们又对闽南方言的许多点的文白异读进行了研究，如：张振兴的《漳平（永福）方言的文白异读》（1989），林伦伦的《汕头话文白异读研究》（1991），潘家懿的《海丰福佬话文白异读研究》（1991），马重奇的《漳州方言的文白异读》（1996）。在大量方言点文白异读的调查基础上，有一些论著对此进行了总结和比较，如杨秀芳的《闽南语文白系统的研究》（台湾大学"中国文学研究所"博士论文，1982），徐芳敏的《闽南厦漳泉次方言白话层韵母系统与上古音韵部关系之研究》（台湾大学"中国文学研究所"博士论文，1991）。后来，李如龙的《论闽方言的文白异读》（1995）是就整个闽语的文白异读的综合讨论。

再次，声调方面的研究，早期有周辨明利用实验语音学进行的厦门话声调的研究，现代则深入调查描写了一些点的声调及连读变调的规律，连读变调讨论了两字组及多字组，关涉语音和语法的交界面。在此基础上，又进行了一些点的古调值的构拟。以次方言点来分类叙述相关研究成果，举例如下：

厦门话：李如龙的《厦门话的变调和轻声》（1962），Matthew Y. Chen 的《The Syntax of Xiamen Tone Sandhi》（1987）、《Tone Sandhi：Patterns across Chinese Dialects》（2001），Lin Jowang 的《Lexical Government and Tone Group Formation in Xiamen Chinese》（1994）。

台湾闽南话：萧宇超的《台湾闽南语的连读变调：句法前后》（1993）、《闽南语连读变调与韵律音韵学理论》（1995），蔡素娟的《Bootstrapping into Taiwanese Tone Sandhi》（1999）、《闽南语连读变调与词素变体选择假设》（2002）。

漳州话：张振兴的《漳平（永福）方言的连读变调》（1983）

介绍了漳平（永福）方言的多字组连读变调的情况，讨论本调和变调的关系，并提供了大量的两字组、三字组连调的例子。另外还有陈宝贤的《闽南漳平方言连调研究》（北京大学中国语言文学系博士论文，2006）。

莆仙闽南话：戴庆夏的《闽语仙游话的变调规律》（1958）。

广东闽南话：张盛裕的《潮阳方言的连读变调（一～二）》（1979，1980），杨必胜、陈建民的《海丰话语句中的声调问题》（1981），张晓山的《潮州话连读变调的特点》（1992）。

海南闽南话：张琨的《海南闽南语的声调》（1993），陈波的《海南闽语声调系统中的官话模式》（2002）。

利用共时的声调比较进行古调值的构拟，有何大安的《变读现象的两种贯时意义：兼论晋江方言的古调值》（1984），平山久雄的两篇文章：《厦门话古调值的内部构拟》（1975）、《再论厦门话古调值的内部构拟》（1995），周长楫的《泉州话早期调类及其调值构拟》（1989）。

3. 词汇研究

词汇研究成就最大的是词典编纂。从 16 世纪开始，闽南方言的各类辞书每年几乎都有数部问世。厦门大学中国语言文学研究所汉语方言研究室编的《普通话闽南方言词典》（黄典诚主编，1982）收录普通话词语 5 万多条，闽南方言词语（包括跟普通话形义相同仅在语音上不同的方言词）约 7 万条，以厦门话为代表和普通话进行对照。

李荣主编的《现代汉语方言大词典》分地词典中，关于闽南话的有周长楫的《厦门方言词典》（1993），张振兴、蔡叶青的《雷州方言词典》（1998），陈鸿迈的《海口方言词典》（1996），这些词典按照统一的调查方案编制，词典前的引论还介绍了本地的沿革、地理和人口，内部语音差别，列出了声韵调表和连读音变情况，单音字表及本方言的语音、词汇、语法各方面的特点。

周长楫主编的《闽南方言大词典》（2006）为每个词条注厦门、泉州、漳州三地读音进行对照，并列有厦门、漳州、泉州各县市及台湾闽南方言的语音、词汇特点。陈正统主编的《闽南话漳腔词典》（2007）收词目 1.7 万余条，尤其注意收集一定数量的具有漳州特点的民俗词语，并附有人批图片，对于保存地方文化有重要作用。陈修的《台湾话大辞典》（2000），董忠司的《台湾闽南语辞典》（2001）等大型闽南话词典也都是很见功力、很有研究价值的。

除了词典的编纂外，考本字的研究成果也很丰硕。由于音字脱节，许多词语难于找出本字，因此需要考本字。传统的语源研究只是单纯地到古书里找例证，现代时期的本字考求，利用音韵互证，方法更为科学。这一方面在这一时期有很多成果，如：罗杰瑞的《闽语中的"治"字》（1979），黄典诚的《闽语人字的本字》（1980），林金钞的《闽南语探源》（1980），黄敬安的《闽南话考证》（1985），林伦伦、李新魁的《潮汕话本字考》（1987），李如龙的《考求方言词本字的音韵论证》（1988），李新魁、林伦伦的《潮汕方言词本字研究——兼谈方言本字考的方法》（1990），杨秀芳的《闽南语本字研究》（1997）、《闽南语字汇》（1998，2001）和《方言本字研究的探义法》（1999），林宝卿的《闽南方言与古汉语同源词典》（1999），庄初升的《联系客方言考证闽南方言本字举隅》（1999），洪乾佑的《金门话考释》（1999，2003 年又有续集），徐芳敏的《闽南方言本字与相关问题探索》（2003）。

本字的研究应用于辞书的编纂，许多辞书所录词目也多利用本字研究成果。

方言特征词是区内共有、区外少有的方言词。"研究方言特征词可为方言分区提供依据，说明方言间的亲疏远近关系，对于汉语词汇史的研究也有重要意义。"① 闽南方言的特征词研究有：李如龙《闽方言的特征词》（2001）、钱奠香《雷琼闽语特征词初探》（2002）、符其武的《琼北闽语词汇研究》（厦门大学博士论文，2007）。此外，《闽南方言大词典》也列举了一批闽南方言的特征词。

4. 语法研究

早期有陈辉龙的《台湾语法》（1934）和李献璋的《福建语法序说》（1950），前者内容较少，后者是用日语发表的。闽南方言的语法研究一开始未受充分重视，近几十年来，语法方面的论著多了起来，各方言点的报告、方言志也往往涉及语法的描写。总的说来，关于闽南方言的描写不论是广度还是深度都有了突破，闽南方言语法史的研究、将闽南方言与其他方言进行比较的研究也有了一些尝试。

闽南本土及台湾的闽南方言：早期有陈法今、陈垂民的一系列论文，周长楫的《闽南话与普通话》（1991）。李如龙的《闽南方言语法研究》（2007）收录作者在历次"东南方言比较研究"研讨会发表的关于闽南方言的论文，包括动词的体、动词谓语句、代词、介词、结构助词、否定词和否定句、比较句、疑问句、名词词尾、方位词，"有"和"无"等等。有些单点方言的语法研究做得相当全面、系统，例如杨秀芳的《台湾闽南方言语法稿》（1991）参考赵元任、朱德熙描写普通话语法的框架，全面描写了台湾闽南方言的构词法和句法。有一些研究是在某一项语法特点上研究得比较深入，对台湾闽南话语法的研究论文尤多，如郑谢淑娟的《台湾福建话形容词的研究》（1981），黄宣范的《台湾话构词论》（1988），汤廷池的《闽南语语法研究试论》

---

① 李如龙：《论汉语方言特征词》，《中国语言学报》第 10 期，2001 年。

（1999），以及郑良伟、曹逢甫、邓守信等的一系列重要文章。此外，还有陈曼君的《惠安方言动词谓语句研究》（暨南大学博士论文，2005），蔡国妹的《莆仙方言研究》（福建师范大学博士论文，2006，包括"莆仙方言语法"一章）等。

潮汕闽南方言：林伦伦有一系列论文。施其生的《方言论稿》（1996）所收的论文中关于潮汕闽南话的语法分析相当精彩，不但对于粤东闽南话的语法现象有深入的发掘，而且从中提炼了汉语方言语法研究的方法论，在多年来的汉语方言语法的研究中产生了重大的影响。此外，潮汕闽南话的语法研究还有张晓山的《潮州话否定词研究》（暨南大学硕士论文，1994）。系统研究潮汕闽南方言语法的是许惠玲的《潮汕话揭阳方言语法研究》，该书是作者在澳大利亚墨尔本大学的博士论文，2007 年由《中国语言学报》作为单刊出版。该书以揭阳话为代表，除介绍揭阳话的语音和构词法外，还描写了代词、名词短语、体貌系统等 8 个语法范畴。

海南闽南方言方面则有钱奠香的《海南屯昌闽语语法研究》（2002），也是全面的描述和分析，并从中提炼了一些颇有价值的观点。

关于闽南方言语法的共时和历时的比较，包括闽南方言内的比较、闽南方言与其他方言的比较、闽南方言与普通话的比较、闽南方言与少数民族语言的比较等等，在这几十年来也引起了许多学者的关注。这是闽南话研究纵深发展的标志之一。事实证明，只有经过纵横两向的比较，层层深入，才能更为全面地揭示闽南方言语法的特点。因为起步较晚，这些方面的研究还开展得不多，尚待深入发掘。

共时方面，上述的描写论著多多少少会有所涉及，此外还有一些文章，如：李如龙的《闽方言和苗、壮、傣、藏诸语言的动词特式重叠》（1984），林伦伦的《广东省闽方言语法特点的比较研究》（1993），李佳纯的《论闽南语比较式：类型及历时的探讨》（1994），施其生的《闽南方言中性问句的类型及其变化》（2000）。另有郑良伟主编的《"国语"常用虚词及其"台语"对应词释例》（1989）一书，将台湾闽南方言和普通话的常用虚词进行比较。

历时方面，多就某个专题进行研究，重要的论文有：杨秀芳《从历史语法的观点论闽南语"着"及持续貌》（1992），梅祖麟、杨秀芳《几个闽语语法成分的时间层次》（1995），连金发的《Grammatical function words 乞，度，共，甲，将 and 力 in Li⁴ Jing⁴ Ji⁴ 荔镜记 and their Development in Southern Min》（2002）、《十六世纪及现代闽南语指示动词的语法化》（2003），曹茜蕾、贝罗贝的《近代早期闽南话分析型致使结构的历史探讨》（2007）等等。另外，李英哲的《汉语历时共时语法论集》（2001）中的《台湾闽语和官话历史比较语法中的若干问题》、《官话和台湾闽语的一些动词组结构比较研究》、《官话和台湾闽语疑问句否定成分的比较研究》、《从历史比较角度看台湾闽语和官话的介词系统》、《台湾闽语中某些语法特征的历史意义》等一系列文章将台湾的闽南方言与官话和古代汉语进行比较，其结论是台湾的闽南方言的句法结构更接近于上古汉语的结构。

5. 社会语言学研究

台湾的社会语言学研究成果颇丰，既有单点的深入调查，也有大规模的普查。最早的社会语言学研究当推钟露升的《闽南语在台湾的分布》（1967），该文比较了 27 个词在 174 个方言点的说法，调查人数达 448 人。之后单点的社会语言学研究有林彩珠的《台湾闽南语三代间语音词汇的初步调查与比较：以高雄小港为例》（台湾师范大学"国文研究所"硕士论文，1995）、林郁静的《麦寮方言的调查与研究——语音及词汇初探》（新竹师范学院台湾语言与语文教育研究所硕士论文，2002）、陈淑娟的《桃园大牛稠方言闽客接触之语音变化与语言转移》（台湾大学博士论文，2002）。大型的调查计划有：曹逢甫、连金发的"新竹地区语言分布和语言互动的调查"（1996），调查了 110 个句子；曹逢甫、王旭、何大安等人进行的"台湾闽南语音韵演变趋向"调查（1999—2002）。"台湾闽南语音韵演变趋向"包括"一般社会方言学调查"及"青年语音认同调查"两部分，前者分不同年龄层（60 岁以上、40 至 59 岁、20 至 39 岁、19 至 15 岁）、职业、性别，共调查了 16 个点 460 人；后者则是先设计好一套录音问卷，让学生听录音后选择"听起来最习惯"的变体，共完成 12 所大专院校 769 份的问卷调查。

　　相较而言，祖国大陆方面早期对社会语言学关注得较少。在一定地域里通行两种或两种以上的汉语方言的现象被称为"双方言"，李如龙等的《福建双方言研究》（1995）系统考察了福建省的双方言状况，该书上篇总论是关于双方言的理论思考，下篇是 10 种双方言地区的调查报告，关于闽南方言的有龙岩大池乡、平和九峰镇、福鼎沙埕镇、宁德碗窑、闽侯西台村等。汕头话阳平前变调，部分人读 [22]，部分人读 [21]（和阳去单字调值相同），施其生的《一项窥探调值混同过程的调查》（1989）分析了从 5 至 45 岁共 107 人的情况，结论是阳平前变调原先调值为 [22]，近几十年逐步与阳去调混同，虽未定型，但已成定势，混同的过程是从听觉开始，然后才及于发音。其他社会语言学论文有施其生的《从口音的年龄差异看汕头音系及其形成》（1988），周长楫的《从社会语言学的角度看闽南方言的变化》（1991），施其生、郑婧敏的《汕头方言两种比较句使用情况调查研究》（2006）。

　　6. 语言与文化关系研究

　　闽南方言的形成和流播涉及历史学、地理学和语言学等多个方面。其中语言学方面，闽南方言的语音、词汇、语法都有复杂的历史层次，它们是各个时期不同来源的成分的叠置，只有对其进行系统地条分缕析，并联系历史，才能分辨其中的源和流。这一方面早期有王育德的《福建的开发及福建语的成立》（1969），麦留芳的《方言群认同——早期星马华人的分类法则》（1985），云惟利的《新加坡社会和语言》（1996）等重要论著。张光宇的《闽客方言史稿》（1996）认为闽方言的形成包括三个阶段、四个层次：西晋时期的中原东部与中原西部层次，南朝时期的江东吴语层次和唐宋的长安文读层次。另外有李如龙的《闽粤方言的不同文化特征》（1999），林华东的《闽南方言的形成及其源和流》（2001），马重奇的《闽台方言的源流与嬗变》（2002），刘秀雪的《语言演变与历史地理因素——莆仙方言：闽东与闽南的汇集》（台湾清华大学语言学研究所博士论文，2004）等。

　　语言与文化的立体研究也出版了数部专著：林伦伦的《潮汕方言与文化研究》（1991），王建设、张甘荔的《泉州方言与文化》（1994）通过泉州方言语音、词汇、语法分析了泉州文化的诸多有趣现象，收集了一些方言文学作品中的泉州话语料，联系泉州的民俗、地名、戏曲等做了一些分析。其他还有李如龙的《福建方言》（1997）、林华东的《泉州方言文化》（1998）等，都讨论方言与文化的相互联系和相互作用。

　　7. 文献整理

　　文献整理是进行历史研究的前提。闽南方言保留了大量的传统文献，包括传统戏文和歌仔册、辞书、课本等等，绵延贯穿400年，它们记录了闽南方言的早期发展历程。欧洲汉学家龙彼得（Piet van der Loon）的 *The Manila Incunabula and Early Hokkien Studies* 介绍了马尼拉的早期闽南方言文献。近年来，这些传统文献开始受到重视，陆续有一些被整理出版。

　　戏文方面，吴守礼自 1954 年起整理了一些传统文学作品，包括各种版本（明刊、万历刊、顺治刊和光绪刊本等）的《荔镜记》（或名《荔枝记》）、《金花女》、《苏六郎》、《同窗琴书》、《什音全书》、《宣讲戏文》、《闽南语歌仔册》等早期文献。吴守礼的闽南方言文献研究成果收于《闽台方言史料研究丛刊（全十四册）》。另外，《泉州传统戏曲丛书》整理了现存的明代以来的泉州戏曲，共十五卷本。此外还有《明本潮州戏文五种》（1985）、《明刊闽南戏曲弦管选本三种》（1995）等。

辞书方面，《闽南语经典辞书汇编》（1993）收有经典辞书 12 本，包括传统的十五音韵书、麦都思编的《福建方言字典》和杜嘉德编的《厦英大辞典》、小川尚义编的《日台大辞典》和《台日大辞典》、王育德编的《台湾语常用语汇》、黄有实编的《台湾十五音辞典》等。

关于闽南方言的研究文献，有张嘉星所辑的从 1403 年至 2003 年的论著篇目《闽方言研究专题文献辑目索引（1403－2003）》（2004），收集得比较齐全。

第二节　地方韵书的优良传统：
从《汇音妙悟》到《十五音》

一、闽南方言的韵书

闽南方言韵书编得最早的是泉州话的韵书，泉州话的韵书传世的有《拍掌知音》和《汇音妙悟》，另有《闽音必辨》一书，已佚。

闽南本土的泉州、厦门、漳州之间，腔调有所不同。闽南方言流播到潮州和台湾后，当地的闽南方言又产生了一定的变异。《汇音妙悟》"悉用泉音，不能达于外郡"，所以漳州、厦门、潮州、台湾等地，便又纷纷编出了切合各自口音的韵书，闽南方言的韵书蔚为大观。下面介绍泉州、漳州、厦门韵书的体例，并简要介绍潮州话的韵书和韵图。其中《拍掌知音》、《汇音妙悟》和《闽音必辨》为泉州话韵书，《汇集雅俗通十五音》和《增补汇音》为漳州话韵书，《击掌知音》、《八音定诀》和《渡江书十五音》为厦门话韵书。

1.《拍掌知音》

《拍掌知音》全称为《拍掌知音切音调平仄图》，是一本韵图（即音节表），所录的主要是泉州话的文读系统。《方言》1978年第2期借黄典诚先生所藏木刻本影印。扉页中题"拍掌知音"，右上刻"连阳廖纶玑撰"，右下刻"梅轩书屋藏"，正文中缝上刻"拍掌知音切音调平仄图"，下刻"芹园藏版"。凡例上中下三页（缺下页），正文十八页，每页两图，共三十六图。

本书的十五音是：柳边求去地颇他争入时英文语出喜，列于每一图的右边纵列。凡例一云："第一'平连'、第二'平卵'等字声，谓之音祖。"音祖就是韵部（举舒赅入）的意思，共有36个音祖，都用合体字表示，作为每一图的标目。合体字的左边是"平"字或"首"字，"平"字配柳母字，"首"字配其他声母字。每一图中如有柳母字，就用"平"字和一个柳母字的合体标目，没有柳母字就按照十五音的顺序，选一个字和"首"合体，如第十五图、第廿七图没有柳母字，就用"首"和一个边母字合体，第廿八图、第三十图，没有柳母，也没有边母，就用"首"字和一个求母字合体，等等，以此类推。36个音祖的顺序如下：（合体字用""表示，下同）

第一"平连"	第二"平卵"	第三"平里"	第四"平鲁"
第五"平两"	第六"平令"	第七"平郎"	第八"平仑"
第九"平能"	第十"平齐"	十一"平阑"	十二"平廉"
十三"平览"	十四"平林"	十五"首八"	十六"平来"
十七"平礼"	十八"平劳"	十九"平内"	二十"平鸟"
廿一"平娄"	廿二"平雷"	廿三"平女"	廿四"平诔"

廿五"平钮"	廿六"平挠"	廿七"首邦"	廿八"首巾"
廿九"首嗟"	三十"首瓜"	卅一"平老"	卅二"首乖"
卅三"首针"	卅四"首枚"	卅五"平拿"	卅六"平乃"

本书每图上列"上平、上上、上去、上入、下平、下上、下去、下入"等八声,但上去和下去不分,实际只有 7 个声调。

《拍掌知音》的凡例中介绍了三种使用方法:呼韵法、调声法和切音法:

呼韵法:先将右边纵列的 15 个声母熟读,然后隔一字读出,如读第三"平里",柳里、边妣、求杞、去起、地底、颇鄙、他耻、争只、入尔、时驰、英椅、文美、语蚁、出齿、喜喜。

调声法:横向按 8 个声调的顺序读,首音为上平声、二音为上上、三音为上去、四音为上入、五音为下平、六音为下上、七音下去、八音下入。上平和下平是平声,其余均为仄声。如"乾"字,读"肩茧见结乾",乾在第五音,则为下平声,属平声。

切音法:如要找"虔肩切"的音,先找出反切上字"虔"的声母,用"虔"的韵母读"柳莲、边便、求乾,去虔","虔"的声母是"去";次从反切下字"肩"的韵母按十五音的顺序念到"去":"柳'平连'、边鞭,求肩、去铿",则"铿"就是所切之音。

2.《汇音妙悟》

《汇音妙悟》,黄谦(字思逊)纂,黄谦可能是南安官桥文斗乡人。[1] 卷首有其叔父黄瞻二(字大振)写于嘉庆五年(1800

---

① 黄典诚:《泉州〈汇音妙悟〉述评》,《黄典诚语言学论文集》,厦门大学出版社,2003 年。

年）的序。

正文先分韵，后分声，再分调，即"以五十字母为经，以十五音为纬，以四声为梳栉"。韵母称"五十字母"，扣除"管"（漳腔）和"嘜（有音无字），共有四十八个韵部（举舒赅入）；声母称"十五音"；首页注明平上去入，以后省略，平上去入各分阴阳共 8 个声调，但阴去和阳去混杂，实际上只有 7 个声调。不同的音节之间用线条隔开列同音字，在每个字下用小字夹注字义。对于文白异读的处理，凡白读音注明"土解"或"俗解"，若整韵都是白读，则在眉批注"此字母俱从俗解"。

《汇音妙悟》的编写目的是"因音而识字"，使用方法是：先查韵，次查声，最后查调。如某字读音是［sim¹］，先查五十字母中念［im］的"金"字，然后连呼十五音：柳 liu-im，边 pian-pim，求 kiu-kim，气 khi-kim，地 te-tim，普 phə-phim，他 tha-thim，争 tsəŋ-tsim，入 dzip-dzim，时 si-sim，找到 sim，最后找声调，平声，就找到一组读为［sim¹］的同音字"心身之主也属火 芯草名 窓深 森木多也 参同音，人～，人名"。

此书出版后，流行甚广，不断翻刻，版本众多，现在可以见到的有八种：

清嘉庆五年（1800 年）刻本，薰园藏版，两卷。

清道光十一年（1831 年）木刻本，黄澹川鉴定薰园藏版。

清光绪六年（1880 年）木刻本，绮文居梓行。

清光绪二十年（1894 年）刻本，文德堂梓行。

清光绪二十九年（1903 年）刻本，集新堂藏版。

清光绪三十一年（1905 年）石印本，上海源文书局。

清光绪三十一年（1905 年）石印本，厦门廿四崎脚会文山庄。

民国八年（1919 年）石印本，泉州郁文堂书坊。

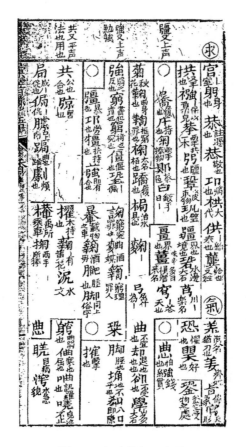

图1 《汇音妙悟》书影

3. 《闽音必辨》

黄谦在《自序并例言》中提到"吾泉富知园先生少熟等韵之书，壮游燕辽之地，诸任既该，群音悉解，爰辑为《闽音必辨》一书，于唇喉齿舌分别厘然。乡里后生熟复之，可无为方言之所惑矣"。《闽音必辨》已佚，有学者推测这可能是一本以官话纠正泉州音的书。

4. 《汇集雅俗通十五音》

作者东苑谢秀岚，出版于嘉庆二十三年（1818年），谢秀岚的生平事迹无考。

与《汇音妙悟》不同的是，本书的体例是"以五十字母为经，以八音为纬，以十五音为梳栉"。该书先列出"字母共五十字"，即 50 个韵部（举舒赅入），将 50 个字母分为 8 卷：①

卷 1	君坚金规嘉	卷 5	江兼交迦桧
卷 2	干公乖经观	卷 6	监艍胶居ㄐ
卷 3	沽娇稽恭高	卷 7	更裈茄栀薑惊官钢伽间
卷 4	皆巾姜甘瓜	卷 8	姑姆光闩糜噪箴爻杠牛

次列"切音十五字字头起连音"，即 15 个声母。最后，声调是"八音"，但下上与上上同，实为 7 个调。

该书的使用方法也与《汇音妙悟》有所不同：先查韵母，次查声调，最后查声母。如"筷子"的读音为 $[ti^6]$，先找出读 $[i]$ 韵的字母"居"，再按八音读，找到"下去声"，最后找出十五音中的"地"声母，可以看到"箸饭具"，就是所要找的字。

相对于《汇音妙悟》，谢秀岚的改革主要体现在两点：其一是 50 个韵部基本上都用"见"母字，便于记诵；其二是对文白异读的处理，该书用红字代表文读，黑字代表白读（或训读），一目了然。②

该书出版后，亦流传有众多版本：

《汇集雅俗通十五音》，嘉庆二十三年（1818 年），文林堂刻本，五十韵。

《增注雅俗通十五音》，漳州颜锦华木刻本，书面上有"东苑谢秀岚编辑"字样。五十韵。

---

①　原书用红字表示文读音，黑字表示白读音，以下凡是底纹为黑色的为原书的黑字，即白读音，共 23 个，没有底纹的则是原书的红字，即文读音，共 27 个。

②　黄典诚：《漳州〈十五音〉述评》，《黄典诚语言学论文集》，厦门大学出版社，2003 年。

《增注枀十五音》，厦门会文堂木刻板，8卷，64开本，卷首注书名为《汇集雅俗通十五音》，页脊写《增注十五音》。

台湾高雄庆芳书局影印本。

上海萃英书局石印本，四十韵。

5.《增补汇音》

著者不详，书首有嘉庆庚辰年（1820年）"壶麓主人"序云："《广韵》、《唐韵》、《集韵》，愈出而弥详，然其书浩繁，农工商贾不尽合于取资焉，唯十五音一书出于天地自然之声，一呼应而即得于唇齿，又切于寻常日用之事，一检阅而可藏于巾箱。昔经付梨枣，流传已广，中或有所未备者，因详加校易其舛错，至于释解，虽间用方言，而字画必确遵字典，斯又足见海滨自有邹鲁，而日隆书文，必至大同也。"

该书立声调7个（没有"下去"），15个声母，30个韵部（称为"字祖"，韵部举舒赅入，用字多用"见"母字）。现存有5种版本：[①]

漳州素位堂木刻本。三十韵。

1928年上海大一统书局石印本，64开，6卷本。三十韵。

1937年嘉义捷发汉书局手抄影印本。

1961年台湾林梵手抄本。

1981年台中瑞成书局再版影印本。

6.《击掌知音》

未署著者。《序言》云："将四十二音之字为母次第排纂，继以十五音导之，方入八音。"正文横列十五声母，纵分声调为八格，每格之中列同音字并略加注解，体例大致和《汇音妙悟》

---

① 马重奇：《中国大陆闽南方言韵书比较研究》，《福建师范大学学报》（哲学社会科学版）2002年第2期。

相同。

7.《八音定诀》

卷首有觉梦氏所撰的《序》云："叶君开温近得钞本，将十五音之中删繁就简，汇为八音，订作一本，颜曰《八音定诀》，商贾之人尤为简便，不但舟车便于携带，而且寻字一目可以了然。"此《序》作于光绪二十年（1894 年）。叶开温和觉梦氏的生平不详。

此书分四十二韵部（举舒赅入），韵母称为"字母法式"，声母 15 个，称"十五音字母"，声调 8 个，阳上和阳去相混。列字时以声母为经，声调为纬，声母按十五音顺序标目。目前可以见到的版本有三种：

清光绪二十年（1894 年）木刻本，福建师范大学图书馆藏有此本的手抄本。

清宣统元年（1909 年）厦门信文斋铅印本，厦门大学图书馆藏。

民国十三年（1924 年）厦门会文书局石印本，厦门市图书馆藏。

8.《渡江书十五音》

《涵芬楼烬余书录》［附］第 2 页中录有"《渡江书》，抄本，为闽人方言而作"。李熙泰于 1958 年在厦门思明北路的旧书报废品公司购得抄本。抄本高 21.5cm，宽 12.5cm。此抄本无序跋，不署编者姓名和年代。全书 279 页，半页大字 8 行，类注小字。第 1 页题"渡江书"，第 279 页题"十五音全终"，中缺 243、245、260、262 等四页。

1986 年，李荣教授访日，得到日本汉学家桥本万太郎教授的协助，向东京外国语大学亚非言语文化研究所申请，将抄本影印成书。1987 年该书出版，赠送国内外同行，得以在学术界流通。

后来又列入《闽南文化资料丛书》，2003 年由厦门大学出版社影印出版。

《渡江书》有 43 个字母（韵部），分为"字组"和"附音"，所谓"附音"就是白读音。"字组三十字"：君坚今归嘉，干公乖经官，姑娇鸡恭高，皆根姜甘瓜，江兼交加谦，他朱枪儿鸠。"附音十三字"：箴寡尼偆茅乃猫且雅五姆么缸。43 个韵母再各分 7 个声调，阴阳上不分，每个声调设一代表字，如"君"韵分成"君滚棍骨群郡滑"，"坚"韵分成"坚蹇见吉键健杰"等等。声母 15 个，编有"顺口十五音歌己字为首"：[①]

柳里　边比　求己　去起　治底　波鄙　他耻　曾只　入耳
时始　英以　门米　语拟　出齿　喜喜

9. 潮州话韵书

最早的潮州话韵书是清末隆都（今澄海）商人张世珍所编的《潮声十五音》，书前有李世铭的序和张世珍的自序，分别作于宣统元年（1909 年）和光绪三十三年（1907 年）。

韵图《击木知音》，全称《汇集雅俗通十五音全本》，成于民国五年（1916 年），署名江夏懋亭氏撰，书末附有"击木知音法"。以韵部四十字为经，以声母十五音为纬，再以八音声调梳栉。每韵一图，横列十五音，纵分八音，用线条划开，每格填上同音字。

《潮语十五音》，民国十二年（1923 年）潮安人萧云屏编、澄海黄茂升校订，汕头科学图书馆发行。该书《例言》云："本书依《潮声十五音》删繁补简，另据他书校勘，以备《潮声十五音》之未备。"

此外，民国年间还有澄海人姚弗如的《潮声十七音》

---

① 　以下加有黑色底纹的在原书是黑字，没有底纹的在原书为红字。

（1934），刘绎如的《潮汕十八音》（1936），1979 年又有李新魁的《新编潮汕方言十八音》。这些韵书之所以不称为传统的"十五音"，乃是因为不同程度地将 n-l、m-b、ŋ-g 区别开来，以体现潮州话的实际情况。

二、韵书的比较

以上我们简单介绍了各部韵书的体例，诸韵书之间的相似点已基本可见，如绝大多数韵书都称为"十五音"，又如《渡江书》和《增补汇音》的韵部都称为"字祖"。为什么传统的闽南方言韵书都称为"十五音"呢？这要从《戚林八音》说起。

闽方言中韵书编得最早的不在闽南，而是闽东方言。

《戚林八音》最早的版本名叫《戚参军八音字义便览》，这部韵书是明末人所编，托名于戚参军，三山是福州的别称，反映的是福州话。到了清初，又有《太史林碧山先生珠玉同声》，实际上这是《八音字义》的简编本。乾隆十四年（1749 年），又有《戚林八音合订》。这种版本上半页是戚本，下半页是林本，各自维持原样，实际上是装订在一起的两本书。从此，便有了《戚林八音》的名称。

《戚林八音》后来还有多种版本。直到 1912 年还有《民国适用改良戚林八音合订》的石印本大量发行。2001 年福建人民出版社出版了李如龙、王升魁所编的《戚林八音》校注本。

在《戚林八音》的基础上，闽方言的韵书便如雨后春笋涌出。清末古田人钟德明编有《加订美全八音》。乾隆六十年（1795 年），闽北方言则出现了《建州八音字义便览》。这两本韵书与《戚林八音》有诸多相似之处。闽南方言的韵书也是传承《戚林八音》而来的，下面我们比较闽南方言韵书与《戚林八音》的音系：

1. 声母的比较

《戚林八音》	《汇音妙悟》	《拍掌知音》	《雅俗通十五音》	《增补汇音》	《八音定诀》	《渡江书十五音》	《击木知音》	《潮语十五音》
柳 l	柳 l/n	柳 l/n	柳 l/n	柳 l/n	柳 l/n	柳 l/n	柳 l/n	柳 l/n
边 p	边 p	边 p	边 p	边 p	边 p	边 p	边 p	边 p
求 k	求 k	求 k	求 k	求 k	求 k	求 k	求 k	求 k
气 kh	气 kh	气 kh	气 kh	气 kh	气 kh	气 kh	气 kh	气 kh
低 t	地 t	地 t	地 t	地 t	地 t	治 t	地 t	地 t
波 ph	普 ph	颇 ph	颇 ph	颇 ph	颇 ph	波 ph	坡 ph	颇 ph
他 th	他 th	他 th	他 th	他 th	他 th	他 th	他 th	他 th
争 ts	争 ts	争 ts	曾 ts	曾 ts	曾 ts	曾 ts	增 ts	贞 ts
日 n	入 dz	入 dz	入 dz	入 dz	入 dz	入 dz	入 dz	入 dz
时 s	时 s	时 s	时 s	时 s	时 s	时 s	时 s	时 s
莺 ø	英 ø	英 ø	英 ø	莺 ø	英 ø	英 ø	英 ø	英 ø
蒙 m	文 b/m	文 b/m	门 b/m	门 b/m	文 b/m	门 b/m	文 b/m	文 b/m
语 ŋ	语 g/ŋ	语 g/ŋ	语 g/ŋ	语 g/ŋ	语 g/ŋ	语 g/ŋ	语 g/ŋ	语 g/ŋ
出 tsh	出 tsh	出 tsh	出 tsh	出 tsh	出 tsh	出 tsh	出 tsh	出 tsh
喜 h	喜 h	喜 h	喜 h	喜 h	喜 h	喜 h	喜 h	喜 h

从上表可见，其一，《戚林八音》的声母系统是用 15 个汉字代表，其他闽南方言韵书的声母系统的代表字也是 15 个。闽南方言的韵书称"十五音"根源在此。其二，所有韵书之间均有至少九个声母代表字相同：柳边求气他时语出喜。闽南的各部韵书和闽东的《戚林八音》相比，《汇音妙悟》、《拍掌知音》、《增补汇音》、《渡江书十五音》与《戚林八音》有 10 个声母代表字相同，其余各部则都是上述 9 个相同。其三，闽南的 8 部韵书中，两两之间比较，相同的声母代表字数量在 11 至 14 个之间。从这些数字可以看出各部韵书的渊源关系。

2. 韵母的比较

下表先列出闽南方言各部韵书的韵母系统与拟音：

《汇音妙悟》	《拍掌知音》	《雅俗通十五音》	《增补汇音》①	《八音定诀》②	《渡江书十五音》	《击木知音》	《潮语十五音》
嘉 a/aʔ	巴 a/aʔ	胶 a/aʔ	葩 a/aʔ	佳 a/aʔ	嘉 a/aʔ	胶 a/aʔ	胶 a/aʔ
		嘉 ɛ/ɛʔ	家 ɛ/ɛʔ			家 ɛ	家 ɛ
西 e/eʔ	礼 e	稽 e/eʔ	稽 e/eʔ	西 e/eʔ	鸡 e/eʔ	鸡 e	鸡 e/eʔ
基 i/iʔ	里 i	居 i/iʔ	玑 i/iʔ	诗 i/iʔ	几 i/iʔ	枝 i/iʔ	枝 i/iʔ
珠 u	诛 u	艍 u	龟 u/uʔ	须 u/uʔ	朱 u/uʔ	龟 u/uʔ	龟 u/uʔ
居 ɯ	女 ɯ			书 ɯ/ɯʔ		车 ɯ	居 ɯ/ɯʔ
刀 o/oʔ	劳 o	高 o/oʔ	高 o/oʔ	多 o/oʔ	高 o/oʔ	高 o	歌 o/oʔ
高 ɔ	鲁 ɔ	沽 ɔ	姑 ɔ/ɔʔ	孤 ɔ/ɔʔ	姑 ɔ/ɔʔ	孤 ɔ	孤 ɔ/ɔʔ
科 ə/əʔ				飞 ə/əʔ			
梅 m		姆 m		不 m	姆 m		
毛 ŋ/ŋʔ		钢 ŋ		庄 ŋ/ŋʔ	缸 ŋ/ŋʔ	扛 ŋ	扛 ŋ/ŋʔ
开 ai	来 ai	皆 ai	皆 ai	开 ai	皆 ai/aiʔ	皆 ai	皆 ai/aiʔ
郊 au	挠 au	交 au	交 au/auʔ	敲 au/auʔ	交 au/auʔ	交 au/auʔ	交 au/auʔ
钩 əu	娄 əu						
		姑 ɔu			浯 ɔu/ɔuʔ		
嗟 ia/iaʔ	嗟 ia	迦 ia/iaʔ	伽 ia/iaʔ	遮 ia/iaʔ	迦 ia/iaʔ	佳 ia/iaʔ	佳 ia/iaʔ
秋 iu	钮 iu	ㄐ iu	趄 iu/iuʔ	秋 iu/iuʔ	鸠 iu/iuʔ	鸠 iu	鸠 iu/iuʔ
烧 io/ioʔ		茄 io/ioʔ		烧 io/ioʔ	么 io/ioʔ	蕉 io/ioʔ	蕉 io/ioʔ
		伽 iɔ/iɔʔ					
朝 iau	鸟 iau	娇 iau	娇 iau/iauʔ	朝 iau/iauʔ	娇 iau/iauʔ	骄 iau	骄 iau/iauʔ
花 ua/uaʔ	瓜 ua	瓜 ua/uaʔ	瓜 ua/uaʔ	花 ua/uaʔ	瓜 ua/uaʔ	柯 ua	柯 ua

① 《增补汇音》原书立 30 个韵母，陈鸿认为："金"与"箴"两韵所收的字大量雷同，"箴"韵共收字 150 个，只有 9 字"金"韵未收，应该合并。见陈鸿：《〈增补汇音〉的体系及音系拟测问题》，《福建师范大学学报》（哲学社会科学版），2001 年第 1 期。

② 《八音定诀》中"书杯梅"三韵属泉州腔。

续表

《汇音妙悟》	《拍掌知音》	《雅俗通十五音》	《增补汇音》	《八音定诀》	《渡江书十五音》	《击木知音》	《潮语十五音》
乖 uai	乖 uai	乖 uai	乖 uai	歪 uai/uai?	乖 uai/uai?	乖 uai	乖 uai
飞 ui/ui?	雷 ui	规 ui	归 ui	辉 ui/ui?	规 ui/ui?	规 ui	归 ui/ui?
杯 ue/ue?	内 ue	桧 ue/ue?	蕙 ue/ue?	杯 ue/ue?	蕙 ue/ue?	瓜 ue/ue?	瓜 ue/ue?
鸡 ɯe/ɯe?				梅 ɯe/ɯe?			
丹 an/at	阑 an/at	干 an/at	干 an/at	丹 an/at	干 an/at		
轩 ian/iat	连 ian/iat	坚 ian/iat	坚 ian/iat	边 ian/iat	坚 ian/iat		
川 uan/uat	卵 uan/uat	观 uan/uat	官 uan/uat	川 uan/uat	官 uan/uat		
宾 in/it	齐 in/it	巾 in/it	根 in/it	宾 in/it	根 in/it		
春 un/ut	仑 un/ut	君 un/ut	君 un/ut	春 un/ut	君 un/ut		
恩 ən/ət	巾 ən/ət						
三 am/ap	览 am/ap	甘 am/ap	甘 am/ap	湛 am/ap	甘 am/ap	甘 am/ap	甘 am/ap
箴 əm/əp	针 əm/əp						
		箴 əm			箴 əm/əp		
金 im/ip	林 im/ip	金 im/ip	金箴 im/ip	深 im/ip	金 im/ip	金 im/ip	金 im/ip
兼 iam/iap	廉 iam/iap	兼 iam/iap	兼 iam/iap	添 iam/iap	兼 iam/iap	兼 iam/iap	兼 iam/iap
江 aŋ/ak	邦 aŋ/ak	江 aŋ/ak	江 aŋ/ak	江 aŋ/ak	江 aŋ/ak	江干 aŋ/ak	江 aŋ/ak
东 ɔŋ/ɔk	郎 ɔŋ/ɔk	公 ɔŋ/ɔk	光 ɔŋ/ɔk	风 ɔŋ/ɔk	公 ɔŋ/ɔk	公 ɔŋ/ɔk	公 ɔŋ/ɔk
卿 iŋ/ik	令 iŋ/ik	经 iŋ/ik	京 iŋ/ik	灯 iŋ/ik	经 iŋ/ik	斤 iŋ/ik	圈 iŋ/ik
						经 eŋ	经 eŋ/ek
						君 uŋ/uk	君 uŋ/uk
生 əŋ/ək	能 əŋ/ək						
商 iaŋ/iak		姜 iaŋ/iak	姜 iaŋ/iak		姜 iaŋ/iak	坚姜 iaŋ/iak	坚姜 iaŋ/iak

续表

《汇音妙悟》	《拍掌知音》	《雅俗通十五音》	《增补汇音》	《八音定诀》	《渡江书十五音》	《击木知音》	《潮语十五音》
香 iɔŋ/iɔk	两 iɔŋ/iɔk	恭 iɔŋ/iɔk	宫 iɔŋ/iɔk	香 iɔŋ/iɔk	恭 iɔŋ/iɔk	恭 iɔŋ/iɔk	恭 iɔŋ/iɔk
风 uaŋ/uak		光 uaŋ				关光 uaŋ/uak	关光 uaŋ/uak
弌 ā/ã?	拿 ā	监 ā		三 ā/ã?	他 ā/ã?	柑 ā	柑 ā
						更 ē/ẽ?	庚 ē/ẽ?
		更 ɛ̄/ɛ̃?		雅 ɛ̄/ɛ̃?			
青 ɪ̄/ɪ̃?		柜 ɪ̄/ɪ̃?		青 ɪ̄/ɪ̃?	拈 ɪ̄/ɪ̃?	天 ɪ̄/ɪ̃?	天 ɪ̄/ɪ̃?
莪 ɔ̄	老 ɔ̄	杠 ɔ̄		毛 ɔ̄/ɔ̃?	傩 ɔ̄/ɔ̃?		
㛅 āi	乃 āi	间 āi		千 āi	乃 āi/ãi?	闲 āi	肩 āi
嘹 āu		爻 āu		乐 āu/ãu?	茅 āu/ãu?		
京 iā		惊 iā		京 iā/iã?	且 iā/iã?	京 iā	京 iā
箱 iū		牛 iū		枪 iū	枪 iū/iũ?		
		薑 iɔ̄				薑 iɔ̄	薑 iɔ̄
猫 iāu		喿 iāu		超 iāu/iãu?	猫 iāu/iãu?		
欢 uā		官 uā		山 uā	寡 uā/uã?	官 uā	官 uā
管 ūi		裤 ūi					
关 uāi	枚 uāi	闩 uāi					
		糜 uē/uẽ?					

　　从上表可见，其一，各部韵书的韵部代表字有许多相同的，如"姜、恭、甘、江"等字，多部韵书使用。其二，入声和非入声相配的格局很明显。阳声韵分别配 p、t、k 等塞音韵尾，其中，m 韵与 p 相配，n 韵与 t 相配，ŋ 韵与 k 相配。多数阴声韵则有 ʔ 与其相配。其三，不计入声韵，则各部韵书之间有 22 个韵母相同。

三、闽南方言韵书的价值

闽方言出现如此众多的韵书，乃是基于社会的需要。闽方言的底层有古越语、古楚语、古吴语的成分，六朝和唐宋时期的中原汉人分批迁入闽地，又使得闽方言保留了上古汉语和中古汉语的一些特征。由于山川阻隔，语言各自演变，闽方言逐渐与北方的汉语扩大差距，相互之间已经难以沟通。

历来字书的注音都是用北音的反切，和方言的口语是脱节的，"虽有韵书，声吻互异"，难以切用。因此，方言地区的士子科举应试、文人吟诗作对都需要强记文字音韵，初学者读书识字更是困难重重，日常对话唇齿之间则充斥众多"有音无字"的成分。文人雅士、初学者、农工商贾都迫切需要方言韵书，以便"因音寻字"或"因音识字"，大量韵书便应运而生。

闽方言地区能够编纂出方言韵书，还与闽方言地区的韵学传统有关。李如龙认为：闽方言和上古、中古的汉语既有明显的继承关系，又有复杂的演变关系。宋元以来，福建的文士对于音韵学进行过饶有贡献的研究。南宋初年建瓯人吴棫和明代连江人陈第，都是最早研究先秦古音的学者，宋元之际的邵武人黄公绍、熊忠所撰的《古今韵会》、清初安溪人李光地主编的《音韵阐微》，都是当时规模最大的权威性韵书。李光地的改良反切则把传统音韵学的注音方法推上了顶峰。就与编纂韵图、韵书所直接应用的等韵学来说，最早的等韵学著作——《韵镜》，就是"三山张麟之"对《指微韵镜》作了潜心研究、"一夕顿悟"，序刊出来得以流传的。张麟之应该就是福州人，除自称"三山"外，他在《序言》里还多次提到"莆阳夫子郑公"、"莆阳郑先生"，完全是对尊长的老乡的称呼。莆田人郑樵所作的《七音略》和《韵镜》形成了我国等韵学的最早最重要的流派。显然，闽籍音韵学家所开创的研究传统为闽方言韵书的编纂提供了坚实的理论基础。①

因此，编出方言韵书也就是顺理成章的事了。

黄谦所编的《汇音妙悟》受到社会各界广泛的欢迎。黄大振为《汇音妙悟》所作的序云："吾阿宜思逊因念功令岁科两试以及乡会诸试，皆不能离韵学，著为《汇音妙悟》。"除了应付考试外，该书为"切于寻常日用之事"，也注重搜罗众多日常用字，以使"俗字土音，皆载其中"，因此"盖不独学士大夫执笔为诗，有所补益，即农工商贾阅之，于俗语俗字，所不经见者，亦出其中"。《汇音妙悟》的使用范围很广、用处很大，"是书凡在店铺者，或学业未深，或举笔忘字，置之座上，阅之便无别字之错，亦免问字之劳"。正由于作者如此心怀读者，才能够编出雅俗共赏的韵书，也正由于这个原因，该书屡屡重印，经久不衰。其他各本韵书也受到各地重用。

闽南方言的这一系列韵书在历史上发挥过很大的作用，就是对于今天的方言研究来说，也具有重要的参考价值。方言韵书里保留了早期闽南方言的材料，后人可以借以和现今方言做比较，研究方言的历史演变。

语音方面。方言地区往往缺乏历史材料，研究方言语音的演变通常采取对比活的口语的办法，拟测出历史上的演变过程，而如果能够结合历史的记载进行研究，做到拟测于史有征，研究就能更为踏实、更加准确。

词汇方面。众所周知，词汇最易随时代而兴衰浮沉，社会的变动会产生大量新的词语，同时一些旧的词汇随之灭亡。各部韵书记录了大量当年的常用词汇，对之加以整理便可以看出方言词汇的更替，语言和社会之间的互动等情况。

---

① 参见李如龙《闽方言的韵书》，《方言与音韵论集》，香港中文大学中国文化研究所吴多泰中国语文研究中心，1996年。

此外，这些韵书还记录了大量本地所通行的俗字，它们有的在今天仍然在民间使用，这些俗字对于调查记录民间文学以及标写方言语料还有其积极意义，搜集、整理、研究这些俗字对于了解汉字的流变也是十分有益的工作。

第三节　闽南方言的文字化尝试

闽南方言定型之后，除了成为本地人之间普遍的交际工具外，还被用来创造出了品种多样的方言文艺形式。在通语尚未普及的年代，乡间的社会生活中还有书写方言的需要。由于方言的语音、词汇乃至语法都和通语相去甚远，尤其是许多方言词语有其音而无其字，书写方言口语或者方言文学都会造成很大的困难。不仅如此，只会方言、不懂通语的人读书识字也比其他人更不容易。使用什么样的文字来记录闽南方言，便成了一个迫切而难以解决的问题。为此，历来的学人曾经设计了许多种方案。不同方案的设计者出于不同的目的，采取了不同的方法。如黄谦所制定的"三推成字法"，就是为了让使用《汇音妙悟》的读者，能够运用汉字本来简单的笔画、通过声韵调的组合自行拼音识字。教会使用罗马字拼写方言，是因为西方传教士已经习惯于拉丁字母的书写和拼读，用它来学习当地方言十分方便，而当地信众借此阅读《圣经》也比从头学习汉字更快。《普通话闽南方言词典》的方案是在"汉语拼音方案"的基础上调整的，这是因为20世纪60年代闽南地区的普通话和汉语拼音方案都已经相当普及，这种拼音可为已经掌握拼音方案的人提供方便。此外，也有人是为了使用文字"我手写我口"，传达心声，以使文学兴旺。下面我们先说明使用汉字的优缺点，然后介绍几种常见的方案。需要说明的是，下述之外还有很多其他的方案，如使用朝鲜的谚文、使用注音符号等等，由于使用者不多，这里就不介绍了。

一、利用现成的汉字

传统的闽南方言文献是用汉字来书写方言的。首先是戏曲类文献。从 1566 年的《荔镜记》到 1999 年后陆续出版的十五卷本的《泉州传统戏曲丛书》，都是使用汉字。由于闽南方言的复杂性，有一些词语很难找出正确的汉字"本字"，再说，民间用字首先要求易写易认，有些字即使知道了"本字"，但其形体过于繁难，很难为人们所喜闻乐见，对这类字，人们往往借用同音字、同义字甚至另造一个俗字来代替。因此，全用汉字书写的文献充斥大量训读字、借音字，乃至造出了一大批怪字。如用"香"表示"芳"，用"口"表示"喙"，用"高"表示"悬"，"这里"写成"只"，"旁边"写作"墘"，等等。

传统文献的另一大宗是不断编撰出版的"十五音"系列韵书。这些韵书搜罗各种汉字来标记闽南方言的无字音节，解决了一些方言词的书写问题。如黄大振所作《汇音妙悟序》云："有声无字者，亦有字焉。……即农工商贾阅之，于俗语俗字，所不经见者，亦出其中。"然而，由于韵书编者水平或条件有限，一些训读字也混迹其中。而且来自百越语的词本来就无法正确写出，为此编者不得不杜撰出一些字。如《渡江书十五音》钟韵："打相~"（[phaʔ⁷]，本字为"拍"）、"肉皮~"（[baʔ⁷]，训读字）。《汇音妙悟》的京韵："淡鹹~"（[tsiã³]，训读字，本字为"饯"）。除了这类训读字，《渡江书十五音》还造了大量的怪字。

下面是一段 1566 年出版的《荔镜记》（嘉靖本，第十八出"陈三学磨镜"）戏文（文中假借字、俗字、同音字和错字均已括注出其性质）：

　　（净）入门莫问心头事，看人颜容便得知。
　　（见介生白）李公，我昨暮（[huĩ¹]，训读）日去到西门外西边，有一大楼，正是乜（[mĩʔ⁷]，俗字）人厝（厝，错字）的（个，近音字）？
　　（净）许（同音字）正是后沟黄九郎的（个）。

（生）伊厝有乜人？

（净）伊厝有一孜（同音字）娘仔，名叫五娘，生得十分姿色。

（生）曾（情，同音字）对亲未？

（净）老的（个）见（「kɪ⁵」，同音字）说定永丰仓林长者厝。

（生）可曾（情）娶过门未？

由此可见，虽然使用汉字记录闽南方言也能够写出大部分的字。本地人如果粗识汉字，大体上也能读得下去，因为还有不少字是可以按照原来所认知的去理解的。但如此记录的缺点也很明显，同音字、训读字、俗字有时并不容易辨认，因为这些字并未长时间而又广泛地在社会上通行过，而且不同的文人在不同的书里又有各种不同的写法。语言文字是一种习惯，未经社会约定俗成的字形，一般人是难于掌握的。对于不识汉字的人，自然更是根本无法阅读和书写。这就激发人们去探索更为便捷的书写方式。

二、黄谦的"三推成字法"

"三推成字法"是黄谦在《汇音妙悟》中创制的一种将声韵调的代码替换成汉字笔画成字的闽南话拼音方案，其"三推"的步骤是：

首先，为声韵调各指定一个编码。《汇音妙悟》共有韵部50个，声母15个，声调8个。韵母的编码法是《五十字母读法》（1春、2朝、3飞、4花、5香、6欢、7高……），声母的编码法则是《十五音念法》（1柳、2边、3求、4气、5地……）。8个声调则按"1上平、2上上、3上去、4上入、5下平、6下上、7下去、8下入"的顺序编码。这样每个汉字都有一个固定的编码。如：

甲 （16—3—4）即韵母是16嘉，声母是3求，声调是4上入。

乙 （17—11—4）即韵母是17宾，声母是11英，声调是4上入。

丙 （8—2—2）即韵母是8卿，声母是2边，声调是2上上。

丁 （8—5—1）即韵母是 8 卿，声母是 5 地，声调是 1 上平。

其次，用"新数念法"口诀指定 1—10 对应的十种笔画，10 以上的笔画用两种笔画复合。口诀如下：

一从主 二半口 三点水 四残月 五一角

六钩耳 七倒戈 八左戻 九草根 十归滚

根据这个口诀可以列表如下：

编码	1	2	3	4	5	6	7	8	9	10
口诀	一从主	二半口	三点水	四残月	五一角	六钩耳	七倒戈	八左戻	九草根	十归滚
笔画	、	ㄥ	∨	∧	ㄥ	ㄱ	＼	ノ	可	丨

最后，用"三推成字法"将声韵调组合起来。在《汇音妙悟》的卷首有《三推成字歌》：

先从字母弁于头，反切声音左位收。平仄分明居右畔，完成一字传千秋。

前三句就是"三推成字法"的原则：

先从字母弁于头——把表示韵母的笔画写在上端

反切声音左位收——把表示声母的笔画写在左下方

平仄分明居右畔——把表示声调的笔画写在右下方

一个汉字的组合就是一个"品"字形：

韵母	
声母	声调

我们将上面所列的"甲乙丙丁"四个字用"三推成字法"转写如下：

汉字	编码	字形
甲	（16—3—4）	从
乙	（17—11—4）	从
丙	（8—2—2）	凸
丁	（8—5—1）	凸

　　黄谦的"三推成字法"别出心裁，为每个汉字指定一个编码，并用简单的笔画重新组合成一个品字形的字体，契合汉字的方块性质，和朝鲜族的学者所发明的谚文有异曲同工之妙。这是一项了不起的发明，可以说它是中国的第一套汉字拼音方案，开创了汉字拼音化改革的先河。

　　这种拼音方法有两大优点。第一，通过呼数方言声韵调的顺序，可以让使用者把方言的语音结构背得滚瓜烂熟，便于本地人从方言读音推出字形，符合"从已知到未知"的认识规律；第二，只用10种常见的笔画，形体简单，比起日语的50个"假名"的数量是少多了，掌握起来也不太难。缺点是要先分别推出声、韵、调的顺序，耗费的时间太多，只能用来查找方言音节的位置，不能作为文字来快速书写。闽南方言的韵母太多（《汇音妙悟》就分立了韵部50个，而且阳声韵还包含着入声韵），笔画的品种虽然不多，笔形也太烦琐，记诵不容易，成字之后也不易辨认。这个方案创制之后，并没有专门的人员开展教学训练，所以难以推广。《汇音妙悟》虽然曾经畅销一百多年，但是这个拼音方案却并没有被社会所接受。

三、罗马字拼音方案

1. 早期教会罗马字方案的制定

　　教会罗马字方案是按照西方拼音文字的形式来拼读实际口语的文字方案。这对于已经熟悉、习惯于罗马字拼音的西方传教士和商人来说，当然是最方便的。他们从厦门港进来之后，很快就深入闽南各地。凡是人口比较多、口音又有明显差异的地方，他们就根据当地的实际口音创制一种文字方案。厦门、莆田、潮州等地的闽南话先后都有当地口音的方案面世。厦门话的教会罗马字方案（简称"教罗"）在不同作者手上还做过多次修改，下面是后来通行得比较广泛的方案：

（1）声母 18 个符号：

p	ph	m	b		
t	th	n	l		
ch　ts	chh			s	j
k	kh	g	ng	h	

ng 表示 [ŋ]，j 是 [dz]。ch、ts 都用来表示 [ts]，区别是 ch 只拼 i、e，ch 只拼 a、o、u。但实际使用中，一般喜用 ch，不使用 ts。chh 是 [tsh]。

（2）韵母有 65 个（对应的国际音标直接括注在后）：

a [a]	am [am]	an [an]	ang [aŋ]	a^n [ã]	ah [aʔ]	ap [ap]	at [at]	ak [ak]
o· [ɔ]				o·^{n} [ɔ̃]				
o [o]			ong [ɔŋ]		oh [oʔ]			ok [ok]
u [u]		un [un]			uh [uʔ]		ut [ut]	
i [i]	im [im]	in [in]		i^n [ĩ]	ih [iʔ]	ip [ip]	it [it]	
e [e]			eng [iŋ]	e^n [ẽ]	eh [eʔ]			ek [ik]
ai [ai]				ai^n [aĩ]				
au [au]				au^n [aũ]				
ia [ia]	iam [iam]	ian [ian]	iang [iaŋ]	ia^n [iã]	iah [iaʔ]	iap [iap]	iat [iat]	
io [io]			iong [iɔŋ]		ioh [ioʔ]			iok [iok]
iu [iu]				iu^n [iũ]				
iau [iau]				iau^n [iaũ]	iauh [iauʔ]			
oe [ue]					oeh [ueʔ]			
oa [ua]		oan [uan]		oa^n [uã]	oah [uaʔ]		oat [uat]	
ui [ui]					uih [uiʔ]			
oai [uai]				oai^n [uaĩ]				
m [m]	ng [ŋ]							

（3）声调如下表：

阴平	阳平	上声	阴去	阳去	阴入	阳入
不标调	ˆ	´	`	ˉ	不标调	'

传教士使用这套文字系统出版了大量书籍。下面是一段"教罗"的《圣经》的样品：

CHHÒNG-SE-KÌ：Siōng-tè kóng，Tiȯh ū kng，chiū ū kng. Siōng-tè khòaⁿ kng，sī hó；Siōng-tè chiong kng àm pun-khui. Siōng-tè kiò hit ê kng chòe Jit，kiò àm chòe Mî.（《圣经中的新旧约》上海，1933）①

（逐字翻译：创世纪：上帝讲，着有光，就有光。上帝看光，是好；上帝将光暗分开。上帝叫迄的光作日，叫暗作暝。）

上述方案有以下几个特点：

（1）用 ch、ts 和 chh 三个符号表示［ts］和［tsh］两个声母。

（2）声母中的［m/b］，［g/ŋ］、［n/l］，传统的"十五音"韵书将其合并为三个声母，教罗用了 6 个符号。

（3）加润符，如用 oˈ 和 o 表示［ɔ］和［o］的对立，不易辨认，鼻化韵在旁边加ⁿ，不易书写。

（4）介音方面，教罗用 o 表示介音［u］，如 oa、oe、oai 等韵母。

（5）使用声调符号标调。

2."厦语社"的罗马字拼音方案

20 世纪 20 年代初，在"国语罗马字运动"中，当时在厦门大学任教的周辨明等人成立"厦语社"，其宗旨是"根据语音学制定厦语音字并推行之"。他们参考了教会罗马字的方案，拟定了"厦语罗马字"的拼音方案，声调采用"以字母标声调"的办法。此外，林语堂、罗常培也分别设计过相应的厦门话拼音方

---

① 转引自许长安、李乐毅：《闽南白话字》，第 68 页，语文出版社，1992 年。

案，都是采用字母标调法，他们的标调方案有一些小差异，列表比较如下：

	阴平	阳平	上声	阴去	阳去	阴入	阳入
周辨明①	不标调	重写主要元音	加 r	加 d	加 l	加 h、p、t、k	加 hh、pp、tt、kk
罗常培	不标调	加 r	重写	加 h	加 rh	加 q、p、t、k	加 rq、rp、rt、rk
林语堂	不标调	加 r	重写主要元音	加 h	加 h·	加 '、p、t、k	加 '·、pp、tt、kk

此外，三位先生对于教会罗马字的声母、韵母也都做了一些修订，如林语堂用 ' 表示送气符号，如 p'、t'、k'，用 ts、ts' 表示 [ts]、[tsh]，韵母方面则将教罗的 oa、oe、oai、oan 三个韵母改为 ua、ue、uai、uan。罗常培则用 b、d、g 表示不送气的 [p]、[t]、[k]，p、t、k 表示送气的 [ph]、[th]、[kh]，用 bb、gg 表示浊音声母 [b]、[g]，教罗的 ch、chh、j 改用 tz、ts、dz 表示，韵母中的 [ɔ]、[o]、[iu]、[iŋ] 改用 o、ó、iou、ieng，鼻化韵加-ñ（舒声韵）或 q̃（入声韵）表示。

四、卢戆章的"切音新字"

卢戆章是我国语文现代化的先驱，他所创制的切音字方案有两种，一是拉丁字母式方案，一是笔画式方案。

1892 年，卢戆章发表厦门话的切音字专著《一目了然初阶》，

---

① 1924 年，周辨明发表《新注声法之改进》，对这个标调法做了改进。阴去的 d 改为 hl，阳入的 hh、pp、tt、kk 改为 'h，b、d、g。修改后阴去的 hl，如果是多音节词的前一个音节，那么 l 可以省略，只写 h，与阴入同。如：世：sehl，世间：sehkan。

1949 年，周辨明又在《厦语拼音字之改进》一文中，再次对标调法进行改进，把阴去的 hl 改为 f，把阳入的 'h 改为 q，同时增加了一个"轻声符"c，例如：日时：jidsic。同时，将 o 改为 ou，即 [ɔ] 和 [o] 分别用 ou 和 o 表示。

该书拟定的拼音方案称为"中国第一快切音新字",这是拉丁字母式方案。在《中国第一快切音新字原序》中,卢戆章叙述了自己创制切音新字的经过:

> 余自九岁读书,十八岁应试,廿一岁往叻,专攻英文,廿五岁回厦,遂即蒙英教士马约翰聘请帮译《英华字典》。闲隙之时,欲自著华英十五音,然恐漳泉刻本之十五音字母不全,于是苦心考究,至悟其源源本本。则以汉字、话音字与英语横列对排,然页地有限,恒嫌话音字、数字母合切为一字,长短参差,甚占篇幅。忽一日,偶触心机,字母与韵脚(即十五音)两字合切即成音。自此之后,尽弃外务,朝夕于斯,昼夜于斯,十多年于兹矣,无非考究作字之法。因将天下三百左右腔字母之至简易平稳者,又参以己见,选此五十余记号画为中国第一快切音字之字母。①

传统的韵书使用反切法,上字取声,下字取韵和调。时兴中西合璧,卢戆章正是在深究传统的"十五音"韵书反切法精髓的基础上,又吸收了传教士白话字使用字母符号的优点,进而创制切音字的。

卢戆章认为:"中国字或者是当今普天下之字之至难者。"该书将"切音字与汉字并列",目的是通过切音字"可无师自通汉文"。可见,创制切音字是为了普及教育。

《一目了然初阶》里的切音字符号是由简单的笔画推演的,卢戆章说:"作字之法大概由此丨、c、ɔ三画推出全付字母。"卢戆章共设计切音字符号55个,用于拼写全中国各处腔口:"现所作中国第一快切音新字之总字母并总韵脚共五十五字,厦腔用三十六字,漳加二字,泉加七字,共四十五字,其余十字属汕头、福州、广东、官话以及各处之总腔。"

---

① 卢戆章:《一目了然初阶》,第1—2页,文字改革出版社,1956年。

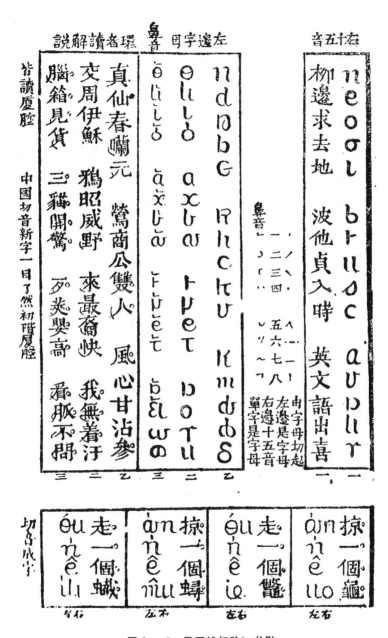

图2　《一目了然初阶》书影

此书利用其中36个符号拼写厦门话。以下介绍其声韵调系统（此处依照一般习惯重新排列）：

1. 声母表

声母共15个，称为“十五音”，下表是原书所选用的代表字和切音字：

代表字	边	波	文	地	他	柳	贞	出	时	入	求	去	语	喜	英
切音字	e	b	ʋ	l	ŀ	n	ll	li	c	∂	o	σ	ıɔ	ɤ	a
今音	p	ph	(m)b	t	th	(n)l	ts	tsh	s	l	k	kh	(ŋ)g	h	ø

厦门话的l和n、b和m、g和ŋ两两互补，n、m、ŋ只出现于鼻化韵前，l、b、g则出现于非鼻化韵之前。从声母的代表字选用及柳、文、语三个声母的处理来看，切音新字与传统的“十五音”韵书可谓一脉相承。

2. 韵母表

共有47个韵母，称为“字母”。下面列出该方案代表字、符号，并列出今音：

(1)［m］尾韵

代表字	甘	沾		心	参	
切音字	dı	ȡ		ııı	δ	
今音	kam	tiam		sim	səm	

(2)［n］尾韵

代表字	嗹	仙	元	真	春	
切音字	b	d	G	n	ıɒ	
今音	lan	sian	guan	tsin	tshun	

(3)［ŋ］尾韵

代表字	人	双	风	莺	公	商
切音字	ʋ	kւ	lՙ	lՐ	c	h
今音	laŋ	siaŋ	huaŋ	iŋ	kəŋ	siəŋ

（4）阴声韵

代表字	鸦	野	我	苏	无	着	裔	最
切音字	ɑ	ʊ	ɒ	ʠ	ɔ	⊤	℮	ⱶ
今音	a	ia	gua	sɔ	bo	tio	e	tsue

（5）鼻化韵

代表字	三	惊	看	货	脉		婴	荚
切音字	ɑ̆	ʊ̆	ɒ̆	ʠ̆	ɔ̆		℮̆	ⱶ̆
今音	sã	kiã	khuã	hɔ̃	mẽ		ē	ŋuē

（6）阴声韵

代表字	伊	威	污	周	来	快	交	昭
切音字	ɩ	℧	℧	ʅ	⊦	⊤	⊖	ⱬ
今音	i	ui	u	tsiu	lai	khuai	kau	tsiau

（7）鼻化韵

代表字	见	开		箱	歹	高	脑	猫
切音字	ɩ̆	℧̆		ʅ̆	⊦̆	⊤̆	⊖̆	ⱬ̆
今音	kĩ	khuĩ		siũ	phãi	kuãi	nãu	niãu

（8）声化韵

代表字	不	问
切音字	ɯ	ɷ
今音	m	mŋ

其中，表（4）与表（5），表（6）与表（7）的阴声韵和鼻化韵两两对应。表（8）为两个声化韵。入声韵的处理与传统的"十五音"韵书一样，也是以舒声赅入声，没有另外设计入声韵的符号，而是用声调符号来表示入声韵。表（5）、表（7）、表（8）共 16 个韵，称为"鼻音"。除了"不"、"问"外，它们的代表字并非全为阴平，但均用鼻音阴平调的符号表示，即在韵母上

加"⨆"。

声母和韵母共有 13 个符号相同，除了声母的"入"和"去"外，其他声母的符号均与一个韵母的符号相同：

声母	边	波	文	地	他	柳	贞	出	时	求	语	喜	英
韵母	裔	嘴	人	伊	来	真	污	周	公	无	我	着	鸦
切音字	ℯ	ƅ	ʋ	ι	ɾ	ɲ	ιι	ʃ	c	ɔ	ɿ	ɾ	ɑ

3.声调符号

该方案将声调标于韵母上，共设计 13 个符号。非鼻音音节和鼻音音节的声调各有一套标法，鼻音音节上的符号既表示声调，又表示该韵母为鼻化韵：

	阴平	阳平	上声	阴去	阳去	阴入	阳入
非鼻音	无号	â	á	à	ā	à	á
鼻音	a̩	ã	a⃔	a⃗	ā	ä	a⃗

4.拼写规则

拼写规则是："由字母切起，左边是字母，右边十五音，单字是字母。"声调符号加在左边字母上。

"左边是字母，右边十五音"即韵母居左，声母居右。如"龟"国际音标是 [ku¹]，写为 uo，o 是声母 [k]，u 是韵母 [u]，声调为阴平，故无号。声母和韵母有 13 个符号相同，遇到两个字母相同时，也要贯彻"左边是韵母，右边是声母"的规则，如"ιιιι"应拼为 [tsu¹]（朱）。

"单字是字母"意思是如果只有一个字母符号，该符号就表示韵母代表字的音节。如 ƅ 代表字"交"，音 [kau]，声调是上声，故拼为 [kau³]（狗）。

由于没有专门设计入声韵符号，拼入声音节时，在韵母上面加上入声声调。厦门话的入声韵分为以 [p、t、k] 收尾和以 [ʔ] 收尾两类。拼写时，[p、t、k] 分别配韵尾为 [m、n、ŋ] 的韵母（即韵母表中的前三张表），[ʔ] 则配其他韵母。例如："掠"，国际音标是 [liaʔ⁸]，阳入字，写为 ɑ̇ n。其中，右边的 n 是声母 [l]，左边的 ɑ̇ 是韵母和声调 [iaʔ⁸]：因为是以 [ʔ] 结尾的入声韵，故用韵母表的第（4）表的 ɑ（野 [ia]）表示，上面的 " ˙ " 是阳入声调。

下面是卢戆章《一目了然初阶》中的一段标音，我们加上国际音标对照：①

汉字	切音新字	国际音标
不卖	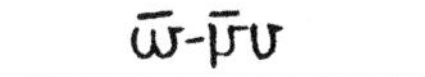 ū̵-ɸ̄ʋ	m⁶ bue⁶
有一个人客	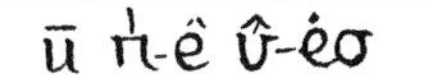 ū n̄-ė û-ėσ	u⁶ tsit⁸ e² laŋ² khe⁷
饭已经食完	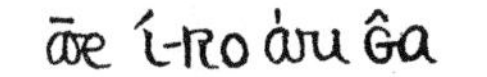 āɛ ι̇̄-ʀ̄o ɑ̇u ɢa	pŋ⁶ i³ kiŋ¹ tsiaʔ⁸ uan²
看主人无来添	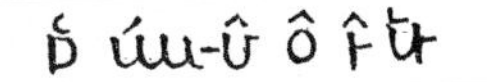 ɸ̄ úᴜ-û ô ꜰ n̄	khuā⁵ tsu³ laŋ² bo² lai² thɿ¹
就假伴讲	lī́ éo-ɑ̇va ͨ́	tsiu⁶ ke³ iā⁵ koŋ³
某人有一间	ꝺ̄ʋ-û ū n̄-ʀ̄o	bo³ laŋ² u⁶ tsit⁸ kiŋ¹
大厝要卖	σ̄ι-ɑ̇ᴜι ́ɛʋ ꝓ̄ʋ	tua⁶ tshu⁵ beʔ⁷ bue⁶
就将碗面	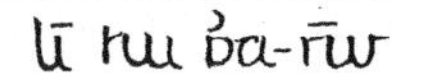 lī́ ʀᴜ ꝺa-�7̄ʋ	tsiu⁶ tsiaŋ¹ uā³ bin⁶
向主人之面	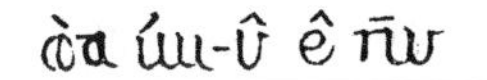 ɑ̇a úᴜ-û ê �7̄ʋ	ŋ⁵ tsu³ laŋ² e² bin⁶
讲伊之楹桷	ͨ̄ ι̇-êίa ͐̇o	koŋ³ i¹ e² ɿ⁵ kak⁷
亦差不多	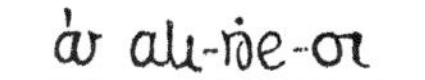 ɑ̇ʋ ɑᴜ-n̄e-σι	a⁵ tsha¹ put⁷ to¹
有这块碗面大	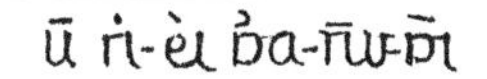 ū n̄-ɛ̇ι ꝺa-�7̄ʋ σ̄ι	u⁶ tsit⁷ te⁵ uā³ bin⁶ tua⁶
主人看见碗无饭	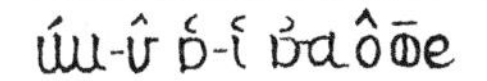 úᴜ-û ꝺ́-n̄ ꝺa ô σ̄e	tsu³ laŋ² khuā kɿ⁵ uā³ bo² pŋ⁶
就紧紧与添	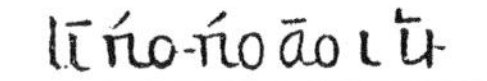 lī́ ꝴo-ꝴo σ̄o ι ꜰ̄	tsiu⁶ kin³ kin³ ka⁶ i¹ thɿ¹
再问伊讲	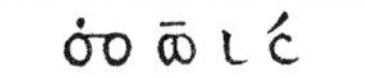 ͐̇o σ̄ ͨ́	koʔ⁷ mŋ⁶ i¹ koŋ³
这间厝	 ꝴι ʀ̄o ɑ̇ᴜ	tsit⁷ kiŋ¹ tshu⁵
要卖几元	 ́ɛʋ ꝓ̄ʋ ꝓ́o-ꝺσ	beʔ⁷ bue⁶ kui³ kho¹

———————

①　卢戆章：《一目了然初阶》，第 45—46 页，文字改革出版社，1956 年。

汉字	切音新字	国际音标
人客讲	ū-ėσ ć	laŋ² kheʔ⁷ kɔŋ³
现时伊讨有一	ā̄r ūʟ ʟóᴦ-ū ṵ	hian⁶ si² i¹ tho³ u⁶ tsit⁸
碗饭可食	ṋ̄n-m̄e ʋṭ ȧᴜ	uā⁶ pŋ⁶ thaŋ¹ tsiaʔ⁸
今不卖矣	ȧ̵ ū̄-ʋ̵ʋ ǡn	tā¹ m⁶ bue⁶ la³

戊戌变法之后，卢戆章曾到台湾主持总督府学务课三年，受日本的假名影响，遂放弃拉丁字母方案，改用偏旁式的简单笔画。在 1906 年发表的《中国字母北京切音合订》中，卢戆章发表新的"中国切音字母"方案。这个方案包括"中国总字母"和"中国字母"两个部分，其中列有"厦门漳泉潮州音"。后来又对 1906 年的方案加以修正，改变了字母形体，出版《中国新字》(1915) 和《中华新字》(1916)。这些便是笔画式方案。

笔画式方案与"中国第一快切音新字"的拉丁字母方案相比，拼音方法是一样的。如《中国字母北京切音合订》规定：切音之法，须先由粗画字母呼起，以切细画声音，字母声音两字切为一字。如字母啊字，以切声音哩字，两字合切称为拉字，即啊哩拉。不同之处有两点。一是选用的符号。《中华新字》取偏旁式的笔画作为符号，如"泉母"（泉州音字母）取"恩"的"大"表示 [ən]，取"私"的"厶"表示 [ɯ]。二是书写格式和声调的表示。拉丁字母方案的韵母和声母平列写出，将声调标在韵母之上，笔画式方案则将韵母（字母）用粗画写在中间，声母（声音）按声调的不同写在韵母的上下左右。

卢戆章"不但拟订方案，而且自费出版教材在厦门办班，进行教学和推广。为了倡导中国的文字拼音化，他奔走呼号，不遗余力。于 1898 年、1905 年两度赴京呈交他的方案，在所呈交的《北京切音教科书》上印有一联对语：'卅年用尽心机，特为同胞开慧眼；一旦创成字母，愿教吾国进文明'，表示了他平生的夙愿"。① 虽然他的方案后来未能推行，但作为切音字运动的先驱，他的精神是动人的，他的功劳是不可磨灭的。

五、《台日大辞典》的假名标音②

日本殖民统治台湾时期，由小川尚义主编了《台日大辞典》等大型辞书。为了日本人的方便，这些辞书没有采用教会罗马字，而是用日语的片假名来拼读。

日语的假名代表单音节，改用来标写闽南方言，需要做相当的调整。如用チ、ッ用来表示 [ts]，用チ、ッ代表 [t]。日语没有送气和不送气之别，以·表示送气：

骹 [kha]　カ·ァ　　　家 [ka]　カァ

胎 [thai]　タ·ィ　　　呆 [tai]　タィ

每一个闽南方言的字需要两个至三个假名加上一个调号来表示。音节如有韵尾（如 aŋ、kai、siau），则最后一个假名代表韵尾，前面的一个或两个假名代表声母（不一定有）、介音（不一定有）与主要元音的总和。

声调采用教会罗马字的声调符号，只是把原来横写字母上的符号，改成直写假名上的符号：

	阴平	阴上	阴去	阴入	阳平		阳入
台日大辞典	无号	アヌ／	アヌ／	アッ＼	アヌ＜	アヌ／	アッ⌒
教会罗马字	an	án	àn	at	ân	ān	at

这个方案只应用于辞书，由于闽南方言的多音节词语会有变调，因此该方案还设计了变调的标写规则。变调不标示在假名音标上，而是标示在汉字上。在"－"之前的字变调，"＝"之前

---

① 李如龙：《福建方言与文化》，第357页，福建人民出版社，2022年。

② 郑良伟：《闽南话各类标音系统的比较》，郑良伟、黄宣范编《现代台湾话论文集》，台北：文鹤出版有限公司，1988年。

的字不变调，"＝"之后的变轻声。如"引－鬼"的"引"读变调，"医＝死"的"医"不变调，"死"念轻声。

这个方案并未经推行，第二次世界大战结束后，随着日本殖民者退出台湾，该方案也就销声匿迹了。

六、按照汉语拼音方案改造的《闽南方言拼音方案》

1982 年，厦门大学中国语言文学研究所汉语方言研究室编的《普通话闽南方言词典》采用《闽南方言拼音方案》进行标音。《闽南方言拼音方案》是在教会罗马字的基础上修订的。由于编写该词典的目的之一在于推广普通话，也考虑到汉语拼音方案已经教学使用数十年，在全国普及，并且也在国际上发生广泛的影响，所以《闽南方言拼音方案》的音标尽量与《汉语拼音方案》保持一致或相近。下表是该方案（简称"普闽"）和"教罗"所用声母符号的比较：

普闽	b	p	bb	d	t	l	z	c	s	g	k	gg	h
教罗	p	ph	b, m	t	th	l, n	ch、ts	chh	s	k	kh	g, ng	h
国际音标	p	ph	b, m	t	th	l, n	ts	tsh	s	k	kh	g, ŋ	h

除了采用"汉语拼音方案"的多个音标之外，与教罗不同的还有 b、l、g 的使用。由于厦门话的 l 和 n，b 和 m，g 和 ŋ 两两之间互补，后者只出现在鼻化韵前，因此各用一个符号表示也可以。传统的十五音韵书就是只采用三个声母代表字来表示的。

韵母方面的主要修改是：

1.ao 表示［au］，这与《汉语拼音方案》相同。

2.oo 表示［ɔ］，o 表示［o］（教罗用 o 上加一点的 o‧ 表示［ɔ］、o 表示［o］）。

3.ing 表示［iŋ］，ik 表示［ik］（教罗为 eng、ek）。

4.ua 表示［ua］（教罗为 oa）。

5. 鼻化韵的表示方法是在韵母前、声母后加 n，如京（gnia）、声（snia）。

声调上，《普通话闽南方言词典》的"闽南方言拼音方案"仍旧采用声调符号标调：

调类	阴平	阳平	上声	阴去	阳去	阴入	阳入
普闽	ˉ	´	ˇ	`	ˉ	ˉ	´

一看就可以明白，其中的阴平、阳平、上声、阴去 4 个声调与《汉语拼音方案》相同。

七、台湾闽南话罗马字拼音方案

台湾教育主管部门"国语推行委员会"于 2006 年 10 月 14 日公布"台湾闽南语罗马字拼音方案"（简称"台罗"）。这个方案传承了传统的教罗系统，只在声母和韵母方面稍作改动。

声母方面，将教罗的 ts/ch 和 chh 改为 ts 和 tsh，如下表：

国际音标	p	ph	b	m	t	th	n	l
台罗	p	ph	b	m	t	th	n	l
教罗	p	ph	b	m	t	th	n	l
国际音标	k	kh	g	ŋ	h	ts	tsh	s	dz
台罗	k	kh	g	ng	h	ts	tsh	s	j
教罗	k	kh	g	ng	h	ts/ch	chh	s	

韵母方面，台罗与教罗的差别在于 [ɔ] 和鼻化符号的选用。教罗用 O˙ 表示 [ɔ]，用上标 ⁻ⁿ 表示鼻化。台罗方案规定：以 oo 为正式版本（与普闽同），以 O˙ 为传统版；鼻化韵以 -nn 为正式版，以上标 ⁻ⁿ 为传统版。下面是台罗和教罗的比较：

国际音标	a	i	u	e	ɔ	ə
台罗	a	i	u	e	oo（o˙）	o
教罗	a	i	u	e	o˙	

续表

国际音标	~	-m	-n	-ŋ	-p	-t	-k	-ʔ
台罗	-nn (-ⁿ)	-m	-n	-ng	-p	-t	-k	-h
教罗	-ⁿ	-m	-n	-ng	-p	-t	-k	-h

声调则采用传统白话字的调号标示法作为正式方案，同时规定，声调使用不便时，可以数字标示法替代。

调类	阴平	阴上	阴去	阴入	阳平	（阳上）	阳去	阳入
台罗	tong	tóng	tòng	tok	tông		tōng	to̍k
例字	东	党	栋	督	同	（动）	洞	毒

这个方案的定位在于"拼音"，目的是方便学校里的台湾闽南话的教学，这是与教罗最大的不同。教罗是作为一种文字使用的，使用教罗可以全部不用汉字，这在文盲充斥的近代社会，对于让本地人阅读用本地话说的拼音读物起了很大的作用。一般说来，初学的成年人经过几天的训练便可以自由地阅读和用拼音写话。但是在当代社会，由于文化水平的普遍提高，大部分人都已经能够认字写字，将汉字全部取消就显得浪费资源，不经济。因此又出现了汉字和罗马字夹用、并用的写法：一般情况下只使用汉字，只在难以用汉字写出的字才使用罗马字。我们认为，作为学术研究，记录方音用国际音标最好，既科学又普及。如果只是为了个别的难字注音，选择一种大家都比较习惯的方案就可以了。不作为一种独立的语言去推行，就没有必要再创制一种可供正式使用的文字。

参考文献

（唐）韩愈，《韩昌黎诗系年集释》，上海古籍出版社，1984

（宋）刘克庄，《后村先生大全集》，四部丛刊集部

（宋）王溥撰，《唐会要》，《四库全书》本

（宋）王象之编著，《舆地纪胜》，浙江古籍出版社，2013

（宋）赵汝适，《诸蕃记》，中华书局，1985

（元）马端临撰，《文献通考》，中华书局，1986

（元）汪大渊，《岛夷志略》，中华书局，1981

（明）巩珍，《西洋番国志》，中华书局，2000

（明）张燮，《东西洋考》，中华书局，2000

（明）何乔远，《闽书》，福建人民出版社，1994

（明）李贽，《焚书·续焚书》，中华书局，2009

（明）李贽，《初潭集》，中华书局，2009

（明）李贽，《藏书》，中华书局，1959

（清）《泉州府志》，上海书店，2000

（清）屈大均，《广东新语》，中华书局，1985

（清）施琅，《靖海纪事》，福建人民出版社，1983

（清）孙铸修、邵祥龄等纂，《电白县志》，高州镇前街富文楼刻本，光绪十八年（1892）

（清）徐松辑，《宋会要辑稿》，中华书局，1957

（清）余文仪续修，《续修台湾府志》，台湾大通书局，1984

（清）周元文重修，《重修台湾府志》，台湾大通书局，1984

（清）周恒，《潮阳县志》，上海古籍出版社，1990

（清）张玉书编，《康熙字典》，汉语大词典出版社，2002

（清）佚名，《渡江书十五音》，厦门大学出版社，2003

（清）谢秀岚，《汇集雅俗通十五音》，1818

（清）黄谦，《汇音妙悟》，1800

（清）蔡鸿儒，《晋水常谈录》，福建省梨园戏剧团 1962 年 11 月抄录

（清）庄俊元，《里言征》，民国三十四年晋江文献会抄藏本

（清）廖纶玑，《拍掌知音》，《方言》1979 年第 2 期影印本

（清）谢秀岚，《雅俗通十五音》，1818

（清）佚名，《增补汇音》

（清）叶开温，《八音定诀》

Henning Klöter，《The History of Peh-Oe-Ji》，台湾罗马字教学及研究国际学术研讨会论文，2002

Piet van der Loon, The Manila Incunabula and Early Hokkien Studies, *Asia Major*，1966/1967

布赛尔，《东南亚的中国人》，《南洋问题资料译丛》，1958 年第 Z1 期

蔡国妹，《莆仙方言研究》，福建师范大学博士论文，2006

陈耕，《闽台民间戏曲的传承与变迁》，福建人民出版社，2003

陈鸿，《〈增补汇音〉的体系及音系拟测问题》，《福建师范大学学报》（哲学社会科学版），2001 年第 1 期

陈鸿迈，《海口方言词典》，江苏教育出版社，1996

陈孔立主编，《台湾历史纲要》，九州图书出版社，1996

陈雷等，《福建地方戏剧》，福建人民出版社，1997

陈晓锦，《马来西亚的三个汉语方言》，中国社会科学出版社，2003

陈章太，《顺昌县埔上闽南方言岛》，《闽语研究》，语文出版

社，1991

陈章太、李如龙，《论闽方言的一致性》，《闽语研究》，语文出版社，1991

陈正统主编，《闽南话漳腔词典》，中华书局，2007

陈支平，《福建六大民系》，福建人民出版社，2000

陈支平、詹石窗主编，《透视中国东南——文化经济的整合研究》，厦门大学出版社，2003

崔荣昌，《四川境内的闽方言》，李如龙主编《汉语方言研究文集》，暨南大学出版社，2002

戴由武、戴汉辉主编，《电白方言志》，中山大学出版社，1994

丁邦新，《一百年前的苏州话》，上海教育出版社，2003

方志钦、蒋祖缘主编，《广东通史》（古代上册），广东高等教育出版社，1996

福建省汉语方言调查指导组和福建省汉语方言概况编写组，《福建省汉语方言概况讨论稿》，1963

符其武，《琼北闽语词汇研究》，厦门大学博士论文，2007

傅国通等，《浙江吴语分区》，《杭州大学学报》（增刊）1985

葛剑雄，《福建早期移民史实辨正》，《复旦学报》（社会科学版）1995年第3期

葛剑雄主编、吴松弟著，《中国移民史》（第四卷），福建人民出版社，1997

海德格尔著，孙周兴译，《在通向语言的途中》，商务印书馆，2004

海南省地方志办公室编，《海南省志》，南海出版公司，1994

黑格尔著，王造时译，《历史哲学》，生活·读书·新知三联书店，1957

侯精一主编，《现代汉语方言概论》，上海教育出版社，2002

黄典诚，《闽南方音中的上古音残余》，《黄典诚语言学论文集》，厦门大学出版社，2003

黄典诚，《〈拍掌知音〉说明》，《黄典诚语言学论文集》，厦门大学出版社，2003

黄典诚，《关于〈渡江书十五音〉的"本腔"》，《黄典诚语言学论文集》，厦门大学出版社，2003

黄典诚，《漳州〈十五音〉述评》，《黄典诚语言学论文集》，厦门大学出版社，2003

黄典诚，《泉州〈汇音妙悟〉述评》，《黄典诚语言学论文集》，厦门大学出版社，2003

黄桂，《潮州的社会传统与经济发展》，江西人民出版社，2002

黄金洪，《仙游话和厦门话、福州话词语比较研究》，厦门大学硕士论文，2002

黄挺，《潮汕文化源流》，广东高等教育出版社，1997

黄宗羲，《赐姓始末》，《台湾文献丛刊》第 25 种，台湾银行经济研究室，1958

柯子铭主编，《中国戏曲志·福建卷》，文化艺术出版社，1993

赖伯疆，《东南亚华文戏剧概观》，中国戏曲出版社，1993

蓝达居，《闽越海洋人文初论》，《闽越文化研究》，海峡文艺出版社，2002

李荣，《〈渡江书十五音〉序》，《渡江书十五音》，厦门大学出版社，2003

李如龙，《〈渡江书十五音〉导言》，《渡江书十五音》，厦门大学出版社，2003

李如龙，《方言与文化的宏观研究》，《暨南学报》（人文科学与社会科学版）1994 年第 4 期

李如龙，《福建方言》，福建人民出版社，1997

李如龙，《福建方言与文化》，福建人民出版社，2022

李如龙，《汉语方言学》，高等教育出版社，2007

李如龙，《论汉语方言特征词》，《中国语言学报》2001 年第 10 期

李如龙，《论闽方言的文白异读》，《汉语方言研究文集》，商务印书馆，2009

李如龙，《论语言的社会类型学研究》，香港《语文建设通讯》1992 年 3 月

李如龙，《闽方言的韵书》，《方言与音韵论集》，香港中文大学中国文化研究所吴多泰中国语文研究中心，1996

李如龙，《闽方言中的古楚语和古吴语》，《方言与音韵论集》，香港中文大学中国文化研究所吴多泰中国语文研究中心，1996

李如龙，《闽南方言和印尼语的相互借词》，香港中文大学《中国语文研究》1992 年第 10 期

李如龙、陈章太等，《碗窑闽南方言岛二百多年间的变化》，《中国语文》1982 年第 5 期

李如龙，《〈八音定诀〉的初步研究》，《方言与音韵论集》，香港中文大学中国文化研究所吴多泰中国语文研究中心，1996

李如龙，《厦门话的文白异读》，《厦门大学学报》（哲学社会科学版）1963 年第 2 期

李如龙等，《福建双方言研究》，汉学出版社，1995

李如龙等，《闽粤琼闽语词汇比较研究》，《第四届国际闽方言研讨会论文集》，汕头大学出版社，1996

李熙泰，《〈渡江书十五音〉跋》，《渡江书十五音》，厦门大学出版社，2003

李新魁，《广东的方言》，广东人民出版社，1994

李新魁，《广东闽方言形成的历史过程（续）》，《广东社会科

学》1987 年第 4 期

李新魁、林伦伦,《潮汕方言词考释》,广东人民出版社,1992

李竹青、李如龙,《潮州方言语音的演变》,《潮州学国际研讨会论文集》,暨南大学出版社,1994

连横,《台湾通史》,商务印书馆,1983

连横,《台湾语典》,金枫出版社,1987

廖大珂,《福建海外交通史》,福建人民出版社,2002

林国平,《林兆恩与三一教》,福建人民出版社,1992

林金水主编,《福建对外文化交流史》,福建教育出版社,1997

林伦伦,《从〈汕头话口语语法基础教程〉看 120 年前的潮州方言音系》,《语言科学》2005 年第 2 期

林伦伦,《也谈粤东方言的形成及其有关问题》,《广东社会科学》1991 年第 4 期

林伦伦,《粤西闽语雷州话研究》,中华书局,2006

林谦光,《台湾纪略》,《台湾文献丛刊》第 104 种,台湾银行经济研究室,1961

林运辉、张应龙,《新加坡马来西亚华侨史》,广东高等教育出版社,1991

刘文礼,《潮语闽南化过程中三件大事》,陈泽、吴奎信主编《〈潮汕文化〉百期选》,潮汕历史文化研究中心、汕头特区晚报社,1997

刘新中,《海南闽语的语音研究》,中国社会科学出版社,2006

刘镇发、许惠玲,《潮州话和广州话、客家话的方言共同词》,丁邦新、张双庆编《闽语研究及其与周边方言的关系》,香港中文大学出版社,2002

卢戆章，《一目了然初阶》，文字改革出版社，1956

罗常培，《厦门音系》，《罗常培文集》第一卷，山东教育出版社，1999

罗常培，《语言与文化》，北京出版社，2004

马重奇，《中国大陆闽南方言韵书比较研究》，《福建师范大学学报》（哲学社会科学版），2002 年第 2 期

马克思，《资本论》（第一卷），人民出版社，1972

马西尼，《罗马所藏 1602 年手稿本闽南话－西班牙语词典——中国与西方早期语言接触一例》，邹嘉彦、游汝杰主编《语言接触论集》，上海教育出版社，2004

潘悟云，《语言接触与汉语东南方言的形成》，2000 年 4 月香港 "语言接触" 国际圆桌学术会议论文

钱奠香，《海南屯昌闽语语法研究》，云南大学出版社，2002

钱奠香，《雷琼闽语特征词初探》，李如龙主编《汉语方言特征词研究》，厦门大学出版社，2002

钱乃荣，《上海语言发展史》，上海人民出版社，2003

邱卫东，《闽南文化:随军三攻百岛之县》，《厦门晚报》2003 年 3 月 18 日

邱卫东，《浙南"福建祖"流风余韵》，《厦门晚报》2003 年 2 月 25 日

邱卫东，《浙南水头与闽南水头》，《厦门晚报》2003 年 3 月 11 日

施其生，《方言论稿》，广东人民出版社，1996

施其生，《汕头方言的体》，《动词的体》，香港中文大学中国文化研究所吴多泰中国语文研究中心，1996

童家洲，《日本、东南亚华侨华人的妈祖信仰》，《莆仙文化研究》，海峡文艺出版社，2003

王福堂，《文白异读中读书音的几个问题》，《语言文字学》

2006 年第 9 期

王建设，《明刊闽南方言戏文中的语言研究》，暨南大学博士论文，2002

王建设，《新发现的〈汇音妙悟〉版本介绍》，《中国语文》2001 年第 3 期

吴春明，《福建秦汉墓葬文化类型及其民族史意义》，《东南文化》1988 年第 Z1 期

吴孟雪，《明清时期欧洲人眼中的中国》，中华书局，2000

厦门大学台湾研究所、中国第一历史档案馆编辑部编，《康熙统一台湾档案史料选辑》，福建人民出版社，1983

谢诗坚，《马来西亚华人政治思潮的演变》，友达企业有限公司发行，1984

谢云声，《闽歌甲集》，叶春生主编《典藏民俗学丛书》，黑龙江人民出版社，2004

谢云声，《台湾情歌集》，叶春生主编《典藏民俗学丛书》，黑龙江人民出版社，2004

徐通锵，《历史语言学》，商务印书馆，1991

徐晓望，《妈祖信仰及其文化精神》，《莆仙文化研究》，海峡文艺出版社，2003

徐晓望，《闽南史研究》，海风出版社，2004

徐晓望主编，《福建思想文化史纲》，福建教育出版社，1996

徐晓望主编，《福建通史》，福建人民出版社，2006

许长安，《厦门话文》，鹭江出版社，1999

杨焕典、梁振仕、李谱英、刘村汉，《广西的汉语方言（稿）》，《方言》1985 年第 3 期

杨秀芳，《台湾闽南方言语法稿》，大安出版社，1991

叶宝奎，《莆仙方言边擦音初探》，丁邦新、张双庆编《闽语研究及其与周边方言的关系》，香港中文大学出版社，2002

游汝杰，《汉语方言学教程》，上海教育出版社，2004

游汝杰，《西方传教士汉语方言学著作书目考述》，黑龙江教育出版社，2002

张光宇，《论闽方言的形成》，《中国语文》1996 年第 1 期

张光宇，《闽客方言史稿》，台北南天书局，1996

张嘉星辑著，《闽方言研究专题文献辑目索引（1403—2003）》，社会科学出版社，2004

张振兴，《台湾闽南方言记略》，福建人民出版社，1983

张振兴、蔡叶青，《雷州方言词典》，江苏教育出版社，1998

周长楫，《闽南方言的基本特征》，丁邦新、张双庆编《闽语研究及其与周边方言的关系》，香港中文大学出版社，2002

周长楫，《闽南话的形成发展及在台湾的传播》，台笠出版社，1996

周长楫，《厦门方言词典》，江苏教育出版社，1993

周长楫、周清海，《新加坡闽南话概说》，厦门大学出版社，2000

周长楫主编，《闽南方言大词典》，福建人民出版社，2006

周宁，《世纪中国潮》，学苑出版社，2004

周振鹤、游汝杰，《方言与中国文化》，上海人民出版社，2006

朱维幹，《福建史稿》（上册），福建教育出版社，1984

庄初升，《论闽南方言岛》，《韶关学院学报》2001 年第 11 期

初版后记

　　十年前，我写的《福建方言》出版。该书的原名是《福建方言与文化》，因为是"福建文化丛书"中的一种，按照编辑的意见，删去了后面的三个字。其实那是一本拿福建方言与福建文化相互论证的专著。我在后记中写道："要从方言出发考察福建的历史和文化，联系历史文化来理解方言现象并不是简单的事。彻底搞清楚，需要的时日还多"，"熟悉方言、研究方言的人，读了本书一定会感到所提供的方言事实太少而不满足……而研究历史文化的学者又一定会对本书所提供的史料和分析不满足"。我一直想，研究方言与文化的关系，肯定是一项很有意义的工作，但是要做到二者的相结合，说明方言与文化的互动和互谐，实在很不容易。时过十年了，现在依然感到写起来难。到了写下这本《闽南方言》，还是觉得不满意。

　　参加本书编写的四位作者的母语都是闽南话，从小生活在闽南文化之中，现在还经常在使用母语、研究母语。但是，这并不能说明我们一定能写好这本书。研究方言和研究文化的几个相关学科如何相结合，如何使相关学科之间相互为用，使之相得益彰，这在理论上和方法上依然没能建立令人满意的规范。在闽方言中，闽南话分布地域最广，使用人口最多，文艺形式也最丰富。在闽方言的研究中，研究闽南话的学者最多，成果最丰，水平也最高。正因为这样，要站在众多巨人的肩膀上，要像深入发掘一个大规模的富矿那样去研究闽南方言与文化，显然也是更加不容易的。然而，这并不能作为我们拿来原谅自己的理由。还是让广大读者和各方面的专家来批评指正吧！为了进一步推动方言和文化的综合研究，我们不惜再经历一次火炼。

本书执笔分工情况如下：绪论和第四、第五两章由李如龙执笔，第二章由钱奠香执笔，第三章由徐睿渊和林天送执笔，第六章由林天送执笔。全书由李如龙审校定稿。

感谢厦门市台办组织"闽南文化丛书"的编辑和出版，感谢厦门大学人文学院把本书列为该丛书的一种，感谢福建人民出版社的编辑的帮助。

李如龙

2007 年 12 月